辽宁省新材料产业发展年度报告 2023

辽宁省国家新型原材料基地建设工程中心　编著

东北大学出版社
·沈　阳·

© 辽宁省国家新型原材料基地建设工程中心　2024

图书在版编目（CIP）数据

辽宁省新材料产业发展年度报告 . 2023 / 辽宁省国家新型原材料基地建设工程中心编著 . -- 沈阳：东北大学出版社 , 2024. 6. -- ISBN 978-7-5517-3555-1

Ⅰ . F426

中国国家版本馆 CIP 数据核字第 20247TE118 号

出　版　者：东北大学出版社
　　　　　　地　址：沈阳市和平区文化路三号巷 11 号
　　　　　　邮编：110819
　　　　　　电话：024-83683655（总编室）
　　　　　　　　　024-83687331（营销部）
　　　　　　网址：http://press.neu.edu.cn
印　刷　者：沈阳市第二市政建设工程公司印刷厂
发　行　者：东北大学出版社
幅面尺寸：170 mm × 240 mm
印　　张：18.25
字　　数：338 千字
出版时间：2024 年 6 月第 1 版
印刷时间：2024 年 6 月第 1 次印刷
责任编辑：汪彤彤
责任校对：孙德海
封面设计：潘正一
责任出版：初　茗

ISBN 978-7-5517-3555-1　　　　　　　　定　价：168.00 元

《辽宁省新材料产业发展年度报告 2023》编辑委员会

主　任：侯慧明

副主任：陈绍宏　王　风　秦　富

主　编：郭建国　鲁凌志

编　委：（按姓名首字笔画为序）

　　　　马晓晴　王　伟　王　旭　王　革　王珊珊

　　　　王昭东　井长胜　邓想涛　匡德舜　曲　宏

　　　　刘宇彤　刘国怀　许智超　李　娟　李长明

　　　　李政杰　李勇志　李艳梅　张　弛　张　迪

　　　　周广东　周晓蕾　姜文浩　党　乾　高　杨

　　　　郭建国　董　帅　董　江　鲁凌志

前　言

新材料产业是战略性、基础性产业，是新一轮科技革命和产业变革的关键领域。加快培育和发展新材料产业，对于支撑战略性新兴产业发展，保障国家重大工程建设，促进传统产业转型升级，构建国际竞争新优势具有重要的战略意义。我国新材料产业正处于发展的关键时期，区域空间上，材料产业布局和发展趋势各有特色优势、各具集聚特点，总体形成了以长三角、珠三角、环渤海地区为核心的第一梯队，中西部和东北地区特色突出的产业集群第二梯队；在诸多细分领域，产业链条逐步完善并正在形成成熟的产业体系。

东北地区是我国重要的工业基地，资源条件较好，产业基础雄厚，发展潜力巨大。辽宁省是材料传统大省，也是新材料生产和需求的大省，产业基础深厚，矿产资源丰富，科技资源优势明显，发展新材料工业具有十分优厚的基础条件。近年来，辽宁省新材料产业规模不断扩大，总产值持续增长；产业结构逐渐朝高端化、智能化方向转型，以特种金属、高分子材料、复合材料等为主导的高端新材料产业体系初步形成，具备较强的竞争力。

2022年，为贯彻落实维护国家"五大安全"、服务国家重大战略部署要求，实施辽宁省全面振兴新突破三年行动，辽宁持续推进新材料产业的高质量发展，重点建设万亿级石化和精细化工产业基地、冶金新材料产业基地，推动精细化工、高品质钢铁材料、先进有色金属材料、菱镁精深加工等产业集群绿色发展，通过持续引进上下游项目，拉长产业链条，依托工业园区、特色产业基地等重要载体，不断突破关键技术，提高工艺制作水平，为新材料产业发展提供了良好的产业基础和广阔的市场空间。

当前，金属新材料、化工新材料、无机非金属新材料和前沿新材料等在辽宁得到较快发展。在金属新材料方面，辽宁产业聚集趋势明显，在全国占据较强的优势地位，先进钢材料、高温合金、钛合金等领域达到国内先进水平。钢铁新材料企业主要分布在鞍山、本溪、营口、抚顺和朝阳等地区，形成了以鞍钢、本钢为依托的精品板材基地，以东北特钢为依托的优质特殊钢和装备制造业用钢基地，以及以凌钢、抚顺新钢为依托的新型建筑钢基地。有色金属新材料分布相对集中，在辽阳、营口、盘锦和葫芦岛等地区建设铝材及精深加工产业基地；以中冶葫芦岛有色金属集团公司为龙头，铜、锌深加工产业形成优势；在沈阳、锦州、朝阳等地，正逐步建成航空航天领域用钛合金线、棒、管、板等钛及钛合金加工材料的产业集聚区。在化工新材料方面，辽宁是全国最早的石化工业基地之一，具备从油气加工、有机化工等上游产业到精细化工新材料的全产业链，形成了包括工程塑料、特种橡胶、高性能纤维、氟材料、电子化学品、复合材料及特种树脂等门类齐全、产品众多的产业体系，并且产业集群化、园区化格局已形成。大连、盘锦两大世界级石化产业基地建设纳入全省规划；松木岛化工园区发展催化剂、医药中间体、电子化学品等高端精细化工产业；盘锦以辽东湾新区石化及精细化工产业园区为核心，向下游延伸发展有机化工原料、化工新材料和高端专用化学品；利用抚顺、辽阳、沈阳、锦州、营口五个具有竞争力的石化产业基地的力量，整合资源，优化园区产业结构，建设抚顺高新区化工及精细化工园区、辽阳芳烃基地、沈阳化学工业园、锦州石化及精细化工产业基地、营口仙人岛能源化工区；阜新、葫芦岛、鞍山突出氟化工、聚氨酯、煤焦油深加工特色产业。在无机非金属材料方面，辽宁具备一定的产业基础，通过落实多项举措，无机非金属新材料产业发展步伐加快，形成了包括特种陶瓷、特种玻璃、纤维材料、功能材料等的无机非金属新材料产业体系；丹东菱镁产业、锦州钛白粉、盘锦半导体芯片、营口纤维新材料、本溪特种玻璃等也在细分领域形成特色。在前沿新材料方面，辽宁区域特点较为明显，形成了以沈阳、大连、抚顺、锦州、丹东为重点的新材料产业基地，主要以生物医用材料、石墨烯材料、增材制造材料等新材料为核心。

辽宁省作为新材料产业大省，产业链完整，拥有一批优秀的新材料企业和众多具有引领力的新材料研发机构，形成对产业的强力支撑，助力新材料产业发展。但低端材料加工企业居多、技术缺乏创新、投入扶持力度不够等问题也较为突出，亟须加大对新材料领域科研机构和企业的支持力度，鼓励开展基础研究、应用研究和成果转化，提升核心技术的自主创新能力。鼓励企业采用新技术、新工艺、新设备和新材料，提高产品质量和竞争力，实现产业升级和转型。推动高校、科研机构和企业之间紧密合作，促进科技成果转化和应用，提升新材料产业的整体水平。加强政策引导，人才引进，自主研发创新，攻克关键技术，帮助企业扬长避短，正视时代带来的挑战，实现新材料产业的高质量发展。

收集、梳理、分析辽宁省2022年度新材料产业发展的有关情况，开展有效的产业基础研究工作，组织编写《辽宁省新材料产业发展年度报告2023》（以下简称《年度报告2023》），是辽宁省新材料工程中心贯彻落实省委、省政府全面振兴新突破三年行动工作部署的重要举措。《年度报告2023》的编写基于相关专业机构对新材料产业发展趋势、现状、区域特色、重点企业、重要研发机构和最新发展成果的甄选辑录，以期实现呈现产业概况、供业界参考、为决策参谋的初衷。

《年度报告2023》的编写历时3个多月，汇聚了辽宁省国家新型原材料基地建设工程中心和东北大学王昭东团队的集体力量，听取了政府各相关单位、高校、行业专家等各方面的建议，得到了省内新材料领域相关单位、机构和专家的指导、支持和帮助。

由于编者时间和水平、能力有限，本报告中难免有不当之处，希望读者批评指正，多提宝贵意见。

编　者

2023年9月

目　录

第一章　我国新材料产业发展概况 ······························ 001
  第一节　金属新材料 ······································· 002
  第二节　化工新材料 ······································· 015
  第三节　无机非金属新材料 ································· 026
  第四节　前沿新材料 ······································· 035
  第五节　国内新材料部分产业集群、研发机构和重点发展领域 ······ 048

第二章　辽宁省新材料产业发展概述 ···························· 074
  第一节　金属新材料 ······································· 075
  第二节　化工新材料 ······································· 084
  第三节　无机非金属新材料 ································· 090
  第四节　前沿新材料 ······································· 095

第三章　辽宁省各地区新材料产业发展情况 ······················ 101
  第一节　沈阳市 ··· 101
  第二节　大连市 ··· 105
  第三节　鞍山市 ··· 111
  第四节　抚顺市 ··· 115

第五节　本溪市 …… 120

第六节　丹东市 …… 124

第七节　锦州市 …… 127

第八节　营口市 …… 130

第九节　阜新市 …… 134

第十节　辽阳市 …… 137

第十一节　铁岭市 …… 141

第十二节　盘锦市 …… 144

第十三节　朝阳市 …… 148

第十四节　葫芦岛市 …… 152

第十五节　沈抚示范区 …… 155

第四章　辽宁省新材料科研机构情况 …… 157

第一节　沈阳市 …… 157

第二节　大连市 …… 203

第三节　鞍山市 …… 227

第四节　抚顺市 …… 234

第五节　丹东市 …… 236

第六节　锦州市 …… 239

第七节　阜新市 …… 243

第八节　辽阳市 …… 247

第九节　铁岭市 …… 250

第十节　盘锦市 …… 252

第十一节　朝阳市 …… 254

第五章　相关资料 …… 257

编写后记 …… 277

第一章　我国新材料产业发展概况

新材料是指新出现的具有优异性能或特殊功能的材料，或者传统材料改进后性能明显提高或产生新功能的材料。新材料产业是战略性、基础性产业，是新一轮科技革命和产业变革的关键领域。加快培育和发展新材料产业，对于支撑战略性新兴产业发展，保障国家重大工程建设，促进传统产业转型升级，构建国际竞争新优势具有重要的战略意义。

我国正处于新材料工业发展的关键时期，在诸多细分领域已形成较为完善和成熟的产业链。上游产业链主要为金属原料、合金、化学纤维、陶瓷、塑料、生物基、树脂、石墨等原材料；中游为新材料制造，主要包括石墨烯材料、超导材料、3D打印材料、智能仿生与超材料、纳米材料、生物医用材料及液态金属等；下游为应用领域，前沿新材料广泛应用于航空航天、国防军工、新能源、电子电气、汽车、医疗等领域。

通过着力建设材料研究大国、材料产业大国和材料教育大国，我国已建成涵盖金属、高分子、陶瓷等结构与功能材料的研发和生产体系，形成了全球门类最全、规模第一的材料产业体系，环渤海、长江三角洲、珠江三角洲地区，中西部地区，东北地区等各具特色优势的新材料产业集群，不断形成产业引领。辽宁依托资源禀赋、产业基础和雄厚的科教资源，在钢铁、石化和精细化工等领域蓄势发展。

我国新材料产业发展的问题也不容忽视。工业和信息化部资料显示，在中国新材料产业布局中，中国关键新材料领域32%为空白市场，52%依赖进口。科研创新能力较弱、产品层次低、关键技术和生产工艺落后等是问题的关键点。

本章重点介绍金属新材料、化工新材料、无机非金属新材料、前沿新材料及国内新材料部分产业集群、研发机构和重点发展领域的情况。

第一节　金属新材料

一、发展现状

金属材料在国民经济中占据重要地位。根据中国工程院面向2035的新材料强国战略研究，中国钢铁、有色金属、稀土金属、特种不锈钢等金属材料，产量位居世界第一。2022年，我国电解铝产量为4003万吨，占全球总产量的57.20%；原镁产量为89.36万吨，占全球总产量的80.14%；金属磁性材料产业以年均10%~20%的速度增长，已成为全球最主要的金属磁性材料产业中心。

随着社会经济和科技的快速发展，在政策引导与支持下，我国的金属新材料取得长足的发展，金属材料已逐渐从纯金属、纯合金向更为复杂的加工及材料新体系发展，关键战略材料综合保障能力不断提升。

我国现已研制发展了四代单晶高温合金和粉末高温合金，有效地保障了我国航空发动机及船舰和电力用燃气轮机的发展；7085铝合金厚大截面材料和Ti6Al4V钛合金锻件国产化，扭转了C919大飞机部分关键材料依赖进口、"卡脖子"的局面；SiC/Al、金刚石/Al等增强类铝基复合材料成功用于探月工程、载人航天、北斗导航等国家重大工程任务；高性能稀土镁合金应用于多个航空、航天产品的主承力结构件。

（一）高熵合金

高熵合金（HEA），是由五种或五种以上等量或大约等量金属形成的合金。高熵合金具有优异的力学、耐摩擦磨损、耐腐蚀、耐高温等性能，是最有发展潜力的新型材料之一。

1. 分类及用途

（1）分　类

按照高熵合金的组成元素种类和晶体结构，可以将其分为过渡元素高熵合金、难熔高熵合金、共晶高熵合金、高熵非晶合金、高熵高温合金等。

① 过渡元素高熵合金。过渡元素高熵合金以Al, Mg, Co, Cu, Cr, Fe, Mn, Ni, Ti, Sn, Zn等作为主元素，其中AlCrFeNi, CoCrFeNi, AlCoFeNi,

AlCoCrNi，AlCoCrFe 是目前过渡元素高熵合金中采用最多的元素组合。过渡元素高熵合金基本都是 BCC 结构相（脆性相）或 FCC 结构相（塑性相）的固溶体合金。

② 难熔高熵合金。难熔高熵合金主要以难熔金属元素 Mo，Ti，V，Nb，Hf，Ta，Cr，W，Zr，Al 等作为主元素，这类高熵合金具有优异的高温性能。根据难熔高熵合金晶体结构，难熔高熵合金大概可分为两类：一类是单相 BCC 结构的固溶体难熔高熵合金，另一类是在 BCC 固溶体基体上析出第二相金属间化合物的难熔合金。

③ 共晶高熵合金。共晶高熵合金兼具共晶和高熵合金的优点，具有优异的强度和塑性、良好的高温蠕变抗力、低能相界且组织可控。

④ 高熵高温合金。高熵高温合金是一类以 FCC 或 BCC 固溶体为基体，在基体上均匀分布着晶体结构相似的有序第二相的高熵合金，第二相起到析出强化作用。

⑤ 高熵非晶合金。高熵非晶合金被定义为由五种或者五种以上元素等原子比或近等原子比形成的非晶合金，与传统单一主元素的非晶合金相比，高熵非晶合金具有更高的混合熵。

（2）用　途

高熵合金可作为新型高端金属结构材料，具有质量轻、强度高等优点，可应用于车辆、军工等领域。高熵合金可用作焊接和钎焊填料，分别用于焊接纯钛、铬-镍-钛不锈钢、硬质合金，以及普通碳素钢等。高熵合金可应用于核工业。高耐辐射性和高耐腐蚀性使高熵合金成为用于核燃料和高压容器材料包层的潜在候选材料。高熵合金可被用作耐热或耐磨涂层。高熵合金具有特殊的物理性质，例如，$Al_{2.08}CoCrFeNi$ 具有接近恒定的电阻率，这使其在电子应用领域具有一定的价值。

2. 国内外产业分析

（1）国内外发展现状

高熵合金的研究始于 20 世纪 80 年代末和 90 年代初。当时，学术界开始对高熵合金进行理论探索和实验研究，旨在寻找一种具有杰出性能的新型材料。21 世纪以后，高熵合金研究进入快速发展阶段。高熵合金的合金化元素和比例不断扩展，研究成果逐渐增多，引起了广泛的关注。

随着对高熵合金理解的深入，高熵合金被应用于航空航天、汽车制造、能源等领域，展现出优异的性能和潜力。此阶段，研究者开始关注高熵合金的制备工艺、性能调控和材料设计等方面，以满足不同领域的需求。近年来，高熵合金的工业化推广逐渐成为关注焦点。一些研究团队和企业开展了大规模的生产试验，并将高熵合金材料应用于实际工程中。同时，相关研究机构和政府也积极支持高熵合金行业发展，推动其产业化和商业化。高熵合金行业正处于快速发展的阶段。随着技术的不断进步和应用需求的增长，高熵合金有望在更广泛的领域得到应用，并为新材料领域的创新和发展作出更大的贡献。

虽然中国高熵合金行业起步晚于欧美日等发达国家，但是近年来在政府政策的支持下、行业内企业的发展下，中国高熵合金市场规模得到了极大的扩充，技术水平、生产能力也有了较大提高，更出现了中联先进钢铁材料技术有限责任公司、北京研邦新材料科技有限公司等一批具有较强竞争力的高熵合金企业。2022 年，中国高熵合金市场规模达 0.59 亿元，全球高熵合金市场规模为 3.52 亿元。结合历史趋势和发展环境等方面因素，预计到 2028 年，全球高熵合金市场规模将达 13.29 亿元。

（2）发展趋势

高熵合金优异的综合性能使其适用范围宽广。高熵合金软磁性能优异，且力学性能、加工性能优于现有常规软磁材料；高熵合金高温稳定性、高温抗氧化性优异，可以在极端环境中应用；高熵合金具有高硬度、高强度特点，可用作硬质刀具涂层；此外，高熵合金还可以用作光热转换材料、轻质合金材料、模具材料等。高熵合金可广泛应用于电机、变压器、机床工具、消费电子、发动机叶片、喷气式飞机引擎、核聚变等众多领域。

高熵合金的非晶形成能力较强，某些高熵合金能在铸态组织中形成非晶相。而传统合金要获得非晶组织，需要极大的冷却速度将液态原子无规则分布的组织保留到室温。非晶态金属的研究是近年来才兴起的，由于结构中无位错，具有很高的强度、硬度、塑性、韧性、耐蚀性及特殊的磁学性能等，因此应用极为广泛。制备非晶态高熵合金无疑将进一步扩大高熵合金的应用领域。高熵合金的种类繁多，其显微结构和性能具有很高的研究价值。高熵效应是调控其显微组织和结构的主要因素。目前，这一领域的关注点已经发展到 7 个合金系列，每个合金系列包括 6~7 种元素，已经产生超过 408 种新合金。这 408 种合金中含有 648 种不同的微观结构。研究发现，合金元素数量和加工条件对其显微结构有显著的影响。不同结构的高熵合金呈现出不同的结构性能和功能特点。高熵合金独特的结构和广泛的合金种类为其结构化应用和功能化应用奠定了基础。

（二）形状记忆合金

形状记忆合金是一种由两种以上金属元素构成、能够在温度和应力作用下发生相变的新型功能材料，通过热弹性与马氏体相变及其逆变而具有独特的形状记忆效应、相变伪弹性等特性，广泛应用于航空航天、生物医疗、机械电子、汽车工业、建筑工程等多个领域。

1. 分类及用途

（1）分　类

形状记忆合金按照合金种类主要分为镍钛基形状记忆合金（Ni-Ti SMA）、铜基形状记忆合金（Cu SMA）、铁基形状记忆合金（Fe SMA）3类。

① 镍钛基形状记忆合金。镍钛基形状记忆合金因具有抗疲劳性、低应力水平下的循环稳定性、出色的生物相容性等优异性能而成为最重要的形状记忆合金，因此其应用最为广泛，可用作医用传感器、阻尼器、夹具与植入设备、执行器等。

② 铜基形状记忆合金。铜基形状记忆合金价格仅为镍钛基形状记忆合金的1/10，但其记忆效应、力学性能、耐腐蚀性能都较差，发展与应用受到一定的限制，需要在合金中添加一些微量元素来改善其性能。

③ 铁基形状记忆合金。铁基形状记忆合金的特点是马氏体起始相变温度接近室温、形状记忆效应相对较好，且由于使用元素价格低，拥有极大的成本优势。但这一类合金相对较低的起始相变温度和明显的滞后现象限制了其应用范围。

（2）用　途

在航空航天领域，形状记忆合金由于具有形状记忆效应、质量轻等特点，可减小航空器空间机构铰接和液压管路连接产品的体积和质量，提高连接效能和稳定性，达到便于运输的目的。其主要应用包括飞机液压管接头、卫星用解锁机构和锁紧系统、易断缺口螺栓释放机构、空间桁架组装结构、固定翼飞行器机翼优化、飞行器推进系统混流装置、可展开天线、空间铰链单元、卫星基板等。

在汽车工业领域，形状记忆合金具有形状记忆效应、超弹性、耐磨性、高阻尼性等优异的力学性能，将其作为缓冲吸能材料，可有效提高汽车碰撞吸能保护效果；同时，随着无人驾驶技术的出现，对汽车传感器和执行器的要求更加苛刻，形状记忆合金执行器可取代已使用多年的电磁执行器。其主要应用包括风扇离合器、风扇叶片控制器、自动变速箱控制用调整阀、恒温控制阀、执行器、车身抑振结构、吸能盒、超弹性轮胎、变速器补偿垫圈、减震器阀垫圈、燃油喷射器高压回路密封器等。

在生物医疗领域，形状记忆合金优越的反复使用稳定性、耐腐蚀性、生物相容性、超弹性、低杨氏模量等特性，为许多医学难题提供了新的解决方案。目前，形状记忆合金在医学领域的应用相对成熟，主要应用有：内支架，包括食管、肠道、气管、胆道、尿道等非血管支架、镍钛合金裸支架、放射性支架、包被支架、人造血管覆盖支架等血管支架；心脏封堵器等。

在建筑工程领域，形状记忆合金凭借其超弹性、高阻尼性，以及弹性模量随温度同步变化的特征，在建筑桥梁减震降噪、耗能阻尼方面有着突出表现。在追求建筑材料结构轻量化、先进智能化、功能多样化的趋势下，形状记忆合金及其复合材料将在建筑领域发挥更大的作用。其主要应用包括阻尼耗能装置、隔震结构、泡沫复合材料、复合树脂结构等。

2. 国内外产业分析

（1）国内外发展现状

形状记忆合金因其独特的形状记忆效应一直是各相关国家的研究热点。近年来，美国、欧洲、日本等国家和地区针对形状记忆合金制备工艺、成分配比、与先进制造技术结合的研究已取得显著进展，尤其是以4D打印技术为代表的先进制造技术使用形状记忆合金作为原材料，扩展了其在软体机器人、医疗器械、航空航天等领域的应用范围。

目前，中国、美国、欧洲等国家和地区在传统熔炼法和粉末冶金法的基础上，结合3D打印等先进制造技术，开发出选区激光熔化增材制造技术、激光粉末床融合技术、4D打印技术等材料制备与材料成型新技术，不仅提升了材料的成分精度、超弹性、形状记忆性能等特性，还拓展了合金的加工使用范围。美国得克萨斯农工大学的研究人员通过激光粉末床融合技术制造了一种形状记忆合金，在室温下保持了6%的拉伸超弹性。英国利物浦大学的研究人员通过选区激光熔化（SLM）工艺对镍钛合金进行加工，成型后的镍钛合金样件表现出60%~80%的变形率。华南理工大学的研究人员基于纳米镍粒子改性的镍钛合金粉末，采用SLM工艺获得了具有有序功能基元的Ni50.6Ti49.4合金，为调控镍钛合金的微观结构提供了一种新的策略，进一步扩大了其应用范围。华中科技大学和吉林大学的研究人员选用 Cr20Ni80 金属纤维和高性能聚醚醚酮（PEEK），通过共挤出 4D 打印（CE-4DP）工艺制备了手形结构和百叶窗结构，对纤维依次通电可以实现手指按顺序恢复。这些先进制造技术使形状记忆合金/聚合物在生物医疗、航空航天、智能器件等方面具有更大的应用前景。

（2）发展趋势

世界各国虽然在形状记忆合金的研究中取得了诸多进展，但也存在一些尚待解决的问题，对形状记忆合金的研究方向和发展趋势产生一定影响。研究中存在的主要问题有：形状记忆合金自身存在损伤和裂纹等缺陷；形状记忆合金的合金种类有限；基于形状记忆合金构建的模型在实际工程应用中存在一些缺陷；形状记忆合金加工和制备工艺的控制难度仍然较大，且制造成本较高；形状记忆合金的各种功能均依赖马氏体相变，需要不断对其加热、冷却或加载、卸载，且材料变化具有迟滞性，限制了合金的应用等。

形状记忆合金未来的研究方向和发展趋势主要集中在形状记忆聚合物复合材料的研究与开发、高温形状记忆合金的研究与开发、研发新的形状记忆合金系列、形状记忆合金元器件进一步微型化、降低形状记忆合金制造成本、克服材料自身缺陷等。

（三）高温合金

高温合金是指以铁、镍、钴为基，能在 600 ℃以上高温及一定应力作用下长期工作的一类金属材料。高温合金具有较高的高温强度，良好的抗氧化和抗腐蚀性能，良好的疲劳性能、断裂韧性等综合性能。高温合金为单一奥氏体组织，在各种温度下均具有良好的组织稳定性和使用可靠性。基于上述性能特点，且高温合金的合金化程度较高，其又被称为"超合金"，是广泛应用于航空、航天、石油、化工、舰船的一种重要材料。

1. 分类及用途

（1）分　类

按照基体元素划分，高温合金可分为铁基、镍基、钴基等高温合金。

① 铁基高温合金。铁基高温合金又可称作耐热合金钢。它的基体是 Fe 元素，加入少量的 Ni，Cr 等合金元素。耐热合金钢按其正火要求可分为马氏体、奥氏体、珠光体、铁素体耐热钢等。

② 镍基高温合金。镍基高温合金的含镍量在一半以上，适用于 1000 ℃ 以上的工作条件，采用固溶、时效的加工过程，可以大幅提升抗蠕变性能和抗压抗屈服强度。镍基高温合金也是我国产量最大、使用量最大的一种高温合金。很多涡轮发动机的涡轮叶片及燃烧室，甚至涡轮增压器使用镍基合金作为制备材料。

③ 钴基高温合金。钴基高温合金以钴为基体，钴的质量分数大约为 60%，同时需要加入 Cr, Ni 等元素来提升高温合金的耐热性能。通常用于高温条件和较长时间受极限复杂应力高温零部件，如航空发动机的工作叶片、涡轮盘、燃烧室热端部件和航天发动机等。为了获得更优良的耐热性能，一般条件下要在制备时添加元素（如 W, Mo, Ti, Al, Co），以保证其优越的抗热抗疲劳性能。

（2）用　途

① 航空航天领域。航空发动机被称为"工业之花"，是航空工业中技术含量最高、难度最大的部件之一。作为飞机动力装置的航空发动机，特别重要的是，金属结构材料要具有轻质、高强、高韧、耐高温、抗氧化、耐腐蚀等性能，这几乎是结构材料中最高的性能要求。高温合金是为了满足现代航空发动机对材料的苛刻要求而研制的，至今已成为航空发动机热端部件不可替代的一类关键材料。在先进的航空发动机中，高温合金用量所占比例已高达 50% 以上。

在现代先进的航空发动机中，高温合金主要用于燃烧室、导向叶片、涡轮叶片和涡轮盘四大热端零部件；此外，还用于机匣、环件、加力燃烧室和尾喷口等部件。

② 能源领域。高温合金在能源领域中有着广泛的应用。在煤电用高参数超临界发电锅炉中，过热器和再过热器必须使用抗蠕变性能良好，在蒸汽侧抗氧化性能和在烟气侧抗腐蚀性能优异的高温合金管材；在气电用燃气轮机中，涡轮叶片和导向叶片需要使用抗高温腐蚀性能优良和长期组织稳定的抗热腐蚀高温合金；在核电领域，蒸汽发生器传热管必须选用抗溶液腐蚀性能良好的高温合金；在煤的气化和节能减排领域，广泛采用抗高温热腐蚀和抗高温磨蚀性能优异的高温合金。

2. 国内外产业分析

（1）国内外发展现状

从 20 世纪 30 年代后期起，英、德、美等国就开始研究高温合金。第二次世界大战期间，为了满足新型航空发动机的需要，高温合金的研究和使用进入蓬勃发展时期。40 年代初，英国首先在 80Ni-20Cr 合金中加入少量铝和钛，形成 γ' 相以进行强化，研制成第一种具有较高高温强度的镍基合金。同一时期，美国为了适应活塞式航空发动机用涡轮增压器发展的需要，开始用 Vitallium 钴基合金制作叶片。之后，冶金学家为进一步提高合金的高温强度，在镍基合金中加入钨、钼、钴等元素，增加铝、钛含量，研制出一系列牌号的合金，如英国的"Nimonic"、美国的"Mar-M"和"IN"等；在钴基合金中，加入镍、钨等元素，发展出多种高温合金，如 X-45，HA-188，FSX-414 等。由于钴资源缺乏，钴基高温合金发展受到限制。40 年代，铁基高温合金也得到发展，50 年代出现 A-286 和 Incoloy901 等牌号，但因高温稳定性较差，60 年代以来发展较慢。70 年代，美国还采用新的生产工艺制造出定向结晶叶片和粉末冶金涡轮盘，研制出单晶叶片等高温合金部件，以适应航空发动机涡轮进口温度不断提高的需要。发展至今，国际市场每年高温合金消费量在 30 万吨，广泛应用于各个领域。过去多年，全球航天业对新材料飞机需求旺盛，空客与波音已有超万架此类飞机等待交付。精密机件公司是全球高温合金复杂金属零部件和产品制造的龙头企业，也为航空航天、化学加工、石油和天然气冶炼及污染防治等行业提供所需的镍钴等高温合金。

迄今为止，我国高温合金的研究、生产和应用已历经 60 多年的发展历程，可以分为三个阶段。

第一个阶段：从 1956 年至 20 世纪 70 年代初，是我国高温合金的创业和起始阶段。主要仿制苏联高温合金为主体的合金系列，如 GH4033，GH4049，GH2036，GH3030，K401，K403 等。

第二个阶段：从 20 世纪 70 年代中期至 90 年代中期，是我国高温合金的提高阶段。主要试制欧美型号的发动机，提高高温合金生产工艺技术和产品质量控制。

第三阶段：从 20 世纪 90 年代中期至今，是我国高温合金的全新发展阶段。主要应用和开发了一批新工艺，研制和生产了一系列高性能、高档次的新合金。

我国高温合金的主要研究单位是钢铁研究总院、中国航发北京航空材料研究院、中国科学院金属研究所、北京科技大学、东北大学、西北工业大学等，主要生产企业有中航工业、钢研高纳、炼石有色、抚顺特钢和中国第二重型机械集团万航模锻厂等。

（2）发展趋势

随着近年来我国航空航天、核电等领域的快速发展，市场对高温合金的需求量不断增加，推动了我国高温合金产量的增长。虽然我国高温合金产业发展较快，但整体技术水平与世界先进水平仍存在差距，高端品种尚未实现自主可控，供需缺口较大。随着国家对战略性新材料产业扶持力度加大，高温合金材料及其制品行业正处于重大的历史转折点。"十四五"规划建议中，要求推动高温合金、高性能合金、高品质特殊钢材等高端新材料取得突破。在产业政策的推动下，高温合金、高性能合金及特种不锈钢行业有望获得稳健、长足的发展。

（四）钛合金

钛合金是指多种钛与其他金属制成的合金金属。钛是 20 世纪 50 年代发展起来的一种重要的结构金属。钛合金强度高、耐蚀性好、耐热性高。钛合金主要用于制作飞机发动机压气机部件，还用于制作火箭、导弹和高速飞机的结构件。

1. 分类及用途

（1）分　类

室温下，钛合金有三种基体组织，从而分为以下三类：α 钛合金、α+β 钛合金和 β 钛合金。

① α 钛合金。α 钛合金是 α 相固溶体组成的单相合金，不论是在一般温度下还是在较高的实际应用温度下，均是 α 相，组织稳定，耐磨性高于纯钛，抗氧化能力强。在 500~600 ℃的温度下，仍保持其强度和抗蠕变性能，但不能进行热处理强化，室温强度不高。

② β 钛合金。β 钛合金是 β 相固溶体组成的单相合金，未热处理即具有较高的强度，淬火、时效后得到进一步强化的钛合金，室温强度可达 1372~1666 MPa；但热稳定性较差，不宜在高温下使用。连续型多孔金属材料除了具有上述特点之外，还具有浸透性、通气性好等特点。

③ α+β 钛合金。α+β 钛合金是双相合金，具有良好的综合性能，组织稳定性好，有良好的韧性、塑性和高温变形性能，能较好地进行热压力加工，能进行淬火、时效使合金强化。热处理后的强度约比退火状态提高 50%~100%；高温强度高，可在 400~500 ℃的温度下长期工作，其热稳定性低于 α 钛合金。

（2）用　途

钛合金主要用于飞机及发动机的制造材料，如锻造钛风扇、压气机盘和叶片、发动机罩、排气装置等零件，以及飞机的大梁隔框等结构框架件。航天器主要利用钛合金的高比强度、耐腐蚀和耐低温性能来制造各种压力容器、燃料储箱、紧固件、仪器绑带、构架和火箭壳体。人造地球卫星、登月舱、载人飞船和航天飞机也都使用钛合金板材焊接件。除了航空航天领域，钛合金在其他领域也有着广泛的应用。钛在氯碱工业中使用钌钛阳极和钛制湿氯气冷却器，收到很好的经济效益，被誉为氯碱工业中一大革命。钛在含有金属离子的酸性溶液中具有很好的稳定性，因此钛在湿法冶金中，如铜、镍、钴、锰等有色金属的电解生产中，有着十分广泛的应用。钛在含有氯化物、硫化物等腐蚀性较强的热水中具有很好的稳定性，因此钛在火力发电中大量用作热交换器的冷却管。钛抗海水腐蚀能力比其他金属都好，无论是在静止的还是高速流动的海水中都具有特殊的稳定性，因此钛是海水淡化装置的理想材料。

2. 国内外产业分析

（1）国内外发展现状

钛是一种重要的结构金属，钛合金因具有强度高、耐蚀性好、耐热性高等特点而被广泛应用于各个领域。世界上许多国家都认识到钛合金材料的重要性，相继对其进行研究开发，并开展实际应用。第一个实用的钛合金是1954年美国研制成功的Ti-6Al-4V合金。它由于耐热性、强度、塑性、韧性、成形性、可焊性、耐蚀性和生物相容性均较好，而成为钛合金工业中的王牌合金。该合金使用量已占全部钛合金的75%~85%。其他许多钛合金都可以看作Ti-6Al-4V合金的改型。20世纪50—60年代，主要发展航空发动机用高温钛合金和机体用结构钛合金；70年代，开发出一批耐蚀钛合金；80年代以来，耐蚀钛合金和高强钛合金得到进一步发展。耐热钛合金的使用温度已从50年代的400 ℃提高到90年代的600~650 ℃。A2（Ti_3Al）和r（TiAl）基合金的出现，使钛合金在发动机的使用部位正由发动机的冷端（风扇和压气机）朝发动机的热端（涡轮）方向推进。结构钛合金朝高强、高塑、高韧、高模量和高损伤容限方向发展。另外，20世纪70年代以来，还出现了Ti-Ni，Ti-Ni-Fe，Ti-Ni-Nb等形状记忆合金，并在工程上获得广泛的应用。世界上已研制出的钛合金有数百种，其中著名的钛合金有20~30种，如Ti-6Al-4V，Ti-5Al-2.5Sn，Ti-2Al-2.5Zr，Ti-32Mo，Ti-Mo-Ni，Ti-Pd，SP-700，Ti-6242，Ti-10-5-3，Ti-

1023、BT9、BT20、IMI829、IMI834 等。

（2）发展趋势

钛合金产业是全球金属材料产业中的关键领域。随着航空航天、汽车、能源等行业的快速发展，对钛合金的需求不断增加，未来几年全球钛合金产业的规模将持续扩大。钛合金的应用主要受制于材料的性能和成本，因此技术创新对产业的发展至关重要。一方面，钛合金的生产技术和制备工艺需要不断改进，以提高产品的性能和质量，降低生产成本。目前，钛合金的生产工艺主要有真空熔炼、熔化铸造、气体熔化、粉末冶金等，未来很可能会出现新的制备技术。另一方面，钛合金的加工技术需要进一步提高，以提升产品的成品率和加工效率。例如，利用 3D 打印技术可以实现对复杂形状的钛合金产品的制造，未来可能会有更多加工技术应用于钛合金产业。

（五）铝锂合金

锂是世界上最轻的金属。把锂作为合金元素加到金属铝中，就形成了铝锂合金。加入锂之后，可以降低合金的密度，增加刚度，同时仍然保持较高的强度、较好的抗腐蚀性和抗疲劳性，以及适宜的延展性。因为这些特性，这种新型合金受到航空航天和航海业的广泛关注。

1. 分类及用途

（1）分　类

铝锂合金按照性能划分主要可以分为高强度铝锂合金、高塑性铝锂合金、超轻铝锂合金等。

① 高强度铝锂合金。高强度铝锂合金具有较高的强度、刚性和耐腐蚀性能，主要应用于航空航天、武器装备等领域。

② 高塑性铝锂合金。高塑性铝锂合金具有较高的成形性和亲和性，常用于汽车、电子和船舶等领域。

③ 超轻铝锂合金。超轻铝锂合金具有轻质、高强度等特点，常用于航空航天、车辆制造和体育器材等领域。

（2）用　途

铝锂合金是一种新型的轻质高强度材料。它具有优异的物理和化学性质，广泛应用于航空航天、汽车、电子、军工等领域。其由于轻质高强的特性，可以减轻飞机的重量，提高飞行速度和燃油效率。铝锂合金还具有良好的耐腐蚀性和高温性能，可以在极端环境下使用，如高空、高温、低温等。铝锂合金在汽车制造中也有着重要应用。随着汽车工业的发展，轻量化已成为汽车制造的重要趋势。铝锂合金具有轻质高强的特性，可以减轻汽车的重量，提高燃油效率和行驶里程。铝锂合金还具有良好的可塑性和可加工性，可以制造出各种形状和尺寸的零部件。铝锂合金还广泛应用于电子和军工领域：在电子领域，铝锂合金可以制造出轻薄的电子产品，如笔记本电脑、手机等；在军工领域，铝锂合金可以制造出轻便的武器装备，如手枪、步枪等。

2. 国内外产业分析

（1）国内外发展现状

1924年，第一个含锂的铝合金Sclreoul（Al-12Zn-3Cu-0.6Mn-0.1Li）诞生。100年来，铝锂合金历经艰难和波折，冲破层层障碍，逐步走向工业生产和应用。20世纪50年代，美国Alcoa公司克服了其熔炼上的难点，于1957年生产出含锂1.1%的铝锂合金，命名为2020合金。1958年，美国航空公司对其做了首次评估，就塑性、韧性问题进行了评估。次年，将其用于海军警戒机的机翼蒙皮和尾翼水平安定面，减重效益6%，先后服役20年，未发现腐蚀、应力腐蚀、疲劳破坏等问题。60年代，美国航空界开始采用USAF航空损伤容限设计准则，2020合金因缺口敏感性高和断裂韧性低而难以被接受，于1969年被放弃。当美国铝锂合金研究降温时，苏联开始了铝锂合金的研究，研制出独特的1420合金（Al-Li-Mg-Zr）系，锂质量分数达到1.5%~2.6%，镁质量分数达到4%~7%，比2020合金的密度更低而弹性模量更高。1971年将其用于航空器，后逐步扩大到苏-27、米格-25、米格-29、舰载飞机、图-204等多种飞机上。后来在1420合金的基础上进一步研究出1421，1423，1424等合金，强度明显改善，且抗蚀性更佳、焊接性更优。

中国铝锂合金的研发始于1962年的东北轻合金加工厂（现东北轻合金有限责任公司），当时是仿制苏联的铝锂合金，但未能实现工业化生产，于1965年不了了之。直到20世纪70年代，北京航空材料研究院开始铝锂合金的研发。80年代初，西南铝加工厂研究所开始研制并自建了一台1吨的真空熔炼炉，后来于90年代从俄罗斯引进1台6吨的真空熔炼炉。从"七五"到"十三五"，我国连续35年在国家级科研计划中对铝锂合金研发和生产进行立项和资金支持，中南大学、航天材料及工艺研究所、西南铝、航材院、郑州轻研合金科技有限公司先后参与研究，形成了"基础研究与技术支持、生产、应用评价、应用"四位一体的合作模式,组成了中国铝锂合金研发—生产—应用的国家队。

（2）发展趋势

经过 100 年的发展,铝锂合金已进入成熟期,并在一些领域获得了广泛应用。我国航空航天事业的快速发展拉动了对铝锂合金的市场需求。虽然在国家大力支持下,我国在铝锂合金生产与应用方面取得了巨大进步,但在铝锂合金开发、生产方面仍与美国、俄罗斯等国家存在较大差距,大飞机 C919 使用的铝锂合金多数来自美国 Alcoa 公司。因此,我国应加大铝锂合金的研发,形成具有自主知识产权的新一代铝锂合金体系;同时应该提高铝锂合金的产能,开发具有自主知识产权的熔铸设备和生产线,满足我国未来航空航天领域对铝锂合金的需求。

作为结构材料,铝锂合金的服役性能、腐蚀敏感性和焊接性也至关重要。目前关于铝锂合金服役性能的研究较少,应进行服役性能的系统研究作为新型铝锂合金的评价指标。由于含有活泼的锂元素,铝锂合金具有较强的腐蚀敏感性,可寻找适当的表面处理方法,以提高铝锂合金的抗局部腐蚀性能。搅拌摩擦焊虽然能有效提升焊接接头的质量,但是应用范围较窄,需要开发其他类型铝锂合金的焊接工艺,以满足铝锂合金的应用要求。和变形铝锂合金相比,铸造铝锂合金的密度可更低,而且能够成型形状复杂的铸件,开展铸造铝锂合金的产业化应用研究,开发铸造铝锂合金的生产线,将进一步开辟铝锂合金新的应用领域。

二、面临问题

自我创造能力薄弱,引领能力不足,产品跟踪仿制多、原创少,难以抢占战略高点。虽然我国是空天飞行器、新能源汽车、轨道交通、电子消费品、太阳能等新兴应用领域的研发策源地,而铝合金产量具有巨大的市场空间,但是美国铝合金产业掌握了航天用铝 80% 的专利,这种标准与专利、加工技术与装备等方面形成的垄断与先发优势,对我国铝合金高端应用领域的多种关键新材料与高端装备造成"卡脖子"制约。我国只是铝加工产业大国,还不是铝加工产业强国。

高端金属新材料工艺装备和生产研发存在短板,支撑保障能力较弱。我国运载工具、能源动力、高档数控机床和机器人、国防军工等五大领域所需的

347 种关键新材料中被国外禁运 61 种，依赖进口 156 种；增材制造所需的高端金属新材料高度依赖进口。我国钛合金加工成形的技术能力不足导致歼-20 含钛量仅为 20%，而美国 F-22 战斗机的含钛量高达 41%。

利用率低、制备工艺不匹配，节能减排压力较大。稀土加工利用率较低，铁、镍、钴、铜等 12 种战略性矿产对外依存度超过 70%，铂族元素、镍、钴、锂等已面临资源断供的风险。钢铁行业碳排放量占全国碳排放总量的 16% 左右，电解铝行业碳排放量约占全国碳排放总量的 5%，精炼 1 吨镁至少会产生 20 吨碳排放和大量废水。金属资源的低利用率与制备工艺造成的环境污染，将对我国高端装备制造、氢能及新能源汽车等战略性新材料产业发展带来巨大冲击。

三、发展趋势

金属新材料的发展应紧紧围绕国家重大战略需求，践行绿色化、智能化发展理念，瞄准重大科学问题、关键技术难题，用好新型举国体制，开展联合攻关、合理布局、重点突破。超高强韧钢、高性能轻合金、高温合金等先进结构材料和金属能源材料、金属信息材料、金属催化材料等高端金属新材料是发展的重点。

金属新材料的发展趋势主要集中在金属结构功能一体化设计及金属材料加工制备。其中，金属结构新材料集中在镁合金、铝合金、钛合金、高温合金、高性能钢、金属基复合材料、高熵合金、金属间化合物等；金属功能新材料集中在信息材料、新能源材料、催化材料、生物材料、磁性材料、非晶材料及智能材料等；结构一体化金属新材料集中在金属构筑材料、金属超材料、金属含能材料等；金属材料加工制备集中在智能热制造、增材制造、绿色制造、粉末冶金及表面工程等。

第二节　化工新材料

一、发展现状

化工新材料是发展战略性新兴产业的重要基础，也是传统石化和化工产业转型升级和发展的重要方向。高端聚烯烃、工程塑料、弹性体、高性能纤维、循环再生材料、新能源材料、功能膜材料、半导体材料及其他化工新材料，广泛应用于国民经济和国防军工的众多领域，成为我国化工体系中市场需求增长最快的领域之一。

我国是全球化工新材料领域不可忽视的力量和重要的市场，已初步形成较齐备的研发、设计、生产和应用体系。据中国石油和化学工业联合会化工新材料专委会的数据，我国化工新材料产量规模逐年增长，2022年，产能超过4500万吨，产量超过3100万吨。

（一）工程塑料

工程塑料一般指能够承受一定外力作用，具有良好的机械性能，耐高温、低温性能，尺寸稳定性较好，可在较苛刻的化学、物理环境中长期使用，但价格较贵、产量较小，可以用作工程结构的塑料，用于以塑代木、以塑代钢。

1. 分类与用途

（1）分 类

工程塑料又可分为通用工程塑料和特种工程塑料两类。前者主要品种有聚酰胺、聚碳酸酯、聚甲醛、改性聚苯醚和热塑性聚酯五大通用工程塑料；后者主要指耐热达150℃以上的工程塑料，主要品种有聚酰亚胺、聚苯硫醚、聚砜类、芳香族聚酰胺、聚芳酯、聚苯酯、聚芳醚酮、液晶聚合物和氟树脂等。

（2）用 途

工程塑料被广泛应用于电子电气、汽车、建筑、办公设备、机械、航空航天等行业，以塑代木、以塑代钢已成为国际流行趋势。

工程塑料已成为当今世界塑料工业中增长速度最快的领域，其发展不仅对国家支柱产业和现代高新技术产业起到支撑作用，也推动传统产业改造和产品结构调整。工程塑料在汽车上的应用日益增多，主要用作保险杠、燃油箱、仪表板、车身板、车门、车灯罩、燃油管、散热器及发动机相关零部件等。在机械上，工程塑料可用于轴承、齿轮、丝杠螺母、密封件等机械零件和壳体、盖板、手轮、手柄、紧固件及管接头等机械结构件上。在电子电气上，工程塑料可用于电线电缆包覆、印刷线路板、绝缘薄膜等绝缘材料和电气设备结构件上。在家用电器上，工程塑料可用于电冰箱、洗衣机、空调器、电视机、电风扇、吸尘器、电熨斗、微波炉、电饭煲、收音机、组合音响设备与照明器具上。在化工上，工程塑料可用于热交换器、化工设备衬里等化工设备上和管材及管配件、阀门、泵等化工管路中。

2. 国内外产业分析

（1）国内外发展现状

国外工程塑料行业起步较早。1931年，美国杜邦公司在实验室首次合成PA66。1939年，PA66实现工业化，是第一种工业化的工程塑料。1950—1980年为全球工程塑料行业研发快速发展期，德国拜耳、美国杜邦、美国通用电气等公司先后开发了聚碳酸酯（PC）、聚甲醛（POM）、聚酰亚胺（PI）等工程塑料。

目前，美国、德国等工业化程度较高国家的工程塑料产量在全世界遥遥领先，是工程塑料发展较好的地区。世界知名工程塑料生产企业主要有杜邦、陶氏、巴斯夫、罗地亚、三菱、帝人等。

从细分产品的企业竞争格局来看，杜邦是全球最大的尼龙树脂生产商；SABIC公司（收购GE塑料集团后）是全球最大的改性PC，PPO生产商；德国巴斯夫在汽车用工程塑料领域具有较强的竞争力。

相比较而言，我国工程塑料起步较晚，但发展迅速，目前已逐步形成了具有树脂合成、塑料改性与合金、加工应用等相关配套能力的完整产业链，产业规模不断扩大，并且出口不断增长；企业规模持续壮大，产品品种不断增加；科技水平日益提高，部分产品技术、质量指标已接近国外先进水平。近年来，PPS，PI，PEEK等特种工程塑料及下游制品的产业化发展提速；聚砜类、聚芳酯、特种聚酰胺等小品种处于技术开发和应用研究阶段，产业化进程较慢。

（2）发展趋势

工程塑料因其优异的稳定性、良好的耐热和耐化学性及高强度而应用领域广泛，需求持续快速增长。特别是日益严格的环保法规要求汽车减少排放量和提高燃油经济性，使工程塑料大量应用于汽车和运输行业。此外，工程塑料还广泛应用于消费及家电产品、电气及电子产品、工业机械、包装，以及医疗、建筑等行业。

当前，我国已成为全球工程塑料需求增长最快的国家。据分析，随着国内经济的不断发展，工程塑料的需求会进一步增长，我国工程塑料行业发展前景十分广阔。例如，家电行业，仅冰箱、冷柜、洗衣机、空调及各类小家电产品每年的工程塑料需求量就达60万吨左右。通信基础设施建设及铁路、公路建设等方面的工程塑料用量则更为惊人，预计今后数年内总需求量将达到450万吨以上。

（二）碳纤维

碳纤维是一种含碳量在95%以上的高强度、高模量的新型纤维材料。它是由片状石墨微晶等有机纤维沿纤维轴向方向堆砌而成，经碳化及石墨化处理而得到的微晶石墨材料。碳纤维密度比金属铝小，但强度高于钢铁，并且具有耐腐蚀、高模量、密度低、无蠕变、良好的导电导热性能、非氧化环境下耐超高温、耐疲劳性好等特性，广泛应用于军工、航空航天、体育用品、汽车工业、能源装备、医疗器械、工程机械、交通运输、建筑及其结构补强等领域，是发展国防军工与国民经济的重要战略物资。

1. 分类与用途

（1）分　类

① 按照原料体系。碳纤维主要分为粘胶基、沥青基和聚丙烯腈（PAN）基三大类。其中，PAN基碳纤维因其生产工艺简单、成本较低、碳化吸收率较高、力学性能优良等特点，是生产高性能碳纤维最有前途的前驱体，利用其制备的碳纤维综合性能最好、生产工艺成熟简单、应用最广、产量最高、品种最多，是目前全球碳纤维市场的主流，产量占全球碳纤维总产量的90%以上。

② 按照性能。碳纤维可分为通用型、高强型（GQ）、高强中模型（QZ）、高模型（GM）和高强高模型（QM）碳纤维。一般分为高强"T"系列和高模"M"系列，数字越大对应的性能等级越高，尾号带字母的性能等级高于不带字母的（如T300B性能大于T300）。

③ 按照丝束大小。碳纤维可划分为小丝束和大丝束。小丝束碳纤维初期以1K、3K、6K为主，逐渐发展为12K和24K，主要应用于国防军工等高科技领域和体育休闲用品，如飞机、导弹、火箭、卫星和渔具、高尔夫球杆、网球拍等。通常将48K以上碳纤维称为大丝束碳纤维，包括48K，60K，80K等，主要应用于工业领域，如纺织、医药卫生、机电、土木建筑、交通运输和能源等。

（2）用　途

碳纤维复合材料凭借耐烧蚀和轻质高强的特点被广泛应用于火箭、导弹和卫星，是不可替代的关键材料。例如，火箭发射卫星，每减重1kg，就会节省500kg燃料。

碳纤维复合材料被广泛应用于战斗机和直升机的机体、主翼、尾翼、刹车片及蒙皮等部位，结实牢固，替代钢铁，减轻机重，降低油耗，还起到隐身作用。所以，最新式战机碳纤维复合材料的使用量会占到机重的30%~40%。

碳纤维复合材料被用于汽车，代替部分金属。车身轻质化是今后的发展方向，据说汽车质量减少100 kg，每百千米可节约0.6 L燃油，二氧化碳排放可减少约10 g/km。

碳纤维复合材料的其他民用例子数不胜数，如风力发电叶片、电缆芯、建筑建材、压力容器、船舶等；乒乓球拍的表层下面安置碳纤维网，用以增加硬度；理疗用的电热护腰护膝、高尔夫球杆、网球拍、羽毛球拍都使用碳纤维，既减轻重量又增加强度。

2. 国内外产业分析

（1）国内外发展现状

国际上聚丙烯腈（PAN）基碳纤维的生产，从20世纪60年代起步，经过70—80年代的稳定发展、90年代的飞速发展，到21世纪初其生产工艺技术已经成熟。行业发展初期，碳纤维主要用于军工和航天，经过50余年的发展，其应用领域正在向工业领域和普通民用领域扩大。

总体来说，世界碳纤维的生产主要集中在日本、美国、德国等少数发达国家；小丝束产能主要集中在日本企业，大丝束产能则主要集中在欧美。其中，日本掌握了世界碳纤维的核心技术，其生产的碳纤维无论是在质量上还是在数量上均处于世界领先地位。日本东丽更是世界上高性能碳纤维研究与生产的"领头羊"，其产能占世界全部产能的34%，是全球唯一一家碳纤维产能超过2万吨的企业，成为当之无愧的碳纤维巨无霸。美国是继日本之后掌握碳纤维生产技术的少数几个发达国家之一，也是世界上最大的丙烯腈基碳纤维消费国，约占世界总消费量的1/3。

相比之下，我国碳纤维行业与国外一样都是从20世纪60年代起步，但由于经济社会条件制约，以及国外技术封锁，研发进度上一直落后于国外，直到20世纪90年代后才在核心技术上有所突破。目前，我国在T300和T700级碳纤维等产品上已实现量产。

（2）发展趋势

自高性能及超高性能碳纤维问世以来，我国一直致力于完善工艺、扩大生产、降低成本和开发应用。随着科学的发展，一些特种碳纤维有很大的发展空间和应用市场，如抗氧化碳纤维（以提高复合材料的使用温度）、低纤度碳纤维（做 0.035 mm 超薄型预浸带用）、高导热低电阻碳纤维（以屏蔽电磁、射频干扰，并可散发多余的热能）、低热膨胀系数碳纤维（供卫星天线系统、反射镜等用）、中空碳纤维（用于飞机制造工业，提高复合材料的冲击韧性，做核反应堆中的高温过滤介质，分离生物分子血清和血浆用的介质）和活性碳纤维。气相生长碳纤维在稳定工艺、连续化生产方面会有明显进展。

（三）超高分子量聚乙烯纤维

超高分子量聚乙烯纤维（UHMWPE 纤维，又叫作高强高模聚乙烯纤维）是分子量 150 万以上的无支链线性聚乙烯。一般的黏均分子量在 150 万以上，重均分子量在 300 万以上。

它和碳纤维、芳纶合称为"世界三大高科技纤维"。超高分子量聚乙烯纤维是世界上最坚强、有韧性的纤维，目前是工业化纤维材料中比强度和防弹性能最高的纤维，具有超高强度、超高模量、低密度、耐磨损、耐低温、耐紫外线、抗屏蔽、柔韧性好、冲击能量吸收高，以及耐强酸、强碱、化学腐蚀等众多优异性能。用俗话说就是："轻薄如纸，坚硬如钢。"其强度是钢铁的 15 倍。其由于质轻、高强、比能量吸收高等特点，已逐步取代芳纶，成为个体防弹领域的首选纤维，是目前制造防弹衣的主要材料，成为占领美国防弹背心市场的主要纤维。

1. 用　途

① 国防领域。该纤维的耐冲击性能好、比能量吸收高，在军事上可以制成防护衣料、头盔、防弹材料，如直升飞机、坦克和舰船的装甲防护板、雷达的防护外壳罩、导弹罩、防弹衣、防刺衣、盾牌等。

② 航空航天领域。该纤维复合材料由于轻质高强和抗冲击性能好，适用于各种飞机的翼尖结构、飞船结构等。该纤维也可以用作航天飞机着陆的减速降落伞和飞机上悬吊重物的绳索，取代传统的钢缆绳和合成纤维绳索，其发展速度异常迅速。

③ 工业领域。该纤维及其复合材料可用作耐压容器、传送带、过滤材料、汽车缓冲板等；建筑方面可用作墙体、隔板结构等，用它做增强水泥复合材料可以改善水泥的韧度，提高其抗冲击性能。其由于具有优良的耐磨性、耐冲击性，在机械制造行业中得到广泛应用，可制作各种齿轮、凸轮、叶轮、滚轮、

滑轮、轴承、轴瓦、轴套、削轴、垫片、密封垫、弹性联轴节、螺钉等机械零部件。

2. 国内外产业分析

（1）国内外发展现状

当前，国外有荷兰帝斯曼公司（DSM）、美国霍尼韦尔公司（Honeywell）、日本东洋纺公司（Toyobo）3家公司能工业化生产超高分子量聚乙烯纤维，且年总产量不到9000吨。

欧美和日本的超高分子量聚乙烯纤维用途结构有一定差异。欧美主要用于防弹衣和武器装备，占总量的60%~70%，另外绳缆占20%，渔网等占5%，劳动防护占5%；日本主要用于绳缆、渔网、防护类，特别是防切割手套，在汽车生产涂漆工序的使用量已达到超高分子量聚乙烯纤维总需求量的1/4。

我国自1985年开始超高分子量聚乙烯纤维的研究，东华大学、盐城超强高分子材料工程技术研究所先后加入研发行列，并取得了一系列重大理论突破。随即一些企业投入中试及小规模工业化生产，经过不懈努力，其纤维性能已经达到国际中等水平并具有各自的特色，部分进入规模化生产阶段。目前，国内有上海化工研究院及郑州安泰防护科技有限公司、北京同益中特种纤维技术开发有限公司、湖南中泰特种装备有限公司、宁波大成新材料股份有限公司、山东爱地高分子材料有限公司5家公司生产超高分子量聚乙烯纤维，都取得了较大的成绩。此外，无锡富坤化工有限公司、九江中科鑫星新材料有限公司、上海联乐化工科技有限公司、安徽特佳劲精细化工有限责任公司等也发展迅速。

（2）发展趋势

我国超高分子量聚乙烯纤维的需求量保持持续较快增长，主要来源于军事装备、海洋产业和安全防护等领域，产量年均复合增长率达19.32%。

我国超高分子量聚乙烯纤维在军事装备、海洋产业、安全防护中的应用占比为前三，分别占26%，25%，20%。超高分子量聚乙烯纤维是现代国防必不可少的战略物资，国家出台了一系列政策将其列为关键战略材料，主要包括《重点新材料首批次应用示范指导目录》《增强制造业核心竞争力三年行动计划》等。同时，随着产业技术水平的持续提升，超高分子量聚乙烯纤维的应用领域不断拓宽，日益增加的军品、民品应用将为超高分子量聚乙烯纤维带来庞大的市场需求。

（四）光刻胶

光刻胶又称光致抗蚀剂，是指通过紫外光、电子束、离子束、X射线等照射或辐射，溶解度发生变化的耐蚀剂刻薄膜材料。目前被广泛用于光电信息产业的微细图形线路加工制作环节。光刻胶由增感剂（光引发剂）、感光树脂（聚合剂）、溶剂与助剂构成。

1. 分类与用途

（1）分　类

按照应用领域，光刻胶可分为半导体光刻胶、LCD光刻胶和PCB光刻胶，其技术壁垒依次降低。从国产化进程来看，PCB光刻胶目前国内替代进度最快，LCD光刻胶替代进度相对较快，而在半导体光刻胶领域国内技术较国外先进技术差距最大。

（2）用　途

① 平板显示器。在平板显示器制造中，平板显示器电路的制作、液晶显示器彩色滤光片的制作均需采用光刻技术，使用不同类型的光刻胶。按用途可分为TFT用光刻胶、触摸屏用光刻胶和滤光片用光刻胶。

② LED加工。发光二极管由含镓、砷、磷、氮等的化合物制成。发光二极管是一种能将电能转化为光能的半导体电子元件。这种电子元件最早在1962年出现，早期只能发出低光度的红光，之后发展出其他单色光的版本，如今能发出的光已涵盖可见光、红外光及紫外线，并提高到相当的光度。随着技术的不断进步，发光二极管已被广泛应用于显示器、电视机采光装饰和照明，光刻是其加工和批量生产最重要工艺之一。

③ 印制电路板。90%以上的印制电路板使用光刻胶光刻制造，所用材料为抗蚀油墨。早期电路板用丝网印刷方式将抗蚀油墨印刷到覆铜板上，形成电路图形，再用腐蚀液腐蚀出电路板。光刻技术由于具有精度高、速度快、相对成本低的优势，基本取代了丝网印刷方式制造电路板。

2. 国内外产业分析

（1）国内外发展现状

根据市场调研公司Reportlinker的数据，全球光刻胶市场预计2019—2026年复合平均增长率（CAGR）有望达到6.3%，至2023年突破100亿美元，到2026年超过120亿美元。中国市场增速高于全球其他市场，2022年规模超过百亿元人民币，未来占全球光刻胶市场比例将持续提升。

全球光刻胶第一大技术来源国为日本，2010—2020年，日本累计专利申请量占全球光刻胶专利总申请量的46%；美国以25%的申请量位列第二；中国则以7%的申请量排在韩国之后。从趋势上看，中国的光刻胶相关专利申请量正在快速增长，在2020年实现了对日本的反超。2020年，中国光刻胶专利申请量为1.29万项，日本光刻胶专利申请量下降至8982项。

目前，国内从事半导体光刻胶研发和生产的企业包括晶瑞股份、南大光电、上海新阳、北京科华等。相关企业以i线、g线光刻胶生产为主，应用集成电路制程为350 nm以上。在KrF光刻胶领域，北京科华、博康已实现量产。国内在ArF光刻胶领域产业化进程相对较快的企业为南大光电，其先后承担国家02专项"高分辨率光刻胶与先进封装光刻胶产品关键技术研发项目"和"ArF光刻胶产品的开发和产业化项目"，公司自主研发的ArF光刻胶产品成为国内通过客户验证的第一只国产ArF光刻胶。华懋科技、上海新阳也有相关产品进行测试导入。

（2）发展趋势

光刻胶行业处于非常好的政策环境下，半导体行业正加大扩产力度，提升行业国产率。国产率低意味着市场还有很大发展空间。数据显示，全球半导体材料市场受周期性影响较大，特别是中国台湾、韩国市场波动较大；北美和欧洲市场几乎处于零增长状态；而日本的半导体材料长期处于负增长状态。从全球范围看，只有我国半导体材料市场处于长期增长趋势，我国半导体材料市场与全球其他市场形成鲜明对比。随着全球半导体产业链向我国转移，国内光刻胶市场增速明显，高于全球其他市场增速。近年来，国内半导体市场发展迅速，在建和未来规划建设的产能为半导体光刻胶提供了广阔的空间。

（五）聚烯烃弹性体

聚烯烃弹性体（POE）是采用茂金属催化剂的乙烯和α-烯烃实现原位聚合的热塑性弹性体。其中聚乙烯链结晶区（树脂相）起物理交联点的作用，具有典型的塑料性能，加入一定量的α-烯烃（1-丁烯、1-己烯、1-辛烯等）后，削弱了聚乙烯链结晶区，形成了呈现橡胶弹性的无定型区（橡胶相），使产品又具有弹性体的性质。

1. 用　途

聚烯烃弹性体产品由于性能突出，被广泛应用于车用材料增韧改性、建筑、电子电器、日用品、医疗器材等领域，近年来在高性能光伏膜领域被大量应用，涉及国计民生的方方面面，已成为广泛替代传统橡胶和部分塑料的极具发展前景的新型材料。

① 作为热塑性弹性体材料使用。POE 兼具塑料和橡胶的双重特性，具有优异的机械性能和低温性能。另外，POE 饱和的分子链结构赋予其优异的耐热氧老化和耐紫外光老化性能，可以直接作为弹性体材料使用。

② 作为发泡材料使用。制备发泡材料是 POE 的另一个重要的应用领域，POE 发泡材料的拉伸强度和撕裂强度较高，弹性和耐磨性能较好，被广泛应用于高级运动鞋的海绵中底和微孔底的制备领域。

③ 作为增韧剂使用。由于 POE 为非极性饱和聚烯烃共聚物，其与聚乙烯及聚丙烯（PP）等通用塑料具有良好的相容性，且本身为颗粒状，因此 POE 常用于对非极性聚烯烃进行改性，绝大多数应用于 PP 增韧体系。

2. 国内外产业分析

（1）国内外发展现状

国外的 POE 公司如下。

DuPontDow 弹性体公司。1995 年，Dow 化学公司与 DuPont 化学公司合作，将原有的产品品种和系列扩大，形成了产品牌号为 Engage 的 5 大系列 30 多个产品。

Exxon Mobil（埃克森美孚）化学公司。Exxon Mobil 化学公司采用 ExxpolTM 茂金属催化剂溶液法工艺，推出商品名为 Exact 的系列 POE 产品，牌号达到 14 种以上。

日本 Mitsui（三井）化学公司。该公司采用茂金属催化技术和齐格勒纳塔催化技术生产 TafmerTM 系列 POE 弹性体产品，形成了 Tafmer DF, XM, BL 等六大类产品。

韩国 LG 化学公司。该公司使用独特的茂金属催化剂和溶液法工艺，生产品牌为 LuceneTM 的系列 POE 弹性体和塑性体产品，包括 6 个乙烯／1-辛烯共聚物和 2 个乙烯／1-丁烯共聚物牌号。

（2）发展趋势

在国家的大力支持下，目前国内各科研机构、企业正在抓紧研发聚烯烃弹性体，在原料受制约的情况也取得了一定的成绩。开发有自主知识产权的POE核心技术，特别是高活性、耐高温、共聚能力强的适用于均相高温溶液聚合的高性能催化剂，成为目前产业发展的关键。

当下，国内已有许多企业开展POE的初步布局，如万华化学POE已经完成中试，在国内少数技术攻关企业中走在前列。另外，贝欧亿、中国石化、茂名石化、盛虹石化等国内企业成功完成了POE中试装置的建设，且国内还有不少企业对POE项目进行了规划和布局。

二、面临问题

"低端过剩、中端尚可、高端短缺"的现象仍较突出。高端技术研发成为制约我国化工新材料发展的关键，高性能聚烯烃、含氟高分子材料、聚酰亚胺、碳纤维和树脂等高端材料与国际先进水平的差距依然明显，仍需进一步加强化工新材料的研发工作，为产业优化升级和安全提供支撑。

知识产权保护与使用存在差距，发展规划战略性不足。在高分子纳滤/反渗透膜、混合基质膜、超浸润分离膜、多孔聚合物吸附材料等领域，虽处于国际领先地位，但在重大基础原创成果、论文学术影响力、成果转化、专利实施和全球化布局等方面仍有待加强。

产业体系较弱，原创技术方案少，产业链不够完善。有机电致发光材料的量产及配套能力明显不足，关键核心材料（如红、绿磷光材料）主要由国外企业提供，存在被"卡脖子"的风险。有机光伏电池的研究主要集中在新材料和新型器件结构，对突破经典理论预测的能量转换效率极限、器件的失效机制等方面的研究较为薄弱。需围绕产业链关键环节部署创新链，培育产业链主企业，加大国内化工新材料人才的培养力度。

三、发展趋势

化工新材料对"双碳"目标、生命健康、绿色可持续发展、万物智能互联、能源与环境等基础和前沿领域的发展正起到越发重要的支撑作用。化工新材料产业发展呈现高技术引领、产品迭代速度快、产业规模和需求不断扩大的特点。企业和金融资本发展化工新材料的动力不断增强，化工新材料的需求空间持续扩大。中国石油和化学工业联合会预计，到2025年全球化工新材料市场规模将达到 4800 亿美元，我国化工新材料行业市场规模将达到 7.5 万亿元人民币，高端聚烯烃、特种工程塑料、电子化学品、碳纤维等领域具有巨大市场。

化工新材料呈现高性能与多功能化、复合化、智能化、精密化、精细化、生态化、全链条化的发展趋势，集中在高纯和精细结构深入研发，实现有机高分子化工新材料从功能化到智能化的转变，打造智能化材料"材料设计—器件制造—系统应用"同步一体化的跨越式发展。例如，发展高纯分子的合成方法，推动有机高分子材料的高端应用；发展新型聚合方法及高性能催化体系，实现化工新材料的精细和绿色化制备。全面深入理解加工过程中高分子多级结构的演变规律与流变原理等基础科学问题，发展低成本和高效率的形态结构控制新技术、加工成型新方法和结构检测表征新手段，打造精密/智能制造和控制技术与装备。

第三节　无机非金属新材料

一、发展现状

无机非金属新材料是高技术的基础和原动力，是随高技术发展而发展起来的新产业，同时在改造和武装传统产业中发挥积极作用，是一个生命力极强的朝阳产业。

无机非金属新材料主要包括新型建材、陶瓷材料、多晶及非晶态的氧化物、氮化物、硫化物等，应用领域涵盖航空航天、建筑、能源、信息、环境、生命健康、国防安全等。随着科技的飞速发展，功能晶体、功能陶瓷、先进半导体材料与器件、量子材料、高性能结构材料、生物医用材料、先进碳材料等无机非金属新材料逐渐受到社会各界的广泛关注。我国无机非金属材料行业体系逐步完善，产业规模逐步扩大。

（一）特种陶瓷

特种陶瓷是指采用高度精选或合成的原料，能准确控制化学组成，按照便于进行显微结构设计和控制的制造技术加工，并且具有高性能的一类陶瓷。这类陶瓷具有一些特殊性能（如高强度、高硬度、高韧性、耐腐蚀、导电、绝缘、磁性、透光、半导体及压电、光电、电光、声光、磁光等），可作为工程结构材料和功能材料应用于机械、电子、化工、冶炼、能源、医学、激光、核反应、航空航天等方面。

1. 分类及用途

(1) 分 类

按照性能及材质等特点分类,特种陶瓷主要分为结构陶瓷、功能陶瓷、半导体陶瓷、陶瓷纤维强化陶瓷基复合材料和金属陶瓷5大类。

① 结构陶瓷。结构陶瓷具有优异的高温机械性能、耐化学腐蚀、耐高温氧化、耐磨损等,多数结构陶瓷还具有电绝缘性,在多个领域逐渐取代了昂贵金属资源的地位。

② 功能陶瓷。这类材料通常具有一种或多种功能,如电、磁、光、热、化学、生物等;有的还有耦合功能,如压电、压磁、热电、电光、声光、磁光等。

③ 半导体陶瓷。半导体陶瓷是指通过半导体化措施使陶瓷具有半导体性的晶粒和半导体性的晶界,从而呈现出很强的界面势垒等半导体特性的电子陶瓷。其电导率因外界条件(温度、光照、电场、气氛和温度等)的变化而发生显著的变化。

④ 陶瓷纤维强化陶瓷基复合材料。陶瓷纤维强化陶瓷基复合材料具有高比模量、高比强度、低热膨胀系数、耐高温、耐腐蚀和耐磨损等许多优良的力学性能。这些优良的特性使其成为部分传统金属的潜在替代材料。其中,碳化硅陶瓷基复合材料是目前已知可在1200 ℃以上安全工作的耐高温材料。

⑤ 金属陶瓷。金属陶瓷把金属和陶瓷结合成整体,具有高硬度、高强度、耐腐蚀、耐磨损、耐高温和热膨胀系数小等优点。陶瓷相通常由高熔点相组成,有氧化物、氮化物、碳化物、硼化物等。

(2) 用 途

① 航空航天。特种陶瓷在航空航天领域有着广泛的应用。例如,氮化硅陶瓷可以作为高温结构材料,被用于制造发动机喷嘴、燃烧室等部件;氧化铝陶瓷可以作为高温绝缘材料,被用于制造航空电子设备、导弹等。

② 电子领域。特种陶瓷在电子领域有着广泛的应用。例如,氮化硅陶瓷可以作为高温导电材料,被用于制造电子元件、半导体器件等;氧化铝陶瓷可以作为高频绝缘材料,被用于制造微波元件、天线等。

③ 化工领域。特种陶瓷在化工领域有着广泛的应用。例如,氧化铝陶瓷

可以作为耐腐蚀材料，被用于制造化工设备、反应釜等；碳化硅陶瓷可以作为耐磨材料，被用于制造磨料、磨具等。

④ 医疗。特种陶瓷在医疗领域有着广泛的应用。例如，氧化锆陶瓷可以作为高强度、高透明材料，被用于制造人工关节、牙科修复材料等；氧化铝陶瓷可以作为高温、高压材料，被用于制造人工心脏瓣膜等。

⑤ 环保领域。特种陶瓷在环保领域有着广泛的应用。例如，氧化铝陶瓷可以作为高温、高压、耐腐蚀材料，被用于制造烟气脱硫、脱硝设备等；碳化硅陶瓷可以作为耐磨、耐腐蚀材料，被用于制造污水处理设备、过滤器等。

2. 国内外产业分析

（1）国内外发展现状

全球特种陶瓷发展历史悠久，研发与工业化生产已经有超过100年的时间。目前，日本、美国和欧洲是全球主要的特种陶瓷生产国或地区。生产先进陶瓷的大型公司有法国圣戈班（Saint-Gobain）公司、德国赛琅泰克公司（CeramTec）、英国摩根公司（Morgan），此外德国还有一批专业的中小型陶瓷原料公司（如Starck公司）、烧结设备公司（如FCT公司）。根据思瀚产业研究院的数据，2018—2022年，全球特种陶瓷市场规模快速增长，从2018年的2756亿元增长至2022年的4060亿元，年复合增长率达到10.17%；2018—2022年，全球特种结构陶瓷市场规模快速增长，从2018年的876亿元增长至2022年的1109亿元，年复合增长率达到6.07%。

国内特种陶瓷研究起步晚于国外。近年来，国家大力推动新材料发展，特种陶瓷的市场需求也在不断扩大，产业向高端化发展。国内生产特种陶瓷的企业主要有三环集团、风华高科、国瓷材料等。根据中商产业研究院的数据，2018—2022年，中国特种陶瓷市场规模快速增长，从2018年的691亿元增长至2022年的922亿元，年复合增长率达到7.48%。由于下游市场规模的快速增长，2018年以来，中国特种结构陶瓷市场规模增长速度显著高于全球增长速度。根据思瀚产业研究院数据，2018—2022年，中国特种结构陶瓷市场规模快速增长，从2018年的159亿元增长至2022年的209亿元，年复合增长率达到7.07%。

（2）发展趋势

特种陶瓷作为在20世纪发展起来的新材料，不仅是应用高新技术发展的低碳产业，而且在现代化生产和科学技术的推动和培育下，得到了快速的"繁殖"。新材料已成为我国战略性新兴产业的重要组成部分。作为我国七大战略性新兴产业和《中国制造2025》重点发展的十大领域之一，新材料是世界上公认的六大高技术领域之一和21世纪最重要、最具发展潜力的领域。未来，在陶瓷材料粉末制备、成型、烧结、精密加工等方面将进一步深入研究。随着国内外航空航天、新能源、医疗、化工等领域的不断发展，对特种陶瓷的需求量将不断加大。

（二）单晶硅材料

单晶硅，一种非金属元素晶体，通常指硅原子以一种排列形式形成的物质，是一种半导体材料，可用于制作半导体器件和集成电路。

1. 分类及用途

（1）分　类

按照工艺方法可分为直拉单晶硅（CZ-Si）、区熔单晶硅（FZ-Si）、磁拉单晶硅（MCZ-Si）。按照用途可分为电路级单晶硅、探测器级单晶硅等。

（2）用　途

单晶硅主要应用于太阳能电池。应用最早的是硅太阳能电池，其转换效率高，技术最为成熟，多用于光照时间少、光照强度小、劳动力成本高的区域，如航空航天领域等。通过采用不同的硅片加工及电池处理技术，国内外各科研机构和电池厂都生产制备出较高效率的单晶硅电池。另外，单晶硅片主要用于制作半导体元件，是制作半导体硅器件的原料，用于制造大功率整流器、大功率晶体管、二极管、开关器件等。区熔单晶硅主要用于制作电力电子器件及大功率晶体管。磁拉单晶硅主要用于制作CCI器件。而占单晶硅产量90%的直拉单晶硅主要用于制作集成电路及其他分立元件。

2. 国内外产业分析

（1）国内外发展现状

在全球市场中，单晶硅市场集中度相对较高，行业主要由少数几家生产企业占据大多数份额，目前其主要生产企业包括隆基绿能、阳光电源、卡姆丹克等。单晶硅行业产业链上游为多晶硅及各类特种气体；中游为单晶硅的生产供应环节；下游主要应用于太阳能电池、光伏、半导体、航空航天、汽车等领域。

中国单晶硅行业正处于高速发展的态势，主要企业包括隆基绿能、阳光电源、天合光能、正泰新能源、晶科能源等。近年来，中国单晶硅产量稳步增长，增长的原因一方面是国际上对低档和廉价硅材料需求的增加；另一方面是近年来中国装备制造发展迅速，各类信息家电和通信产品需求旺盛，因此半导体器件和硅材料的市场需求量都很大。但是受到单晶硅材料价格及烦琐电池工艺的影响，单晶硅成本居高不下。

（2）发展趋势

目前，我国单晶硅主要应用在半导体、光伏、太阳能发电、人造卫星、航空航天、电器制造等领域。总体来看，下游客户的议价能力较弱，龙头企业的先发优势非常明显，现有竞争者竞争程度较低，短期内市场格局发生变化的可能性不大。而光伏产品制造商大部分由半导体制造行业发展而来，高性能单晶产品在国内市场占据主流地位，目前单晶硅行业的替代品威胁不大。加上单晶的拉晶环节对人工控制要求高，生产工艺复杂，进入壁垒较高，因此潜在进入者威胁较小。此外，21世纪以来，我国半导体产业进入投资密集期，从劳动密集型产业向资本和技术密集型产业转变，国际半导体产业开始逐渐向我国转移。目前，我国已成为全球最大的集成电路和分立器件市场，伴随着下游市场的蓬勃发展，几乎所有国际大型半导体公司均在我国进行布局，与此同时国际半导体专业人才也正流向我国。我国已经逐渐成为半导体产业转移的需求中心和产能中心，国内半导体级单晶硅材料生产企业面临广阔的发展空间。

（三）石英玻璃

石英玻璃由各种纯净的天然石英（如水晶、石英砂等）熔化制成，是二氧化硅单一成分的非晶态材料，其微观结构是一种由二氧化硅四面结构体结构单元组成的单纯网络。由于Si—O化学键键能很大，结构很紧密，因此石英玻璃具有独特的性能，尤其是透明石英玻璃的光学性能非常优异，在紫外到红外辐射的连续波长范围内都有优良的透射比。

1. 分类及用途

（1）分 类

① 按照外观分类。石英玻璃可分为透明和不透明两大类。透明石英玻璃又可分为普通石英玻璃、高纯石英玻璃和掺杂石英玻璃。

② 按照产品形状分类。可分为管材、棒材、板材、坩埚、钟罩和灯工制

成品以及石英玻璃纤维石英棉等。

③ 按照特殊功能分类。有低膨胀石英玻璃、耐辐照石英玻璃、透紫外或透红外石英玻璃、滤紫外石英玻璃等。

④ 按照制造方法分类。石英玻璃可分为天然石英玻璃和合成石英玻璃。天然石英玻璃是用天然水晶或硅石作原料经高温熔制而成的。合成石英玻璃则使用无机或有机含硅的液体化合物（如四氯化硅）经火焰水解合成工艺制成。由于合成石英玻璃比用天然原料制成的石英玻璃纯度高、品质好，因此又被称为高纯石英玻璃；天然石英玻璃又被称为普通石英玻璃。

（2）用途

石英玻璃作为重要材料，广泛应用于光通信、航空航天、电光源、半导体、光学新技术、国家重大专项工程及国防工业等方面。

① 光通信领域。石英玻璃是生产光纤预制棒和光纤拉丝的辅助材料，主要服务于基站互联市场，5G时代的到来为光纤带来了巨大的市场需求。

② 新型光源方面。做高压水银灯、长弧氙灯、碘钨灯、碘化铊灯、红外线灯和杀菌灯等。

③ 半导体方面。石英玻璃是半导体材料和器件生产过程中不可缺少的材料，如生长单晶锗、单晶硅的坩埚、舟皿炉芯管和钟罩等。

④ 新技术领域。做分光光度计的棱镜、导弹鼻锥体、无线电绝缘零件、真空吸附装置、红外跟踪装置。

石英玻璃还用于化工、冶金、电工、科研等方面。在化工方面，可做高温耐酸性气体的燃烧、冷却和通风装置，储存装置，蒸馏水、盐酸、硝酸、硫酸等的制备和其他物理化学实验用品。在高温作业方面，可做电炉炉芯管、气体燃烧辐射体。在光学方面，石英玻璃和石英玻璃棉可做火箭的喷嘴、航天飞船的防热罩和观察窗等。总之，随着现代科学技术的发展，石英玻璃在各个领域都得到更加广泛的应用。

2. 国内外产业分析

（1）国内外发展现状

石英玻璃需求量最大的是半导体行业和光纤通信产业。目前，全球只有6家石英玻璃制造企业获得TEL认证，其中4家为海外公司——迈图、贺利氏、昆希、东曹，中资企业有菲利华和石英股份。国内光纤行业用石英玻璃制品主要作为石英辅助材料，如光纤预制棒、把持棒、手柄等。这些产品相对偏中低端，价格相对也偏低。我国制造能满足内需，然而部分制品的年产量还很低，仍需要大量进口。整个光纤行业快速发展，技术越来越成熟，光纤预制棒的国产化比例逐步提高。根据这个趋势和国家政策的扶持，光纤行业的发展会更上一层楼，石英制品也会随之在技术和质量上得到进一步的提升。

（2）发展趋势

国内石英玻璃制品行业起步较晚，基础薄弱，产品主要作为工业用基础性材料。然而，近年来由于电子信息等高科技行业对石英材料的高度需求，石英玻璃材料及制品行业迎来了新的发展空间和机遇。伴随国外先进技术及设备的引进与自主研发，我国石英玻璃材料及制品行业在石英制品工艺、设备制造方面均有大幅提升，正逐渐从能源和劳动密集型行业朝技术密集型、资本密集型方向转变。但与西方发达国家相比，仍处于技术发展实力整体薄弱，具有极强发展潜力阶段。近年来，受到下游光源、光伏、光纤半导体（电子信息）等三大应用领域快速发展需求的拉动，行业进步态势明显。

（四）光导纤维

光导纤维（或称光学纤维，简称光纤）是一种由玻璃或塑料制成的纤维，是光在其中以全内反射原理传输的光传导工具。

1. 分类及用途

（1）分　类

① 按照光纤材料分类。按照光纤的材料，可以将光纤分为石英光纤和全塑光纤。石英光纤一般是指由掺杂石英芯和掺杂石英包层组成的光纤。这种光纤有很低的损耗和中等程度的色散。通信用光纤绝大多数是石英光纤。全塑光纤是一种通信用新型光纤。全塑光纤具有损耗大、纤芯粗（直径 100~600 μm）、数值孔径（NA）大（可与光斑较大的光源耦合使用）及制造成本较低等特点。

② 按照光纤剖面折射率分布分类。按照光纤剖面折射率分布的不同，可以将光纤分为渐变型光纤和突变型光纤。渐变型光纤也称梯度光纤、渐变折射率光纤，是横截面上纤芯区折射率渐变或梯度分布（如抛物线形）的光纤。采用渐变型光纤的目的是减少多模光纤的模式色散。这种光纤的色散小，带宽比突变型光纤大 1~2 个数量级，适合中距离的光纤通信系统使用。

③ 按照传输模式分类。按照光纤传输的模式数量，可以将光纤分为多模光纤和单模光纤。单模光纤是只能传输一种模式的光纤。单模光纤只能传输基

模（最低阶模），不存在模间时延差，具有比多模光纤大得多的带宽。单模光纤的核心直径约为传播光波波长的 1/10。其带宽一般比渐变型多模光纤的带宽高 1~2 个数量级。它适用于大容量、长距离通信，线材会以黄色外皮作为识别标志。核心直径较大的光纤（大于 10 μm）的物理性质，可以用几何光学的理论来分析，这种光纤称为多模光纤，用于通信用途时，线材会以橘色外皮作为识别标志。

（2）用　途

① 通信应用。多模光导纤维做成的光缆可用于通信，它的传导性能良好，传输信息容量大。例如，一条光缆通路可同时容纳 10 亿人通话，也可同时传送多套电视节目。

② 医学应用。光导纤维内窥镜可导入心脏和脑室，测量心脏中的血压、血氧饱和度、体温等。用光导纤维连接的激光手术刀已在临床应用，并可用作光敏法治癌。另外，利用光导纤维制成的内窥镜，可以帮助医生检查胃、食道、十二指肠等处的疾病。

③ 传感器应用。光导纤维可以把阳光送到各个角落，还可以进行机械加工。计算机、机器人、汽车配电盘等已成功地使用光导纤维传输光源或图像。若与敏感元件组合或利用本身的特性，则可以做成各种传感器，测量压力、流量、温度、位移、光泽和颜色等。光导纤维在能量传输和信息传输方面也得到广泛的应用。

④ 艺术应用。由于光纤良好的物理特性，光纤照明和 LED 照明已越来越多地应用于艺术装修美化。

2. 国内外产业分析

（1）国内外发展现状

全球光纤生产厂家超过 60 家，其中约一半为中国企业。由于我国光通信用户数量庞大、市场需求持续旺盛，且国家政策长期对光纤行业高新技术企业予以支持，国内企业目前正处于较快发展态势。近年来，随着我国"三网融合"、"宽带中国"、4G/5G 建设等政策红利逐步释放，行业龙头企业技术研发实力得到显著提升。以长飞光纤、中天科技等为代表的大型国有企业为行业下游电信运营商提供光纤光缆产品及解决方案。以杭州富通、通鼎互联、江苏亨通等为代表的民营企业凭借技术实力形成品种齐全的制造体系，以及覆盖"棒、纤、缆"生产的完整产业链。中外合资企业以特恩驰、普瑞斯曼、西古光通等为代表。

2022 年，我国光棒产量为 13103.33 吨，进口量 250.7 吨，出口量 1851 吨，需求量为 11503.03 吨。光纤预制棒的开发方向与光纤光缆的开发相辅相成。目前，光纤预制棒的开发主要分为两个方向：一是随着市场对光纤性能要求的提高，生产厂商通过改进光纤预制棒的结构和性能以满足市场要求；二是生产厂商在生产方面不断向大型化发展，通过革新产品生产技术，进一步提高产品生产效率和光纤预制棒拉丝效率。

在稳步发展的同时，也要考虑光纤行业存在的技术壁垒。光纤的核心在于光纤预制棒，而光纤预制棒的设计和生产技术具有较高门槛，曾经日本、美国、欧洲、印度企业主要掌握核心光纤预制棒的设计和生产技术。近年来，部分中国企业也逐渐自主研发掌握了许多核心技术。例如，中天科技的所有关键制造设备都是自主设计制造的，专精制造也是公司的特长，先后形成了 20 多万张图纸，掌握了 70 多个光纤预制棒的核心技术，攻克了关键工艺，具有 100% 的自主知识产权。

（2）发展趋势

近年来，我国光纤行业受到各级政府的高度重视和国家产业政策的重点支持。国家陆续出台了多项政策，鼓励光纤行业发展与创新：《"十四五"国家信息化规划》《"十四五"推进农业农村现代化规划》《"十四五"数字经济发展规划》《数字中国建设整体布局规划》等政策规划将促进我国网络建设和通信基础设施建设，从而推动光纤行业的发展，为企业提供良好的生产经营环境。预计光纤预制棒的开发仍将以提升光纤性能和光纤预制棒生产效率为主要方向。

二、面临问题

虽然无机非金属新材料已经在我国一些领域得到广泛应用，但是科技成果转化率较低，研发投入和重视程度不够，对相关功能的拓展开发不足，产品等级较低，质量不够稳定，材料性能低；同时，生产设备较为落后，在资源利用上还有很大的发展空间；生产成品率相对较低，制作装备等技术落后，产品研制生产规模小，生产周期长，经济效益低。

从细分领域的突出问题看，在光电功能晶体方面，前瞻性、先导性认识不足，晶体及其应用的预研和布局不足，科技成果转化为产品的能力较差，形成的高技术企业成果不多。在信息功能陶瓷方面，基础研究与应用开发衔接、推动不足，多数企业自主创新意识相对薄弱，部分龙头企业合作研发创新能力有待大幅提升。在先进碳材料方面,存在大而不强、大而不精的问题,对先进碳材料新奇物性和新物理现象探索的创新性与深度不足,科研机构研究与企业生产研发存在脱节的问题。在新能源材料方面,光伏电池研发成本偏高,燃料电池的自主核心材料供应不足,自供能微型器件接触起电的物理本质尚不清楚,热电材料的性能需要进一步提升,储能与动力电池的能量密度已接近极限。

三、发展趋势

无机非金属新材料有其发展的必然性,也有其应用的广泛性。新能源材料、功能晶体、信息功能陶瓷、先进碳材料、先进半导体材料、量子材料、高性能结构材料、生物医用材料、环境治理材料、传统无机非金属材料、无机非金属材料制备等将成为优先发展的领域。

从趋势上看,有关分析认为无机非金属新材料的发展有"五化":低维化,即以纳米器件为中心来研究纳米材料的合成与性能调控;复合化或杂化,即功能的复合将使结构材料与功能材料的界限逐步消失,可以把不同功能的材料从微观上复合在一起,形成紧凑的智能材料;智能化,即材料在接受外部环境变化的信息时,能实时反馈,并自动做相应的功能调整,如智能湿度控制材料不需要借助任何人工能源和机械设备,感应所调空间空气温、湿度的变化;环境友好化,即发挥无机非金属新材料的特点加强改善环境的关键材料研究,如能解决建筑自洁的光催化建筑材料,对药物、食物和污水处理的无机膜分离材料,永久处理核废物的固化材料等;组织性能的可剪裁化,即基于无机非金属新材料科学的发展,材料组织形态变化规律的认识,制备技术的完善,合成工艺专家系统的建立等,使材料科技工作者能应用计算机技术、模糊逻辑、数学图像等对材料进行剪裁与设计,制造出预定性能的材料。

第四节 前沿新材料

一、发展现状

前沿新材料是孕育战略性新兴产业和引领未来科技发展的具有优异性能和特殊功能的材料,具有战略性、先导性和颠覆性,兼具产业带动性强、附加值高的技术特征，潜在应用在新一代信息技术、航空航天装备、高端医疗装备等多个领域。

发展前沿新材料产业意义重大，是决定高端制造和国防装备水平的关键因素。前沿新材料大多处于研发或产业化初期阶段，一旦实现规模化应用，将会产生变革性的影响，催生新的产业模式，是构建新的增长引擎的重要切入点。前沿新材料主要包括量子信息材料、超导材料、智能仿生材料、超材料、石墨烯及其他二维材料、液态金属、高熵合金、极端环境用材料、3D打印材料等。重点涉及近30种主要原辅材料。石墨烯、丙烯腈、稀土矿、钛铁矿、锂电池负极材料、卤素钙钛矿、稀土金属及氧化物、铟、镓、硒等自主可控（90%以上可自主保障），生物感知凝胶、酚醛树脂、光卤石等安全可控（70%以上可自主保障），铝土矿等对外依赖度大（50%以上依赖进口），光刻胶、晶圆、电子特气、光掩膜、湿电子化学品、高纯铁氧体、高纯金属微粒、锂、镍、钴、发光二极管（LED）外延片及芯片、材料数据库等对外依赖度极大（80%以上依赖进口）。

（一）超导材料

超导材料是指具有在一定的低温条件下呈现出电阻等于零，以及排斥磁力线的性质的材料。一般来说，按照材料的常温电阻率从大到小可以分为绝缘体、半导体和导体。绝大部分金属都是良导体，它们在室温下的电阻率非常小但不为零，在 10~12 mΩ·cm 量级附近。当把某种材料降到某个特定温度以下的时候，电阻突降为零，同时所有外磁场磁力线被排出材料外，导致材料内磁感应强度为零，即同时出现零电阻态和完全抗磁性，这种状态下，即为材料进入超导态，这种材料就是超导材料。

1. 分类及用途

（1）分　类

超导材料分为低温超导材料和高温超导材料。

① 低温超导材料。低温超导材料（LTS）是具有低临界转变温度（T_c<30 K，即在液氦温度条件下工作）的超导材料，分为金属、合金和化合物。具有实用价值的低温超导金属是 Nb（铌），T_c 为 9.3 K，已制成薄膜材料用于弱电领域。合金系低温超导材料是以 Nb 为基的二元或三元合金组成的 β 相固溶体，T_c 在 9 K 以上。

② 高温超导材料。高温超导体材料（HTS）具有超导电性和抗磁性两个重要特性。要让超导体得到现实的应用，首先要有容易找到的超导材料，即主要研究方向是寻找能在较高温度下存在的超导材料。

（2）用　　途

低温超导材料一般需要在昂贵的液氦环境下工作，由于液氦制冷的方法昂贵且不方便，因此低温超导体的应用长期得不到大规模的发展。低温超导材料的应用分为：强电应用，主要包括超导材料在强磁场中的应用和大电流输送；弱电应用，主要包括超导电性在微电子学和精密测量等方面的应用。

高温超导材料用途非常广泛，大致可分为三大类：大电流应用、电子学应用和抗磁性应用。大电流应用是由于超导材料具有零电阻和完全的抗磁性，因此只需要消耗极少的电能就可以获得稳定的强磁场。超导体的基本特性之一是当它处于超导态时具有理想的导电性，同时由于其载流能力远远强于常规导体，因此，利用超导体可以传输大电流和产生强磁场，并且没有电阻热损耗。电工设备的基本特点是大电流、强磁场和高电压，因此在电工设备中使用超导材料可以减少电气损耗、提高效率、缩小体积、减轻重量、降低成本，还可以提高装置的极限容量。显然，超导材料的应用给电工技术带来了质的飞跃，许多过去无法实现的电工设备由于采用超导技术而成为现实，或即将成为现实。

2. 国内外产业分析

（1）国内外发展现状

超导材料是一种在低温下表现出零电阻和完全磁通排斥的材料。超导材料的研究一直是物理学和材料科学领域的热点之一。目前，超导材料的研究取得了很大的进展，国内外的研究现状如下。

国外方面，欧洲和美国是超导材料研究的主要力量。欧洲的超导材料研究主要集中在瑞士、德国、法国和英国等国家。其中，瑞士的IBM研究中心是世界上最著名的超导材料研究机构之一，其研究成果在超导材料的制备、性能和应用等方面都处于领先地位。美国的超导材料研究主要集中在加州大学洛杉矶分校、康奈尔大学、麻省理工学院等高校和研究机构。这些机构在超导材料的理论研究、制备技术和应用研究等方面都取得了重要的进展。

在国内，低温超导应用场景拓展，高温超导产业化蓄势待发。低温超导已经规模商业化，高温超导正逐步开始产业化。虽然已发现了上千种超导材料，但具有实用化前景的材料并不多。低温超导材料自1965年开始研究，目前低温超导材料 NbTi 与 Nb_3Sn 已实现商业化。高温超导材料产业化加速，在高温超导材料中，由于铜氧化物超导材料的临界温度比其他材料高，制冷成本更低，因而具有更加广阔的应用前景；高温铜氧化物超导材料主要有 Bi-Sr-Ca-Cu-O 系、Y-Ba-Cu-O 系、Hg-Ba-Ca-Cu-O 系、Ti-Ba-Ca-Cu-O 系，但是 Hg 和 Ti 元素有毒，因此 Bi-Sr-Ca-Cu-O 系和 Y-Ba-Cu-O 系在实用化上更具有优势。2022 年，永鼎股份的二代高温超导带材在磁感应加热设备中实现产业化供货。近年来，联创超导自主研制的世界首台兆瓦级高温超导感应加热装置在黑龙江中铝集团东北轻合金公司成功投运，高温超导材料产业化开始加速。

（2）发展趋势

超导材料的应用不仅能提高工作效率，也能节约资源，减少大量污染。超导材料不仅是过去、现在的研究热点，也是将来的研究热点。随着超导材料研究日新月异的变化，超导材料必将深刻影响科学发展和人们的生活。

目前，我国基本掌握了各种实用化超导材料的制备技术，在多个应用方面也取得了良好的发展。今后，我国应进一步加强超导材料及其应用装置的制备工艺研究，不断探索更高临界温度的超导体，并加强与超导技术应用密切相关的低温制冷技术和低温系统的研究，以进一步全面提升我国超导材料及其应用技术的发展水平。

（二）仿生智能材料

仿生材料是指受生物启发或者模拟生物的各种特性而开发的材料。材料的仿生包括模仿天然生物材料的成分和结构特征的成分、结构仿生，模仿生物体中形成材料的过程和加工制备仿生，模仿生物体系功能的功能仿生。智能材料则是具有感知环境（包括内环境和外环境）刺激，对之进行分析、处理、判断，并采取一定的措施进行适度响应的类似生物智能特征的材料。智能材料必须具备感知、驱动和控制三个基本要素。

1. 分类及用途

（1）分　类

仿生材料可分为结构仿生材料和功能仿生材料两大类。

① 结构仿生材料。通过制备与生物结构或形态相似的材料代替天然材料，如光子晶体材料、仿生空心结构材料、仿生物骨骼等。

② 功能仿生材料。直接模仿生物的独特功能获取所需材料，如仿荷叶超

疏水材料、仿蜘蛛丝超韧纤维、仿贝壳高强材料等。

（2）用　途

仿生智能材料的应用领域广泛。仿生智能材料可以用于人工关节、人工心脏体内疾病治疗等领域，具有代替传统材料的潜力。

用于生态环境保护、机器人、新能源等领域。例如，太阳能自适应遮阳帘可以大幅降低建筑物的能耗，减小城市热岛效应；仿生机器人可以模拟动物的行为，具有更高的灵活性和适应性。

用于航空、航天飞行器等。例如，采用光纤传感器阵列和聚偏氟乙烯传感器的智能结构可对机翼、机架以及可重复使用航天运载器进行全寿命期实时监测、损伤评估和寿命预测；空间站等大型在轨系统采用光纤智能结构，可实时探测由交会对接碰撞、陨石撞击或其他原因引起的损伤，对损伤进行评估，实施自诊断。

用于建筑、工程结构等领域。例如，利用形状记忆合金材料对应变敏感、电阻率大及加热后可以产生大回复力的特点，将形状记忆材料埋植在各种结构中，再配上微处理器，使之集传感动于一体，便构成自动探测裂纹或损伤和主动控制裂纹扩展的完整控制系统。

用于日常生活等领域。例如，通用汽车已经在进行将智能材料应用在其未来汽车产品中的研发工作。这些非常"聪明"的材料能够随着温度、压力、磁场和电压等条件的不同变化，而相应改变自身的密度、硬度甚至外形。

2. 国内外产业分析

（1）国内外发展现状

随着材料科学、生物学、物理学等的快速发展，仿生智能材料的研究进展迅速。目前，仿生智能材料的主要研究方向包括两个方面：一方面是仿生材料的制备和性能优化研究，主要涉及材料的制备工艺、形态表征和性能测试等方面；另一方面是仿生材料的机理研究，探究仿生材料的自适应性和智能性的内在机制。

国内外仿生智能材料的研究取得了广泛的进展。例如，以自愈性水凝胶为研究对象，研究人员通过拓扑结构设计和化学结构修饰等手段，成功实现了水凝胶自愈性能的大幅提升；以人工纳米黏液作为研究对象，研究人员成功构建出一种能自主选择吞噬有害金属离子的可驱动人工细胞。这些实验成果揭示了仿生智能材料的内在机制，为材料的实际应用提供了有力的支撑。

（2）发展趋势

随着仿生智能材料的研究发展，未来的前景将会更加广阔和美好。第一，仿生智能材料将成为未来科技重要发展方向之一，应用领域将更加广泛；第二，人们将更加注重仿生智能材料的可持续性和生态性，推动仿生智能材料的环保和生态化发展；第三，仿生智能材料的研究将与其他领域产生交叉和融合，不断拓宽材料领域的研究思路和方法。

仿生智能材料凭借其自适应性、智能性和多功能性，将在医学、环境、建筑和军事等领域有广泛的应用前景。仿生智能材料的研究将更加注重实证研究和实验应用，推动材料科学的发展。

（三）石墨烯

石墨烯是一种以 sp^2 杂化连接的碳原子紧密堆积成单层二维蜂窝状晶格结构的新材料。石墨烯具有优异的光学、电学、力学特性，在材料学、微纳加工、能源、生物医学和药物传递等方面具有广泛的应用前景，被认为是一种未来革命性的材料。英国曼彻斯特大学物理学家安德烈·盖姆和康斯坦丁·诺沃肖洛夫，用微机械剥离法成功地从石墨中分离出石墨烯，因此共同获得了2010年诺贝尔物理学奖。

1. 分类及用途

（1）分　类

石墨烯的分类方式有两种：一种是按照层数的多少，可以分为单层、双层、少层和多层四大类产品；另一种是按照产品形态，可以分为粉体、浆料、薄膜三大类产品。石墨烯粉体和石墨烯薄膜是目前石墨烯材料的两种主要形式；石墨烯粉体多掺杂在其他材料中使用，多应用于涂料和锂离子电池领域；石墨烯薄膜因透明、导电、柔性好等优点，在电子、光子及光电设备领域的应用十分广泛。

不同的石墨烯产品由于制备方法不一，原材料也存在一定区别。石墨烯粉体主要以物理或化学法制成，主要原材料为天然石墨。石墨烯薄膜主要采用化学气相沉积，其原材料主要是甲烷、乙醇等产品。

（2）用　途

石墨烯的应用分为三种：第一种属于初级应用，应用领域主要是消费电子类产品；第二种属于中高级应用，应用领域主要是超高频率发射器等器件产品；第三种属于高级应用，应用领域主要是芯片等。目前已知的应用领域包括电子器件、能源、环保，以及金属制品的电磁防护、防腐涂料、油墨等。石墨烯由于其优异性能，堪比材料领域的互联网，与不同材料、技术结合，能够形成具有特殊性能、满足特定场景的新型材料。如同"互联网+"的发展趋势，"石墨烯+"也有望成为未来材料发展的一大趋势。

在环保领域，主要是利用石墨烯巨大的比表面积、良好的吸附性能、优良的电子传输等性能。作为吸附剂不仅可以很好地吸附水中的有机溶剂、重金属等污染物，还可以起到过滤作用，在污水处理、空气净化、海水漏油处理、海水淡化和水净化等领域均有应用。

2. 国内外产业分析

（1）国内外发展现状

随着石墨烯研发成果陆续进入市场，全球石墨烯市场规模开始快速扩张，尤其在涂料、消费电子及新能源领域，石墨烯需求大幅增长。截至2022年，全球石墨烯行业市场规模约为99.39亿美元，同比增长22.52%，2016—2022年市场规模增长了84.66亿美元，年复合增长率为37.46%，保持着快速增长的态势。

相比发达国家，中国石墨烯行业起步较晚，至今主要经历了材料发现阶段（2004—2012年）、产业形成阶段（2013—2016年）、研究突破阶段（2017年以来）三个阶段。特别是自2017年以来，中国在石墨烯材料的研究领域不断取得突破，如在实验室内制备出最小尺寸的纳米通道及生产出首款石墨烯基锂离子电池充电宝等。得益于政策的支持和产业资金的持续投入，中国石墨烯研发水平逐步提高，已进入研发技术突破阶段，下游中高端产品的种类也呈现增长态势，石墨烯超级电容、石墨烯电子器件、石墨烯柔性膜等产品相继问世。

（2）发展趋势

石墨烯因自身优良的电学性能、力学性能、热性能、光学性能而被称为"改变21世纪的神奇材料"。得益于近年来我国新能源、半导体等产业的迅速发展，石墨烯的需求量也不断增长，推动了行业规模的持续扩张。

石墨烯行业在中国发展较晚，2013年中国初步实现了石墨烯对传统材料的替代，下游市场逐步打开，主要应用于锂电池和涂料等领域。石墨烯应用技术的进步丰富了下游应用市场，中国石墨烯行业市场规模也随之不断扩大。近年来，中国石墨烯产业规模已占全球的30%以上，并逐年提高。2019年中国石墨烯产业市场规模达 163 亿元（下游应用制品市场规模），2021 年市场规模增长至 265 亿元，2022 年市场规模在 335 亿元左右。

（四）4D 打印材料

4D 打印是指利用"可编程物质"和 3D 打印技术，制造出在预定的刺激下可自我变换物理属性的三维物体。其中，"可编程物质"是指能够以编程方式改变外形、密度、导电性、颜色、光学特性、电磁特性等属性的物质。4D 打印的第四维是指物体在制造出来以后，其形状或性能可以自我变换。4D 打印材料的研究主要集中在开发能够响应外界刺激的智能材料。目前，应用较广泛的 4D 打印材料有形状记忆聚合物、天然纤维、形状记忆合金。

1. 分类及用途

（1）分 类

智能材料按照激励特性可以分为形状改变材料和形状记忆材料。具有形状记忆特性的材料可分为形状记忆水凝胶、形状记忆陶瓷、形状记忆合金、形状记忆复合材料和形状记忆聚合物。

① 形状改变材料。形状改变材料是指材料的形状在受某个环境条件激励后会立刻发生改变，当激励被移除后，这种材料又会立刻恢复原状。

② 形状记忆材料。形状记忆材料是指在给予一个环境条件激励后会变形为一个临时形状，当给予另一个合适的环境条件激励后又变回初始形状的材料。

• 水凝胶。水凝胶是一种具有自适应功能的高分子，其网状交联结构可以截留和释放水分，通过收缩和膨胀实现结构的转变。形状记忆水凝胶由永久交联网络和分子开关构成，其初始形状由永久交联网络确定，而分子开关用于固定水凝胶的临时形状。

• 形状记忆陶瓷。形状记忆陶瓷与形状记忆合金的转变机理类似，通过马氏体相变实现形状之间的变换。与形状记忆合金相比，形状记忆陶瓷具有优异的能量耗散特性、更高的强度以及更高的工作温度，但随着循环变形次数的增加，形状记忆陶瓷会发生脆性断裂。

• 形状记忆复合材料。形状记忆复合材料是形状记忆材料的复合叠加。其中至少有一种形状记忆材料属于形状记忆复合材料中的单体组。复合材料中的形状记忆材料单体为变形提供了驱动基础。复合材料可以在打印设计中通过收缩/膨胀率、预应变、成分梯度对形状进行控制。

（2）用　途

①生物医学。在生物医学领域，4D打印技术在智能植入支架、激素辅助生产装置及皮肤替代物等方面取得了应用进展。人们利用4D打印技术设计了一种可用于心脏瓣膜重塑的支架，该支架可以通过微创植入术进行移植。在植入前将支架放置在压接装置中并将其直径缩小，以便插入输送工具。由输送装置进入心脏后，将支架逐渐推出装置，在人体体温下，心脏支架会自动展开至所设计的形状。

②柔性执行器。4D打印的柔性执行器不需要复杂的驱动机构，同时可以具有多种功能属性，包括自修复性和自适应性等。与传统机械和电气组成的执行器相比，4D打印设计的柔性执行器具有更高的灵活性，可执行的范围更广。它可根据实际环境灵活地改变结构的形状和属性，以适应复杂的作业环境。随着4D打印柔性机器人技术的进一步发展，未来可以将它们与微电子元件相集成，使柔性机器人能够自动完成对环境的决策和规划，并与人工智能相结合，形成高度灵活的自主学习机器人单元。

③仿生。受自然界中一些生物启发，利用4D打印技术还可以进行仿生学研究。人们利用4D打印技术设计了不需要外部传感器和执行器的智能太阳能聚光器。该聚光器可以在一天中的某一段时间内可逆地将抛物线形状改为双曲线形状。与非智能抛物面聚光器和非智能双曲线聚光器相比，这种智能变化的聚光器的总光学效率提高了25%以上。

2. 国内外产业分析

（1）国内外发展现状

2013年，美国麻省理工学院自动化实验室的创始人Tibbits首次提出4D打印的概念。之后不久，发表了第一篇关于4D打印的研究论文，论文使用了打印活性复合材料（PACs）的概念，即打印的纸张可以通过形状记忆效应转化为复杂的构型。此后，4D打印在公共媒体及智能材料和3D打印的研究社区中引起了极大的关注。美国是该领域最活跃的国家，相关论文占总量的42%，中国和新加坡紧随其后。4D打印的研究开始得到学术界的认可，这将在未来几年引起进一步的关注和兴趣。

西安交通大学科研团队利用液晶弹性体的可逆热致伸缩变形能力，结合连续纤维材料的优异力学性能，提出一种基于连续纤维增强液晶弹性体的直写

4D 打印方法，液晶弹性体复合材料内部嵌入的连续纤维起到显著增强力学性能及实现弯曲变形效果的作用。该打印方法能够通过调控纤维在复合材料丝材内部的偏置位置实现打印结构可控的承载特性及变形形态。打印的液晶复合材料可以承受高达其自身重量 2805 倍的载荷，并在 150 ℃条件下实现 0.33 mm^{-1} 的弯曲曲率。利用这一工艺制备了具有承载能力及变形能力的复合材料桁架结构，解决了传统 4D 打印结构力学承载性能差的难题。

（2）发展趋势

4D 打印概念自提出以来，在生物医学、柔性执行器、食品、智能家居用品、文艺创作、纺织业和电子等领域取得了应用进展。尤其在生物医学领域，各种智能植入物的定制使 4D 打印大放异彩。目前，4D 打印的研究还处于初期阶段，实际应用仍面临许多挑战。尽管如此，相信随着其发展，4D 打印技术必将对制造业产生颠覆性的影响。

（五）超材料

超材料是指一些具有人工设计的结构并呈现出天然材料所不具备的超常物理性质的复合材料。超材料是 21 世纪以来出现的一类新材料，其具备天然材料所不具备的特殊性质，而且这些性质主要来自人工的特殊结构。

1. 分类及用途

（1）分　类

① 自我修复材料——仿生塑料。伊利诺伊大学的 Scott White 研发出一种具备自我修复能力的仿生塑料。这种聚合物内嵌有一种由液体构成的"血管系统"，当出现破损时，液体可以像血液一样渗出并结块。相比其他只能修复微小裂痕的材料，这种仿生塑料可以修复最大 4 mm 宽的裂缝。

② 热电材料。Alphabet Energy 公司开发出一种热电发电机，它可以被直接插入普通发电机的排气管，从而把废热转换成可用的电力。这种发电机使用了一种相对便宜和天然的热电材料，名为黝铜矿，据称可达到 5%~10% 的能效。科学家已经在研究能效更高的热电材料，名为方钴矿——一种含钴的矿物。

热电材料目前已经开始小规模应用，如在航天飞船上。方钴矿具有廉价和能效高的特点，可以用来包裹汽车、冰箱或任何机器的排气管。

③ 钙钛矿。除晶体硅外，钙钛矿也可以用来制作太阳能电池的替代材料。2009 年，使用钙钛矿制作的太阳能电池具有 3.8% 的太阳能转化率。到 2014

年，这一数字提升到 19.3%。与传统晶体硅电池超过 20% 的能效相比，科学家认为，这种材料的性能依然有提升的可能。

④ 气凝胶。气凝胶可由任意数量的物质制成，包括二氧化硅、金属氧化物和石墨烯。由于空气占了绝大部分，气凝胶还是一种绝佳的绝缘体。它的结构也赋予其超高的强韧性。

⑤ Stanene——导电率 100% 的材料。和石墨烯一样，Stanene 也是一种由单原子层制作的材料。但由于使用了锡原子而非碳原子，其具备了石墨烯所无法实现的特性：100% 的导电率。

Stanene 在 2013 年由斯坦福大学张首晟教授首次进行了理论化。预测 Stanene 这类材料的电子属性是张首晟教授的实验室所擅长的领域之一，根据他们的模型，Stanene 是一种拓扑绝缘体，也就是说，它的边缘是导体，而内部是绝缘体。这样一来，Stanene 就能在室温下以零阻力导电。

⑥ 光操纵材料。光操纵超材料的纳米结构能够以特定的方式对光线进行散射，它或许真的可以让物体隐形。根据制作方式和材料的不同，超材料还能散射微波、无线电波和不太为人所知的 T 射线。实际上，任何一种电磁频谱都能被超材料所控制。

（2）用　途

目前，基于这些实验成果展开的产品转化步伐在加快。例如，超材料智能蒙皮、超材料雷达天线、吸波材料、电子对抗雷达、超材料通信天线、无人机雷达、声学隐身技术等产品的研发和利用，已经成为各国竞争的焦点。

尽管超材料的应用领域十分广泛，但目前全球超材料产业化较早的应用领域主要集中在军事。军事领域的应用中，又以武器装备的隐身领域应用最引人关注，且最为成熟。从 F-22 到歼-20，超材料隐身技术为武器装备带来的性能提升无疑是颠覆性的，且构成了极大的战场优势。

2. 国内外产业分析

（1）国内外发展现状

美国科学家制造出一种反弹陶瓷管，与传统脆而硬的陶瓷相比，这种反弹陶瓷管在被压缩 50% 后还能复原。这种陶瓷将在"普通物质无能为力的地方大显身手"，如航天飞机或者喷气式发动机的隔热设备。

在德国，科学家已经使用一种"径直激光平板刻录"技术制成由微型塑料棒构成的隐形材料片。将该隐形材料片覆盖在物体上，在红外照相仪观测下，隐形材料改变了覆盖物周围光线的速度，从而使覆盖物和被覆盖物一同消失。而美国国防高级研究计划署在内的军方机构，寻求的正是这种隐藏技术，以便让飞机在军事雷达探测范围内隐身。

法国科学家则发现，通过超材料墙壁和地面精确打孔来转移地震波，让地震和海啸偏离建筑物或城镇，可以达到减灾的目的。

与不少国家相对分散的发展模式相比，中国在超材料领域的发展模式更加聚焦和有力。我国已分别在"863计划"、"973计划"、国家自然科学基金、新材料重大专项等项目中对超材料研究予以立项支持。在电磁黑洞、超材料隐身技术介质基超材料，以及声波负折射等基础研究方面，我国企业取得了多项原创性成果，并在世界超材料产业化竞争中占到先机。

2010年，以刘若鹏博士为首的5名留学生团队回国创办了深圳光启集团。经过几年发展，该公司已在世界范围内申请超过2800件专利，约占相关领域专利申请总量的86%。该公司还在创建基于超材料的智慧社区、无线互联、航空航天等领域的产业化方面走在世界前列，如其全球首条超材料微结构精试线，设备定制化程度高达70%，可实现高达2 μm的工艺精度。他们还设计了超材料生产标准化流程。

（2）发展趋势

超材料对航空航天、国防、民用科学技术的促进表明，新材料将成为科学研究中一个很重要的切入点和方向，将会对众多领域产生冲击和影响，并产生新的产业，这个意义极为重大。

超材料的设计思想和方法很有可能成为发掘材料新功能、引领产业新方向、提高材料综合性能、突破稀缺资源瓶颈的有力手段。应进一步明确在国家层面大力发展超材料技术的必要性，凝练发展重点，选择合理的技术路线，制定符合超材料技术发展趋势、与我国国情相适应的超材料技术发展战略。

二、面临问题

自主供给能力不足，大而不强，大而不优。碳纤维及其复合材料的类别、品种及规格相对单一，主要用于相对低端的产业需求，难以满足不同行业、产品、零部件的多样化需求，市场竞争能力有限。特别是在高强、高模等高端产品的产业化方面，仍相对薄弱，纤维性能不高、产品稳定性差等问题突出，无法满足关键领域的需求。

自主创新能力不足，原创性成果较少，产业引领力不强。半导体材料、超导体、液晶与聚合物、富勒烯、光纤、石墨烯、蓝光LED、锂离子电池等获得诺贝尔物理学奖或化学奖的革命性材料，主要由欧美等国科学家率先发现。

生产与应用结合不够紧密，技术更新和迭代存在"等米下锅"现象。碳纤维及其复合材料、锂离子电池材料尚在市场化初期阶段，国产化应用规模较小，成本与价格偏高，生存空间被挤压，与国外企业竞争时处于不利地位，产业链、供应链上下游没有形成联合攻关、同步设计、系统验证、迭代更新的机制。

高端装备依赖进口，自给率不足。部分前沿新材料研制的专用装备以引进、消化和吸收为主，发展水平仍相对滞后。例如，碳纤维制备用到的高温碳化炉，相关装备及技术一直被国外封锁，国内只能依靠自主研发，以至于预氧化炉及低温碳化炉在稳定性等关键性能和指标上与国外相比还有差距。

三、发展趋势

前沿新材料技术、标准、专利等有效布局；前沿新材料取得重要突破并实现规模化应用，部分领域达到世界领先水平。

工业和信息化部等四部门联合印发的《原材料工业"三品"实施方案》提出，实施前沿材料前瞻布局行动，积极培育前沿新材料，进一步提升高端产品有效供给能力，强化对战略性新兴产业和国家重大工程的支撑作用。《中国制造2025》明确提出，积累一批前沿新材料核心技术专利，部分产品实现量产，在关键领域实现应用示范。

我国前沿新材料行业的发展潜力较大，"一带一路"倡议、《中国制造2025》等成为前沿新材料行业新的发展动力。预计，在未来几年里，我国前沿新材料行业将迎来较快的发展，随着市场需求的不断激增，以及政府政策持续有力的支撑，前沿新材料行业将成为未来中国经济增长的核心促进源。

到2035年，我国在前沿新材料领域将拥有一批具有全球影响力的跨学科研究团队，形成一批具有国际领先水平的原创性研究成果；在3D打印（又称三维打印、增材制造）材料、智能仿生与超导材料、液态金属、气凝胶材料等方向实现引领发展；形成完善的材料研发和产业化体系，形成若干条完整的前沿新材料产业链，培育若干个基于前沿新材料的颠覆性技术产业集群，部分关键零部件得到长期稳定的应用。

第五节　国内新材料部分产业集群、研发机构和重点发展领域

一、国内部分产业集群

从国内区域看，当前我国新材料产业总体形成了以长三角、珠三角、环渤海地区为核心的一梯队，中西部和东北地区特色突出的产业集群二梯队。各区域材料产业的发展和空间分布各有优势、各具特点。

长三角地区是目前新材料产业产值规模最大、产量最高、品类最齐全，新材料产品消费量最大的区域。目前，该区域已形成了以江苏、浙江、上海为核心的集群分布，其中航空航天、新能源、电子信息、新兴化工、纳米材料是长三角地区的优势。

珠三角地区是目前新材料产业规模仅次于长三角的第二大基地。目前，该区域已形成了以广州、深圳、佛山为主导的产业集群分布，其中电子信息材料、改性工程塑料、陶瓷材料是珠三角地区的优势。

环渤海地区是我国较早集中发展新材料的区域，依托首都充沛的企业总部和科研院所资源，京津冀地区新材料的核心竞争力较为突出。目前，该区域已形成以北京、天津、山东为主的集群分布，其中生物医用材料、新能源材料、电子信息材料、纳米材料是环渤海地区的优势。

中西部和东北地区的新材料产业主要集中在陕西、四川、重庆、湖北、江西、安徽、辽宁和内蒙古。与东部沿海地区相比，中西部和东北地区主要依靠自身资源禀赋形成了一批具有资源特点的新材料产业，如四川依托锂钛等资源，在新能源、钛合金材料等领域走在全国前列；江西、内蒙古凭借充沛的稀土资源，在稀土功能性材料方面具有国际竞争力。

本节将对武汉、长沙、北京、上海、苏州等地的新材料产业集群进行相关介绍。

（一）武汉

武汉市新材料产业发展基础雄厚，拥有一批尖端的科研机构、人才团队和研发生产企业，初步形成了以企业为主体、产学研用紧密结合、服务保障健全

的发展体系。

武汉经济技术开发区正培育发展新材料产业链，建设新材料产业园，推进技术进"链"、企业进"群"、产业进"园"。着力引进培育一批产值超100亿元、拥有核心知识产权和知名品牌的大企业大集团，重点攻克一批先进结构材料、新型功能材料和其他前沿新材料技术，推进产业化应用。到2025年，力争形成五百亿级规模产业集群。

产业规模不断壮大。"十三五"末，湖北省新材料产业实现主营业务收入3280亿元，与"十二五"末相比，增长28.1%。"十三五"末，湖北省基本形成了以高性能钢铁、特种合金和铜铝精深加工等为代表的高端金属材料产业体系，以乙烯产业链等为代表的化工新材料产业体系，以特种光纤、半导体、锂电池材料等为代表的电子信息材料产业体系，以特种玻璃、特种陶瓷等为代表的新型无机非金属材料产业体系。

产品竞争力稳步增强。"十三五"期间，湖北省培育了一批在全国同行业中具有一定竞争力的新材料产品，武钢冷轧硅钢片、大冶特殊钢高合金钢、长飞光纤预制棒及特种光纤、兴发集团精细磷化工、江瀚新材料公司有机硅等新材料产量和市场占有率居全国前列。

产业基地初具规模。"十三五"期间，各地利用资源禀赋和发挥产业优势，形成了一批各具特色的新材料集聚区。武汉已发展成为国内重要的光电子信息材料、高端金属材料和化工新材料生产和研发基地；宜昌是国内新型建筑材料、非金属功能材料和化工新材料重要聚集区；黄石成为特种金属材料和新型建筑材料生产基地；襄阳是国内重要的光学材料生产研发聚集区；荆门是国内重要的化工新材料产业基地。

产业创新能力逐步提升。湖北省原始创新主渠道和创新人才培养主阵地实力不断增强，新材料领域拥有两院院士10位，设有材料学科的高校20余所、相关国家级重点实验室5个、省级重点实验室15个、国家和省级新材料工程技术中心17个。

（二）长 沙

长沙市新材料产业作为七大千亿产业之一，总体规模位居全国省会城市第一方阵，是中部地区崛起的一座新材料产业重镇，已形成储能材料、碳基材料、新型合金、新一代半导体等各类别的产业列阵，为省会经济高质量发展注入新动能。

以晟通科技、长沙戴卡、恒佳集团为龙头的铝合金及制品企业，形成了"铝/铝合金—双零铝箔/铝型材/铝加工件—铝材应用—再生铝"产业链条；以湘投金天钛金、中航飞机起落架为龙头的钛材料及加工应用企业，形成了"海绵钛—钛带卷、钛合金粉体、钛合金3D打印装备—钛合金起落架"的钛合金产业链条；以博云东方、长沙黑金刚、泰嘉新材、岱勒股份、百川超硬为龙头的硬质合金企业，形成了"粉末冶金—刀具"的硬质合金应用产业链条；湖南金龙集团、恒飞电缆、金杯电工、西湖电缆等企业形成了铜铝产品精深加工产业格局；华曙高科、云箭集团、顶立科技3D打印技术国内领先。

凭借独有的技术和市场优势，晟通铝箔的全球占有率近40%，中信戴卡车轮的全球占有率超30%，长沙黑金刚、泰嘉新材硬质合金全国占有率超30%等。在全球产业链中，不少长沙新型合金企业已具有重要的行业地位。

长沙目前聚集了国防科技大学、中南大学、湖南大学、长沙矿冶院、长沙新材料产业研究院等一批科研院校，5位新材料领域两院院士、100名专家及学科带头人、3个国家材料重点实验室、4个国家级工程技术研究中心、3个国家级工程研究中心、1个国家新材料区域测试评价中心；建成了长沙高新区国家新材料成果转化及产业化基地、宁乡高新区国家级节能环保新材料高新技术产业化基地、国家新型工业化产业示范基地（电池材料），以及望城经开区国家有色金属材料精深加工高新技术产业化基地等平台。随着本地工程机械、新能源汽车、航空航天等行业应用场景的拉动，在行业盛会加持下，新材料产业发展前景更显广阔。

（三）北 京

北京目前有800多家新材料企业，每年有近300亿元的销售收入，对高新技术产业的贡献率已达9%，新材料已成为北京继电子信息和光机电之后的第三大高新技术产业领域，迅速崛起的新材料产业也为化工等传统产业带来了机遇。

北京新材料科技产业基地重点围绕高分子材料、以新型显示为代表的电子信息材料、以石墨烯为代表的纳米材料和以氢能为代表的新能源材料，积极推动科技成果落地发展。

近年来，以八亿时空、环宇京辉、迅邦润泽、集联光电、石墨烯种子园、爱家科技、中植医药等为代表的高新技术企业落户新材料基地。截至目前，基地累计入驻基础材料、新材料项目80个，总投资达到255亿元。

新材料是北京重点发展的产业领域，是首都经济高质量发展的重要方向，也是产业转型升级的根本保障。从近年来的发展情况看，北京新材料产业发展具有如下特点。

产业规模稳步增长，产业结构逐步优化，在行业内拥有颇具实力的龙头企业。其中，电子信息材料、航空航天材料、贵金属材料、先进钢铁材料、新型能源材料等产业规模均过百亿元，先进化工材料产业规模约60亿元，产业结构不断优化。全市涌现出一批行业领军企业，如中科三环是全球第二大钕铁硼永磁材料生产企业，有研新材是国内唯一具备超高纯金属原料和半导体芯片用溅射靶材整套研发制造体系的企业，钢研高纳是国内少数具有新型高温合金批量生产能力的企业。

创新要素集聚水平全国领先，产业服务体系基本完备，部分关键核心技术进入国际并行和领跑阶段。北京新材料产业基础研究资源丰富，清华大学、北京航空航天大学、北京科技大学等高校材料学科实力雄厚，集聚超百位两院院士，排名全国第一，材料领域国家级重点实验室数量占全国首位。创新平台建设逐步完善，国家新材料测试评价平台主中心和分中心、国家新材料资源共享平台均已落户北京，拥有航空发动机材料、核能材料和集成电路材料等多个国家生产应用示范平台；建有国家动力电池创新中心、国家轻量化材料及成型工艺与装备制造业创新中心等重大创新平台。部分领域技术水平领先，石墨烯、超导材料等领域技术水平达到国际领跑并跑阶段，稀土功能材料、高性能纤维、高温合金等领域达到国内一流水平。

产业集聚发展态势初显，区域发展各具特色。全市新材料初步形成以中关村科学城、怀柔科学城为创新高地，以海淀区、房山区、顺义区和昌平区等区域为主的产业集聚发展态势。海淀区依托永丰产业基地，主要发展高温合金、先进金属材料、特种纤维复合材料等，区内有钢研高纳、安泰科技、中材科技等众多上市企业总部。顺义区依托中关村顺义园，主要发展高端钢材、航空复合材料、第三代半导体材料等，拥有首钢冷轧、中航复材、国联万众等龙头企业。房山区以北京新材料科技产业基地为主体，在先进高分子材料、新型显示材料、石墨烯等领域具有比较优势。昌平区主要发展贵金属靶材、永磁材料等，有研亿金、中科三环等企业实力雄厚。

（四）上　海

上海一直以来高度重视专精特新企业培育工作。自2010年起上海就在全国范围内率先开展专精特新企业遴选，至今已累计培育市级专精特新中小企业8288家，国家级专精特新"小巨人"企业近700家。据统计，目前专精特新"小巨人"企业中关键基础材料相关企业占比11%。在上海市委、市政府的决策部署下，《上海市先进材料产业发展"十四五"规划》《夯实基础 推动本市先进材料产业高质量发展三年行动计划（2021—2023年）》先后发布，持续推动产业发展。

在政府引导和市场推动下，上海先进材料产业规模稳步增长，先导性明显增强，创新体系持续完善，产业化应用加速突破。

① 产业规模稳步增长。"十三五"期间，上海市原材料产值增长7.6%，新材料产值从1967亿元增加到2663亿元，年复合增长率为6.2%，新材料产值占全市七大战略性新兴产业总产值的20%。新材料规上企业从52家增长到556家，超额完成"十三五"2500亿元总产值目标。

② 产业先导性明显增强。"十三五"期间，新材料产值占原材料工业比重从35%上升至46%，对上海材料工业发展的牵引力不断增强。优势领域保持增长，高磁感电工钢、高深冲性能汽车冷轧板等先进金属材料产值年均增长10.2%。改性工程塑料、特种橡胶等先进高分子材料产值年均增长4.1%，前瞻领域快速发展，特种玻璃、硅外延片等先进无机非金属材料及纳米陶瓷微粉、高温合金纳米粉末等前沿新材料产值年均增速达13.3%。

③ 产业创新体系持续完善。上海市完善了以企业为主体、以市场为导向的产学研用创新体系。汇聚了国家重点实验室、国家工程研究中心等26家技术服务平台。建成了航空材料、核能材料生产应用示范平台、石墨烯功能型研发转化平台。集聚了14家外资材料龙头企业的研发中心，以及一批央企、国企中央研究院。拥有9家国家级企业技术中心、55家市级企业技术中心。在关键配套和前沿领域，布局培育了一批科技创新项目和企业，实现了10家新材料企业在科创板上市。

④ 产业化应用加速突破。上海市围绕新一代信息技术、航空航天、新能源汽车、节能环保等领域需求，新材料产业化应用取得成效。培育超过100项首批次应用产品，布局21项关键技术攻关。集成电路领域，CMP抛光液、清洗剂等工艺材料，精密陶瓷等装备材料实现产业化零的突破。高端光学补偿膜用氟材料实现了从单体、聚合物生产到商业化应用的世界首创。航空航天领域，300M钢、芳纶蜂窝材料等在C919大飞机实现应用，纳米陶铝合金材料等7项产品在推进试验验证。新能源动力电池领域，围绕正负极材料、隔膜材

料、软包材料等,布局了全链条应用技术攻关。

(五)苏 州

苏州市的新材料产业主要涉及新型电子信息材料、有机硅功能材料、新能源材料、生态环保材料、金属增韧改性材料、高性能纤维及其复合材料、新型高分子材料和纳米功能材料等领域,渗透于多个制造行业的新工艺、新技术和新产品开发应用中。

先进材料产业是苏州的又一个万亿级产业。当前,苏州市正加大先进材料产业创新集群精准布局,逐步形成具有国际竞争力和全球影响力的先进材料产业创新集群。先进材料产业是支撑国民经济发展的重要基础原材料工业,是改善民生的基础制品业,也是支撑国防、航空航天,以及节能环保、新能源、新材料、信息产业等战略性新兴产业发展的重要产业。

在苏州,先进钢铁材料、先进有色金属材料、先进石化化工新材料、先进无机非金属材料、高性能纤维及制品和复合材料等基础材料领域,以及纳米新材料、第三代半导体材料、生物医用材料等前沿新材料领域,涌现出一大批龙头企业,持续引领整个产业发展。

在苏州各板块,先进材料产业的布局正在加速,并各有侧重,形成产业推进合力。以张家港、常熟为主,重点发展钢铁新材料产业。依托江苏扬子江国际冶金工业园等,打造国内领先的绿色智能冶金产业基地,形成更为完整和高质量的产业链布局。重点发展面向汽车、航空航天、海工船舶等领域的优特合金钢等,全力打造精品钢材世界级产业集群。

以张家港、常熟、太仓为主,重点发展先进石化化工新材料产业。依托江苏扬子江国际化学工业园,以跨国企业为龙头,重点发展以硅材料为主导的有机硅新材料产业链,依托常熟新材料产业园,实现石化化工新材料产业集聚发展。

以吴江为主,重点发展高性能纤维及制品和复合材料。依托恒力和盛虹两大"世界500强"化纤巨头,围绕新型化纤及功能纺织材料、高性能纤维及复合新材料、前沿纤维新材料等领域展开布局。加快建设国家先进功能纤维创新中心、恒力(长三角)国际新材料产业基地、德尔新能源新材料产业园、国望和恒力两大国家企业技术中心。

以苏州工业园区为主,重点打造世界领先的纳米新材料产业创新集群。聚焦第三代半导体、纳米生物材料、纳米功能材料等领域,大力发展光电子材料、新型电子元器件材料、纳米生物材料、功能膜材料，努力把苏州工业园区打造成为国内第三代半导体产业集聚度最高的区域。

作为2022年苏州市委、市政府"一号文件"，《苏州市推进数字经济时代产业创新集群发展的指导意见》正式发布，要求全市以集群的形态组织创新、以数字的手段赋能创新，强链、固链、补链，重点聚焦电子信息、装备制造、生物医药、先进材料四大主导产业，高水平构建一批具有苏州特色的产业创新集群。最大限度激发各类主体创新活力，引导不同区域、不同行业探索特色化发展模式和路径，形成多方参与的产业创新集群发展格局。

全市梳理出四大产业创新集群细分优势领域，其中，电子信息产业创新集群重点发展光子、集成电路、新型显示、人工智能、工业软件等5个细分领域；装备制造产业创新集群重点发展汽车电子及汽车零部件、航空航天、智能车联网、机器人及数控机床、新能源、电梯等6个细分领域；生物医药产业创新集群重点发展创新药物和高端医疗器械等2个细分领域；先进材料产业创新集群重点发展纳米新材料、先进金属材料、高性能功能纤维材料等3个细分领域。

张家港市聚力构建以新能源、特色半导体、智能高端装备三大产业为引领的高水平产业创新集群，成功获批创建全省县（市）首家省级技术创新中心——江苏省氢能技术创新中心；常熟市结合"三区三线"划定，加快工业用地结构调整，为产业发展腾挪空间资源；太仓市加快国家物流枢纽建设，依托西北工业大学长三角研究院等平台着力推动航空航天、新材料、创新药物及器械等产业发展；昆山市出台《新一代信息技术产业、装备制造、小核酸及生物医药三大产业创新集群建设实施意见》；吴江区聚焦先进材料产业创新集群累计培育"世界500强"企业2家、上市企业8家；吴中区着力打造机器人与智能制造、生物医药及大健康、检验检测认证三大产业创新集群；相城区多次召开行业大会，重点推动数字金融、先进材料、智能车联网三大创新集群发展；姑苏区通过实施"百强千企"培育、创新人才集聚等"六大行动"，推动数字创意和高技术服务两大重点产业创新集群发展；苏州工业园区加快"一区两中心"建设，打造开放创新的世界一流高科技园区；虎丘区召开光子产业创新集群发展大会，加快形成"东纳米、西光子"的产业发展格局。

（六）东　莞

松山湖聚焦东莞"科技创新＋先进制造"的城市特色，重点支持发展新一代信息技术、生物、新材料、机器人与智能装备、数字经济、现代服务业及文化七大产业集群，重点扶持"1+3+3"产业。在财政资金、用地用房、政务服务等方面，重点扶持新一代信息技术1个支柱产业，生物、新材料、机器人与智能装备3个重点产业，以及数字经济、现代服务业、文化3个新兴产业。同时，松山湖积极推动新概念材料、量子通信、类脑智能、未来通信（6G）等高精尖前沿未来产业领域项目发展。

依托中国散裂中子源、松山湖材料实验室的先天优势，以及松山湖电子信息、生物医药及新能源等产业发展带来的技术需求，松山湖新材料产业主要涉及电子信息、国防军工、生物医药、建筑建材、化学化工、新能源等各个领域，具有基础条件雄厚、应用场景广泛、应用市场巨大等特点。

目前，松山湖拥有国家级备案众创空间11家、国家级孵化器15家、新型研发机构近30家，集聚47家上市企业及上市后备企业，布局于此的生物医药、新材料、集成电路企业均超过300家，已形成众创空间、专业孵化器、低成本空间和标准化厂房等多层次、全生命周期成长载体，为创业孵化、产业发展提供全链条成长空间。

松山湖材料实验室、广东省智能机器人研究院等10余家高水平科研机构聚集发展，创新工场、集成电路创新中心、湾区声学实验室等公共平台，以及仪器设备共享平台、科技金融服务中心、知识产权综合服务中心等优质创新创业资源赋能，使该地区形成吸引创新人才与创新项目的"强磁场"。

（七）成 都

四川在新材料产业上已构建起锂电、钒钛、晶硅光伏、稀土、铝基材料、玄武岩纤维等特色优势产业集群，其中成都、宜宾、乐山、遂宁、攀枝花等地新材料产业发展迅速。目前已初步形成攀枝花——"钒钛之都"、乐山——"绿色硅谷"、遂宁——"锂电之都"等具有影响力的区域品牌。

在新材料产业发展浪潮中，成都是较早布局发展的城市。成都新材料企业由2008年的102家跃升至2022年的766家，主营业务收入由148亿元飙升至超2200亿元，产值规模由100亿元迈向1800亿元大关，主要数据年均复合增速高于全国平均水平。

成都新材料产业总体水平位居全国第二梯队中上游，部分领域实现国际、国内领先，如黏结钕铁硼磁体、镧系光学玻璃、压电石英晶片、六氟化硫及四氟化碳电子特气等新型材料产品市场占有率全球领先；有机硅密封胶、芳纶

1414 纤维、PBO 纤维、高品质氢氧化钾、高镍型三元材料、光伏用等静压石墨、碳氮化钛刀具材料、碲化镉发电玻璃等产品的产能和技术水平位居全国第一方阵。

成都作为国家四大科教基地之一，拥有 60 多所高校和 100 多个科研实验室、科创平台，在源头创新上相对活跃，如四川大学高分子材料国家重点实验室、中国科学院成都有机化学研究所、电子科技大学电子信息材料研究、成都理工大学材料科学技术研究、西南交通大学轨道交通材料研究与西南石油大学油田用高分子材料研究在全国具有一定比较优势。

（八）西 安

西安市新材料产业基本形成了以西咸新区、高新区、经开区、航空基地、航天基地为中心聚集的态势。其中，西咸新区围绕打造新能源新材料产业园，重点培育发展先进金属材料、燃料电池材料、先进储能材料、环保新材料等产业。高新区打造光电能源新材料产业集群，重点发展新一代硅基半导体材料、化合物半导体材料、动力电池材料、光伏材料、人工晶体材料等产业。经开区围绕稀有金属新材料产业及材料行业，重点发展钛锆镁合金、高性能金属多孔材料、高／低温超导材料等。航空基地和航天基地重点发展陶瓷基、金属基、硅基、轻质高强合金和碳碳复合材料，打造空天新材料产业集群。

例如，西安阎良国家航空高技术产业基地将新材料产业的发展放在重要位置，不断强化企业在创新中的主体地位，充分发挥科研院所人才和资源优势，以科技创新为先导，以成果应用为牵引，鼓励、支持和引导优势资源向新材料产业聚集，培育陶瓷基复合材料、高性能碳纤维材料、无机高分子材料等多家新材料研发中心和生产企业。

西安航空基地依托西北工业大学科技资源，建设了西北工业大学陶瓷基复合材料工程化中心；依托航天四院复合材料研究所和西安康本材料有限公司的技术力量，建设了陕西省碳纤维制备技术工程研究中心；依托航天 7416 厂，建成了高性能聚酰亚胺薄膜和挠性覆铜板生产线。这些工程中心和生产项目的建成，使西安成为我国发展新材料产业的重要阵地。

西安高新区以秦创原创新驱动平台建设为引领，坚持"实业立区、先进制造业强区"，深化产业链创新链双链融合，依托龙头企业带动引领，不断扩大新能源新材料产业规模，形成了以氢能源、航空航天材料、高端建筑材料、有色金属材料、光电能源材料为特色的引领型新能源新材料产业集群，在核心技术攻关、产业链建设、龙头企业培育等方面均形成了良好示范。

二、国内新材料研发机构

（一）武 汉

1. 武汉中科先进材料科技有限公司

武汉中科先进材料科技有限公司（武汉中科先进技术研究院，简称"武汉先进院"）于2019年10月正式揭牌成立，是中国科学院系统在武汉市成立的唯一一家企业法人新型研发机构，由中国科学院深圳先进技术研究院和武汉经济技术开发区联合组建。武汉先进院面向材料能源、电子信息、矿产资源、国防安全等工业重大战略需求，专注新材料研发及其中试工程技术，打造材料CRDO研发服务平台，以科技创新推动我国新材料产业高质量发展。

武汉先进院成立以来，已获批组建工业和信息化部产业技术基础公共服务平台（创新成果产业化类）、湖北电子信息材料产业技术研究院、湖北省科技成果转化中试研究基地、湖北省企业技术中心、武汉市科技成果转化中心等10余个省、市级创新平台，承担了工业和信息化部先进制造业集群、湖北省科技重大专项、省院合作专项等10余个科技项目。引进和培育院士3人、国家级领军人才计划入选者1人、省级人才3人、市级人才6人、区级人才7人，组建240余人的研发和服务团队，硕士研究生及以上学历人员占比超过50%，博士50人。累计申请专利159项，获得56项发明专利授权。

武汉先进院重点围绕电子信息和新能源产业的新材料应用需求，发展新材料和先进制造技术，突破"4-6"级中试工程技术难题。武汉先进院建立了以CRDO研发服务为核心的科学（S）-技术（T）-工程（E）-服务（S）"1-9"级全过程创新生态链，发展出以CRDO+服务新模式，打造集"企业委托开发研发+技术转让/许可服务+检测评价服务+产业育成服务"于一体的协同创新运行模式，共同促进新材料产业融通发展。

武汉先进院下设电子信息材料研发中心、电池材料研发中心、前沿科学研究中心、中试工程技术研发中心、新能源材料检测与性能评价中心、双创孵化基地等。武汉先进院掌握具有国际一流、国内领先水平的功能材料制备技术，在电池材料、微胶囊、气凝胶、纳米功能涂层等多个领域取得突破，建设有

5条中试产线，CRDO合同额超2亿元，市场化收入连续三年倍增，服务企业50多家，为企业创造新增产值数十亿元。

武汉先进院已形成"成果转化+产业孵化"的双创服务体系，以"楼上楼下，创新创业"的孵化模式快速发展。通过整合区域与行业资源，引进高端项目和人才，打造车谷"双创"集聚区，获批湖北省科技企业孵化器，累计孵化企业193家，其中高新技术企业16家，创新型中小企业5家，科技"小巨人"企业5家，规模以上企业3家，拥有自主知识产权企业80家，孵化企业总产值达2.5亿元，带动就业人数超1300人次。

武汉先进院从"平台建设—供需体系—服务体系—人才培育—活动培训"等方面构建科技创新与成果转化服务体系，打造集技术需求挖掘、创新资源引进、成果供需对接、产学研合作、技术转移、人才培养等于一体的科技创新与成果转化服务平台。累计举办成果转化对接活动18场，签约项目240余个，签约项目金额超36亿元，参与企业600余家，成果发布2500余项，服务产业内单位1700余家。

2. 武汉经开区未来技术创新研究院

2022年1月5日，华中科技大学与武汉经开区签署共建华中科技大学国际教育科技创新园区备忘录和共建未来技术创新研究院协议，同心共绘高质量发展新蓝图，携手共谱"二次创业"新篇章。武汉经开区未来技术创新研究院是由武汉经济技术开发区创办，委托华中科技大学运营管理的新型研发机构，于2022年6月注册成立。

研究院以"引领、转化、服务"为理念，以打造全国具有影响力和示范性的中试基地为愿景，围绕武汉经开区"3335"现代产业体系布局重点方向，以"中试熟化+孵化培育+资本加速"为核心任务，探索中试熟化模式，跨越成果转化"死亡之谷"，推动创新链和产业链深度融合，为武汉市建设全国具有影响力的科技创新中心和武汉经开区创新发展贡献力量。

研究院拥有3万平方米的中试车间和近6000平方米的孵化空间，打造了"孵化大楼+中试基地+人才公寓"一体配套服务体系，落地一批中试项目，形成专业化、精准化服务体系，打造集科技研发、中试熟化、项目孵化等多种业态为一体的中试基地。截至2023年10月，研究院已吸纳中试项目10余项，2023年年底可完成14条中试生产线的搭建和运转，并产生一批高质量科研成果，孵化一批高质量企业。

与此同时，武汉经开区未来技术创新研究院作为华中科技大学与武汉经开区共建的科技创新平台，承担着校地深度融合特殊使命，立足于成为华中科技大学国际教育科技创新园区（军山校区）建设"先遣队"、校地协同发展"通顺桥"和校区融合"助推器"。

（二）长 沙

1. 航天科工（长沙）新材料研究院有限公司

航天科工（长沙）新材料研究院有限公司隶属于中国航天科工集团湖南航天有限责任公司，成立于2015年12月，是一家集新材料技术研发、成果转化、企业孵化、科技服务等功能于一体的国家级高新技术企业，定位为中国航天科工集团新材料应用研发总部和湖南航天有限责任公司新材料研究平台、成果转化平台、产业孵化平台。

公司拥有1个新材料应用研究中心、2个事业部、3家分公司和1家子公司，现有在职职工140余人，其中博士10人、硕士60余人，拥有国家级博士后科研工作站、航天新材料湖南省重点实验室、湖南省变形镁合金材料及表面防护工程技术研究中心、中国航天科工集团新一代材料应用研究中心、中国航天科工集团增材制造技术应用与创新分中心等5个省部级科研创新平台，与中南大学、南京航空航天大学、上海飞机制造有限公司等高校、企业联合成立5个联合实验室/创新中心，致力于新材料技术研究、成果转化和产业孵化。

公司围绕国防武器装备和高端民用装备需求，重点发展"2+4+N"产业方向。其中，"2"为打造结构功能材料和光电功能材料两大产业板块，主要技术和产品领域包括镁合金/铝合金材料及制品、增材制造金属粉末材料及增材制造服务、高性能金/银电子浆料、高品质单晶金刚石材料等；"4"为军用特种橡胶材料、特种功能复合材料、特种高分子材料、高性能印刷电子功能材料4个专业技术方向；"N"为持续开展N个专业技术方向前沿技术探索研究。公司累计承担了80余项国家、军方、地方政府科研项目研究任务，累计获得专利200余项。公司产品应用到导弹、卫星、飞机、电子信息、新能源等重要军民领域，承担了20余型国家高新武器型号装备关键材料及零部件的预研、研制和批生产任务，是我国国防装备用新材料及零部件重要供应商。

2. 长沙矿冶研究院有限责任公司

长沙矿冶研究院有限责任公司（简称"长沙矿冶院"）始建于 1955 年，是"世界 500 强"企业中国五矿集团有限公司（简称"中国五矿"）资源开发与新能源材料的骨干科技研发平台，曾先后隶属于中国科学院、国防科工委、冶金工业部、国务院国资委。

长沙矿冶院主营业务包括资源环保业务、新材料业务、科创运营平台三大业务体系。拥有国家金属矿产资源综合利用工程技术研究中心、深海矿产资源开发利用技术国家重点实验室、动力电池正极材料制备湖南省工程实验室等国家及省部级科创平台 28 个。

在资源科技领域，作为国家金属资源开发利用重大创新基地，长沙矿冶院自建院以来一直是国家金属矿产资源开发利用科技计划项目的主要承担单位，为行业技术进步作出了突出贡献。践行国家海洋战略 30 年，先后成功开展我国首次深海输运试验和海底采矿试验，掌握了深海矿产资源开发利用核心技术，跻身国际先进行列。

在材料科技领域，作为中央企业电动车产业联盟成员单位及中国汽车动力电池产业联盟回收利用分会副理事长单位，长沙矿冶院专业从事新能源材料研究开发 30 年，形成了完整的"基础研究—技术开发—中试孵化—产业转化—龙头示范"创新创业链，以"一院二园一基地一基金"（中国五矿新能源材料中央研究院、中国五矿麓山科创园、中国五矿麓谷科技产业园、中国五矿国家新能源材料产业基地、新能源材料双创基金）为建设内容，与长沙市人民政府共建"中国五矿新能源材料双创示范基地"，聚集全球高端人才和领军人物，吸引国内外创业创新企业，打造全球最重要的新能源材料科技协同创新平台。

长沙矿冶院坚持"技术研发、产业孵化、成果转移"创新发展模式，经过 60 余年的改革发展，培养造就了以余永富院士为首的一大批科技创新人才，荣获"中国十大科技成就""国家科学技术进步奖特等奖"等国家及省部级科技成果奖励 500 多项，孵化了以金瑞科技（现更名为五矿资本）、惠同新材、长远锂科、金驰材料、金炉科技、贵州金瑞等公司为代表的高新技术企业集群，为集团公司打造"具有全球竞争力的世界一流的金属矿产企业集团"提供了强有力的科技支撑。

(三)北 京

1. 新材料与产业技术北京研究院(MITBJ)

新材料与产业技术北京研究院成立于 2013 年 4 月 17 日,位于中关村生命科学园内,是由北京市政府批准成立,北京高端制造业基地管理委员会注册成立的独立法人事业单位。研究院以联合研发、共享成果、保护环境为基本理念,力求建成具有世界一流研发实力和高效产业转化能力的科研机构,促进我国在新材料产业领域的科技研发达到世界领先水平,为传统产业升级提供原动力。

研究院主要研究方向包括碳纳米管制备及产业化技术研究、碳纳米材料分散及产业化技术研究、纳米材料在功能复合型材料中的应用、纳米材料在生物工程与环境净化中的应用、纳米材料在电子产品中的应用以及新型燃料电池研发等,主要致力于开展未来产业技术的研发、高新技术企业的孵化以及企业发展的服务工作。

2. 北京石墨烯研究院(BGI)

北京石墨烯研究院是北京市最早批准、由北京大学牵头成立的新型研发机构,2018 年 10 月 25 日揭牌运行。BGI 致力于打造引领全球的石墨烯新材料研发高地和创新创业基地,培育集石墨烯新材料研发、生产及装备制造于一体的千亿级石墨烯高新技术企业。BGI 的理念是融通资源、集聚匠才、创新机制、引领未来。

BGI 成立以来,人才队伍规模已逾 320 人,拥有两栋研发大楼。BGI 在石墨烯新材料研发领域不断取得突破,A3 尺寸通用石墨烯薄膜、A3 尺寸超洁净石墨烯薄膜、4 英寸石墨烯单晶晶圆、6 英寸石墨烯单晶晶圆、蒙烯玻璃纤维等产品陆续进入市场。BGI 的某型号独创产品已成功进入特种领域,成为石墨烯新材料的第一个"杀手锏级"应用。

BGI 拥有国际顶尖的石墨烯材料、器件和应用研发实验室。现有通用石墨烯材料研究部、新型石墨烯材料研究部、石墨烯纤维技术研究部、石墨烯器件技术研究部等 4 个核心研发部门,19 个独立课题组。2021 年以来,国家自然科学基金委员会石墨烯制备科学基础科学中心、国家石墨烯材料产业计量测试中心、国家市场监管技术创新中心(石墨烯计量与标准技术)相继落地 BGI。依托强大的研发实力,合作伙伴队伍不断壮大,已建成北京石墨烯研究院 – 中国航空制造技术研究院前沿技术联合实验室、北京石墨烯研究院-中蓝晨光化工研究设计院有限公司特种纤维联合实验室、北京石墨烯研究院-京东方联合创新实验室等多个企业联合实验室。2017年12月26日，北京石墨烯研究院有限公司注册成立，积极利用市场和资本力量全方位推进石墨烯新材料的产业化落地工作。BGI有限公司与北京石墨烯研究院形成"一体两翼"的发展格局，在体制机制上不断创新，走在蓬勃发展的快车道上，正在全力打造"孵烯玻碳""孵烯电热""孵烯装备""孵烯检测"等"孵烯系列"品牌子公司，先后荣获国家级高新技术企业、中关村高新技术企业等荣誉。

（四）上　海

1. 上海新材料研究院

上海新材料研究院成立于2021年12月，是集科研开发、技术孵化、产业布局、学术交流、技术服务于一体的新型综合性研发机构。该院选址于全国首个"科学家社区"城市单元——临港新片区世界顶尖科学家社区，占地31亩（约2.1 hm^2），将利用先进的物联网及人工智能技术，打造先进、绿色低碳的智慧楼宇系统，在安防、管理、自控、消防等方面实现全方位智能化与自动化。

上海新材料研究院正处于起步发展阶段。该院以"建设世界一流新型研究院"为目标愿景，整合集聚全球创新资源，吸纳集聚海内外高层次科技创新人才，瞄准科技前沿，着重打造新材料技术研发中心和创新高地；紧紧围绕国家重大战略需求和中国石油产业规划布局，聚焦医用高分子材料、高端碳材料、新能源材料、电子信息材料、弹性体材料等化工新材料领域，开展关键核心技术攻关，支撑和引领炼化新材料产业转型升级，满足中国石油集团全产业链需求。

2. 上海材料研究所（SRIM）

上海材料研究所源于1946年成立的"材料性能试验室"，随着新中国工业的崛起和发展得到同步壮大。至20世纪90年代，已成为我国机械工业工程材料技术的核心研发机构。20世纪末，在深化科技体制改革推动下，发展成为上海市新材料高科技企业、上海市工程材料技术骨干研发机构和公正、权威的第三方材料检测机构。

SRIM 以产业发展的重大需求为导向,每年承担和完成一批国家和上海市以及企业委托的新材料科技攻关项目,通过自主创新,在特种金属材料、高分子及其复合材料、工程陶瓷材料、硬质合金及粉末冶金材料以及消能减振材料及技术等工程材料领域,开发了大量工程新材料及应用的关键技术,为产业竞争力的提升和重大工程建设提供了重要的技术支撑。

SRIM 以市场需求为牵引,建设了多条新材料制品批量生产线,实施精品战略,开发了近百种具有自主知识产权的高技术新材料产品,广泛应用于机械、汽车、航空航天、船舶、信息、建筑等产业及国防建设。一些高端产品已占据国内市场主导地位,并参与国际市场竞争。

SRIM 着力发展工程材料创新开发支撑体系,建设了以材料组成和性能检测、零部件无损质量评定和失效分析为依托的材料技术服务平台和服务链,其检测资质的权威性、检测结果的公正性和可靠性、服务面的广泛性以及现代技术服务的深度等均居全国前列。

SRIM 以推进工程材料行业技术进步为己任,已成为汇聚科技资源技术开发组织和中心,如上海市工程材料应用与评价重点实验室、上海失效分析与安全评估中心、上海市消能减震工程技术研究中心等的依托单位,一批学术团体和标委会(如中国机械工程学会理化检验分会、无损检测分会和材料分会以及全国无损检测标准化技术委员会等)的秘书处挂靠单位,并编辑出版《机械工程材料》《理化检验》《无损检测》等多种科技期刊。

(五)苏 州

1. 长三角先进材料研究院

长三角先进材料研究院(简称"长材院")成立于2019年12月,本部位于苏州市相城区,是由江苏省人民政府联合中国科学院、中国钢研科技集团和中国宝武钢铁集团共同支持建设的新型研发机构。长材院采用全新的管理运行机制,联合全国材料领域龙头企业、高校、科研院所,集聚多位院士等国内外顶尖科研团队,着力打通材料科学到技术转化的关键环节,构建集研发载体、产业需求和创新资源于一体的产业技术创新体系,营造人才、金融、空间等要素组成的开放式创新生态。长材院已相继获批江苏先进材料技术创新中心、江苏省关键金属材料产业创新中心、江苏省材料大数据公共服务平台、江苏省特种合金技术创新中心。

目前，长三角先进材料研究院整合了江苏省产业技术研究院在材料领域布局建设的专业研究所，与材料制造及应用龙头企业共建近 80 家企业联创中心，联合国内 26 所高校共同发起组建长三角高校先进材料创新联盟。研究院已开展 10 余项由院士牵头的战略研究项目，实施了 20 多项面向国家战略需求的重大创新项目。

长三角先进材料研究院先后获批国家重点研发计划、重大科学装置前沿研究重点专项、江苏省产业创新中心和江苏省科技公共服务平台等，已成为材料领域国家重大项目的重要承接平台。

2. 材料科学姑苏实验室

材料科学姑苏实验室（简称"姑苏实验室"）瞄准国际一流水准建设，2020 年 6 月 30 日正式成立并挂牌成为"江苏省实验室"。姑苏实验室定位于定向基础研究和竞争前技术开发，致力于与创新链上游的科研院所和下游的企业或产业技术研发机构建设协同创新科研生态，解决国家重大战略需求、行业未来发展需求和产业链安全需求所涉及的重大科学与技术问题，逐步成为攻坚克难、引领发展的战略科技力量，打造融通创新科技生态新格局。

为深入贯彻落实国家"十四五"规划，加强产业链的融通创新，姑苏实验室围绕材料领域科学前沿、国家战略需求以及产业需求进行分析和规划。

3. 苏州实验室

苏州实验室作为经中央批准成立的新型科研事业单位，设在苏州工业园区。实验室以"四个面向"为根本遵循，围绕"战略性产品、战略性产业、未来科技"发展中重大材料科学和关键技术问题，强化战略性结构材料、功能材料和前沿材料的突破，打造材料领域国家战略科技力量，建设突破型、引领型、平台型于一体的战略平台，努力建成世界一流实验室。

4. 中国科学院苏州纳米技术与纳米仿生研究所

中国科学院苏州纳米技术与纳米仿生研究所（简称"中国科学院苏州纳米所"）成立于 2006 年，由中国科学院与江苏省人民政府、苏州市人民政府和苏州工业园区共同出资创建，位于苏州工业园区独墅湖科教创新区内。

中国科学院苏州纳米所根据中国科学院调整科技布局的规划，面向国际科技前沿、国家战略需求与未来产业发展，开展相关领域基础性、战略性、前瞻性研究。建设公共技术平台，为中国现代制造业与高新技术产业发展不断提供新的知识与技术，发挥国家研究机构的骨干与引领作用。

中国科学院苏州纳米技术与纳米仿生研究所园区占地面积约 66000 平方米，一期项目建筑面积 48900 平方米，分科研办公主楼、净化实验楼和教育综合楼三个功能区；有研究员 71 人、项目研究员 18 人、副研究员 39 人、客座研究员 2 人；拥有博士生导师 67 人、硕士生导师 46 人。

（六）东 莞

松山湖材料实验室

松山湖材料实验室坐落于粤港澳大湾区重要节点城市东莞，于 2017 年 12 月 22 日启动建设，2018 年 4 月完成注册，是广东省第一批省实验室之一。松山湖材料实验室布局有前沿科学研究、公共技术平台和大科学装置、创新样板工厂、粤港澳交叉科学中心四大核心板块，致力探索"前沿基础研究→应用基础研究→产业技术研究→产业转化"的全链条创新模式。

松山湖材料实验室以中国科学院物理研究所为牵头单位，广东省科技厅为指导单位，东莞市政府、中国科学院高能物理研究所为共建单位，总体规划 1200 亩（80 hm^2），首期计划投资经费超过 50 亿元，目标定位为建成有国际影响力的新材料研发南方基地、未来国家物质科学研究的重要组成部分、粤港澳交叉开放的新窗口。

自成立以来，实验室不断加强顶层设计，为搭建全链条创新链条布局了前沿科学研究、公共技术平台和大科学装置、创新样板工厂、粤港澳交叉科学中心四大核心板块，实现了"基础研究"与"产业转化"两条腿走路。实验室主要聚焦金属材料、能源材料、陶瓷材料、半导体材料、生物医学材料等十大方向开展科学研究。

实验室注册成立 38 家产业化公司，注册资本超过 3 亿元，引进创新样板工厂团队 25 个。其中，多孔陶瓷及复合材料团队开发的四代多孔介质燃烧系统，已在石油、有色金属、钢铁行业得到应用，并完成了年产 2000 台（套）多孔介质燃烧系统的生产线建设，实现了燃烧系统的量产。实验室与塘厦镇开展战略合作，成立了东莞先进陶瓷与复合材料研究院，研究院的建设既为相关领域的团队提供了科技成果中试、转化、产业化的基地，也对当地产业形成了积极辐射带动效应。

（七）成都

1. 成都新材料产业研究院

成都新材料产业研究院是成都市委、市政府为推动科技体制机制创新，经成都市人民政府于2010年12月8日批复成立，并在成都市民政局注册登记的非营利性社会组织法人；是为大力营造自主创新环境，深入推进科技创新与经济发展相结合，促进产业（技术）创新发展，立足产业功能区，探索建设的首批专业化新型产业（技术）研究院之一，业务主管单位是成都市科学技术局。目前也是四川省内新材料产业领域唯一的综合性产业发展智库。

坚持"政府主导、公司化管理、产业导向、市场驱动"的建设原则，本着"整合资源、推动创新、服务产业"宗旨，围绕产业发展智库和创新服务平台的核心能力优势，主要面向新材料产业领域，从事产业研究与决策咨询、产学研交流合作对接、促进科技成果转化孵化及产业化、搭建行业公共服务平台等专业化的高新技术服务。

拥有9位院士在内的57名国内知名专家组成的院专家咨询委员会，特邀国家新材料产业发展专家咨询委员会委员、中国科学院化学研究所前副所长徐坚教授任院长，实行理事会领导下的执行院长负责制。牵头组建并成立了成都市先进材料产业生态圈联盟，正牵头筹建"四川省新材料产业协会"。

2. 四川省有色科技集团有限责任公司

四川省有色科技集团有限责任公司（简称"四川有色"）是四川省有色金属工业协会会长单位。集团前身四川省有色冶金研究院1960年由四川省委成立，先后历经划归冶金工业部管理、收归省管、划为中国有色金属工业总公司的直属事业单位、转制科研院所，2011年完成集团化建设。

四川省有色科技集团先后组建7家全资和控股二级子公司、4家三级公司，形成集科工贸于一体的现代企业集团，业务涵盖新材料、新能源材料、节能环保、智能制造、航空航天军工材料、矿业科技、有色贸易等多个领域；发挥国有企业引领带动作用，推动质量变革、效率变革、动力变革、产业转型升级，先后培育出新能源汽车动力电池、节能环保和环境治理成套设备、土壤重金属污染治理、航空航天和军工武器装备配套材料、3D打印增材制造、无铅电子焊材等一批新产品新产业新项目，迈入了四川省战略性新兴产业的阵容。

四川省有色科技集团及各子公司拥有国家级博士后科研工作站、四川省院士（专家）工作站、四川省博士后创新实践基地、成都市院士（专家）创新工作站等科研平台。拥有国家环境影响评价资质、地质勘查资质、CMA计量认证、军工保密等多项专业资质，建成博士后创新实践基地、省企业技术中心等多个省级科研平台，多项省部级科技成果通过鉴定均达到国内行业领先水平。

3. 中国核动力研究设计院

中国核动力研究设计院（简称"核动力院"）隶属于中国核工业集团有限公司，是中国唯一集核反应堆工程研究、设计、试验、运行和小批量生产于一体的大型综合性科研基地。自1965年建院以来，已经形成包括核动力工程设计、核蒸汽供应系统设备集成供应、反应堆运行和应用研究、反应堆工程实验研究、核燃料和材料研究、同位素生产和核技术服务与应用研究等完整的科研生产体系。

核动力院现有各类专业技术人员2400余人，中高级工程师及以上技术人员1900余人，中国工程院院士4人。全院建立了90多个实验室，其中2个国家级重点实验室，2个国家级能源研发（实验）中心，涉及50多个工程专业和学科。迄今为止，全院共有1500多项科研成果获得国家和省部级奖励，获得100多项授权专利，设有多学科的硕士、博士授权点和博士后流动站。

（八）西　安

1. 西北有色金属研究院

西北有色金属研究院（简称"西北有色院"）始建于1965年，是20世纪60年代我国在三线重点投资建设的稀有金属材料研究基地和行业技术开发中心，是国家首批转制的242家科研院所之一、全国全面创新改革试点单位。2015年被陕西省委省政府确定为"一院一所"创新发展模式的典型示范单位。2020年被陕西省委省政府定位为"新型科研机构"。

西北有色院探索形成了"三位一体、股权激励、资本运作、母体控股"的发展模式，建立了14个研究所、中心和1个国家重点实验室，建设了19个国家级创新平台，组建了45家产业公司（1个主板、2个科创板、1个北交所、3个新三板上市），地处西安、宝鸡、铜川三地八区，占地4000余亩（约267 hm^2），总资产320亿元，职工近7000人，其中博士470余人、硕士1500余人，2位院士在内的国家级人才35人次，省部级人才140余人次。2023年综合收入

216亿元，综合指标连续多年位居全国转制院所前列，先后荣获全国先进基层党组织、全国五一劳动奖状、全国专业技术人才先进集体、国家创新人才培养示范基地等荣誉。

西北有色院坚守保障国家稀有金属核心材料和技术自主可控的初心使命，先后承担国家和省市重点科研项目4000余项，取得国家级成果奖励近40项、省部级以上成果440余项，获授权专利3000余件，发表论文9000余篇，为我国航空、航天、舰船、核工业等重要工程研制关键用材，解决了诸多稀有金属材料领域"卡脖子"问题。

2. 西安航天复合材料研究所

西安航天复合材料研究所成立于1970年5月，工业建筑面积3.5万平方米，资产总量3亿元，在各类结构复合材料、功能复合材料的研究、开发、生产、分析、监测方面具有雄厚的技术与设备实力。

现有职工1000余人，拥有300多名专业技术人员，其中省部级专家、学术学科带头人和研究员20余人，博士、硕士50余人，技师250余人，构成了一支知识层次较高、专业结构合理、能力突出的职工队伍。该所是材料学、材料加工工程两个专业的硕士授予点，中国玻璃钢学会、中国玻璃钢工业协会、中国电工技术学会理事单位，先后获得全国科学大会奖和国家金质奖、银质奖、科技进步奖以及省部级科技进步奖140多项。西安航天复合材料研究所已发展成为一个集研究、开发、生产于一体的多学科、综合性复合材料及工艺研究所。优秀的人才、先进的技术、精良的装备，构成了该所在复合材料专业领域的特色和优势。

3. 西安稀有金属材料研究院有限公司

西安稀有金属材料研究院有限公司（简称"稀有院"）是由西北有色金属研究院发起，经陕西省批准筹建的陕西省稀有金属材料创新中心及陕西省先进稀有金属材料共性技术研发平台双省级创新平台依托单位和建设单位，是一个全新模式、全新体制的高层次、高水平科技创新单位。

稀有院2017年12月21日注册，由西北有色金属研究院联合西安经发控股（集团）、西部材料公司、西部超导公司、西安凯立公司、西部宝德公司等单位发起成立，由周廉院士出任首任院长。稀有院与上海大学、兰州大学、西安建筑科技大学、西安科技大学、西安石油大学、西安理工大学、西安工业大学、辽宁工业大学等高校，中国核电工程公司、中国原子能工业有限公司、中核陕铀公司等企业、院所各类创新主体开展深度战略合作。

稀有院秉承开放、共享创新模式，组建了数个研究机构，以周廉院士为代表，由多位院士和科技界杰出青年学者组成专家团队，聚焦我国核材料、能源材料、航空航天及海洋工程急需的高端关键材料，为解决国家战略领域和产业发展关键瓶颈问题提供支撑，打破国外垄断。

三、国内新材料重点支持领域

我国正处于战略转型期，亟须开辟新的经济增长点，并提高环境承载能力，这为我国新材料的大发展提供了难得的历史机遇。在转型升级和新型工业化发展的交会时期，对新材料的战略需求特别突出。

《新材料产业发展指南》提出，要紧紧围绕新一代信息技术产业、高端装备制造业等重大需求，以耐高温及耐蚀合金、高强轻型合金等高端装备用特种合金，反渗透膜、全氟离子交换膜等高性能分离膜材料，高性能碳纤维、芳纶纤维等高性能纤维及复合材料，高性能永磁、高效发光、高端催化等稀土功能材料，宽禁带半导体材料和新型显示材料，以及新型能源材料、生物医用材料等为重点，突破材料及器件的技术关键，提高材料成品率和性能稳定性，实现产业化和规模应用。

《中国制造2025》提出的重点领域技术路线进一步明确了新材料领域的重点发展方向，包括高端装备用特种合金、高性能分离膜材料、高性能纤维及复合材料、新型能源材料、新一代生物医用材料、电子陶瓷和人工晶体、稀土功能材料、先进半导体材料、显示材料等。下面对我国重点支持新材料领域进行相关介绍。

（一）新能源电池材料

随着全球气候变化对人类社会构成重大威胁，越来越多的国家将碳中和上升为国家战略，我国基于推动实现可持续发展的内在要求，提出了"双碳"目标愿景。随着我国新能源和电力行业的快速发展，如何高效、稳定、环保利用电能对能源技术变革乃至国民经济发展十分重要。我国新能源汽车销量在近年来高速增长，占全球总销量的一半。

《中国材料科学2035发展战略》中提到，2025年我国纯电车电池能量密度达 400 Wh/kg，预计到 2035 年电池能量密度将达 600 Wh/kg。因此，开发高容量、高倍率、低成本、稳定性高的金属电极材料成为电池领域的重要研发方向，对于我国提升电池领域的核心竞争力至关重要。钠、镁、锌、铝、钾等离子电池的研究和应用逐步兴起，应用前景巨大，但也存在能量密度低、循环寿命短等问题，仍需要深入开发和研究。

（二）先进陶瓷材料

先进陶瓷作为新材料领域重要组成部分，先后进入《战略性新兴产业重点产品和服务指导目录》《工业"四基"发展目录》《产业关键共性技术发展指南》《战略性新兴产业分类》《产业结构调整指导目录》，成为国家新兴产业发展规划的重要一环。先进陶瓷等新材料为我国发展壮大新一代信息技术、高端装备、新材料、生物、新能源汽车、新能源、节能环保、数字创意等战略性新兴产业提供了基础支撑。

"十四五"时期，我国继续推动先进陶瓷等新材料产业技术向国际领先水平发展。先进陶瓷已逐步成为新材料的重要组成部分，成为许多高技术领域发展的重要关键材料，备受各工业发达国家的极大关注，其发展在很大程度上也影响着其他工业的发展和进步。先进陶瓷由于特定的精细结构和高强、高硬、耐磨、耐腐蚀、耐高温、导电、绝缘、磁性、透光、半导体，以及压电、铁电、声光、超导、生物相容等一系列优良性能，被广泛应用于国防、化工、冶金、电子、机械、航空、航天、生物、医学等国民经济的各个领域。

（三）碳纤维新材料

碳纤维（Carbon Fiber，CF）凭借优异的物理和化学性能，被称为"新材料之王"。碳纤维是由聚丙烯腈（PAN）在 1000 ℃以上的高温环境下裂解碳化形成碳主链结构的无机纤维，是一种含碳量高于 90% 的无机高分子纤维。碳纤维具有出色的力学性能和化学稳定性，密度比铝低，强度比钢高，是目前已大量生产的高性能纤维中具有最高比强度和最高比模量的纤维，并具有低密度、耐腐蚀、耐高温、耐摩擦、抗疲劳、电及热导性高、热及湿膨胀系数低等特点，是发展国防军工与国民经济的重要战略物资。耐腐蚀、耐高温、膨胀系数低的特点使其成为恶劣环境下金属材料的替代材料；导电导热特性拓展了其在通信电子领域的应用；作为目前实现大批量生产的高性能纤维中具有最高比强度和最高比刚度的纤维，碳纤维是航空航天、风电叶片、新能源汽车、交通运输、体育休闲等具有轻量化需求领域的理想材料。

（四）超导材料

高性能超导材料具有超导零电阻、大电流密度、外磁场下更高的性能等特点，主要包括稀土钡铜氧超导材料、铜系超导材料、钇系铜基超导材料、铋系超导材料、MgB_2 超导材料、Nb_3Sn 超导材料、超导同轴缆材等；在节能与新能源汽车、电力装备、核工程、轨道交通等领域具有较大应用潜力。

（五）先进 3D 打印材料

采用 3D 打印技术制备的先进金属、结构与功能陶瓷、纤维复合等材料，具有优异的强度、塑韧性、疲劳性能、耐高温、耐腐蚀等性能，在航空航天装备、高端医疗器械等领域广泛应用。

（六）石墨烯

石墨烯具有优异的光、热、力、电性质，兼具良好的化学稳定性，包括高导电石墨烯铜基复合材料、石墨烯电极材料等，在轨道交通、航空航天装备、新能源、新一代信息技术等领域受到广泛关注。

（七）先进光学晶体材料

先进光学晶体材料是具有高反射率、高透过率和特定折射率等优异光学性能的晶体材料，包括氟化硼酸盐深紫外非线性光学晶体、中远红外非线性光学晶体、新型电光及磁光晶体材料等，在新一代信息技术等领域具有重要地位。

（八）液态金属

液态金属是熔点在室温附近的金属或合金，集金属与液体特性于一体，同时具有导电性强、热导率高、液态温区宽等特点，包括镓基液态金属，铋基/铟基/锡基低熔点合金、功能性液态金属复合材料等，在消费电子、智能机器人、新能源等领域具有重要应用。

（九）高熵合金

高熵合金具有强烈的晶格畸变效应、迟滞扩散效应，易获得高强度、高硬度、抗磨损、耐腐蚀和抗辐照等优良性能，包括高阻尼高熵合金、耐蚀高熵合金、轻质高强高温高熵合金、超低温高熵合金、耐辐照高性能高熵合金等，在能源动力工程、航空航天与深空探测装备、核工程等领域受到广泛关注。

（十）金属有机氢化物

金属有机氢化物是金属阳离子和有机阴离子组成的化合物材料，具有较高的储氢容量、理想的储氢热力学性质、较好的安全性等性能，包括吲哚锂等金属有机氢化物，在节能与新能源汽车等领域具有潜在应用价值。

（十一）钙钛矿材料

钙钛矿材料是具有钙钛矿结构和光电特性的一类材料，包括有机金属卤化物钙钛矿光伏材料、全无机卤化物钙钛矿量子点、卤化物钙钛矿单晶等，在新一代信息技术、新能源、精密光学等领域受到广泛关注。

（十二）二维半导体材料

二维半导体材料是具有超薄（原子尺度）、带隙适中、高迁移率、低温后道工艺兼容、可后端集成等优点的半导体材料，最大限度抑制短沟道效应，符合异质集成趋势，在新一代信息技术等领域具有较大潜在价值。

（十三）负膨胀合金材料

该材料是采用相变或复合方式获得的负热膨胀效应的新型因瓦效应类合金或金属基复合材料，具有轻质、耐蚀、宽温区、低膨胀至负膨胀可调节等特点，并具有一定的机械强度，在智能机器人、新一代信息技术等领域受到广泛关注。

（十四）单/双壁碳纳米管

单层或双层结构的蜂巢状一维纳米空心碳管，是发展潜力大的轻质高强材料，具有超高的电导率、机械性能和热物理等性能，在航空航天装备、新一代信息技术等领域受到广泛认可。

（十五）高性能气凝胶隔热材料

纳米级多空固态材料，具有低密度、高比表面积、高孔隙率、低热导率、结构可控等优异性能，在新能源汽车、航空航天装备等领域得到广泛应用。

（十六）吸波材料

吸波材料是指能把投射到其表面的电磁波，通过介质损耗把电磁波能量转化为热能或其他形式能量的材料，也被称为隐身材料。由此引出了吸波材料的两个基本条件：一是入射电磁波最大限度地进入材料内部，而不是在其表面就被反射，即要满足材料的阻抗匹配；二是进入材料内部的电磁波能量几乎全部被衰减掉，即衰减匹配。因此，好的吸波材料几乎不反射电磁波，而是将它们吸收到内部并全部衰减掉。这两个基本条件几乎成为科学家设计吸波材料的指导方针。

隐身材料的研制和应用水平成为评价一个国家隐身技术先进性的重要指标，我国正为该行业发展保驾护航。由于隐身材料技术涉及重大军事材料的研制，国外在该项技术方面对我国实行严密的封锁，我国研究机构及参与企业难以取得可以借鉴的技术信息，其具体实现的技术路线较少公开报道。整体来看，隐身能力已成为衡量现代武器装备性能的重要指标之一。世界军事强国的武器装备隐身化呈现出从部分隐身到全隐身、从单一功能隐身到多功能隐身、从少数武器装备隐身到多数主战兵器装备隐身的循序渐进的发展趋势，而且隐身技术正朝"多频谱、全方位、全天候、智能化"的方向发展。

第二章　辽宁省新材料产业发展概述

辽宁省是材料传统大省，也是新材料生产和需求大省。产业基础深厚，矿产资源丰富，科技资源优势明显，发展新材料工业具有十分优厚的基础条件。在精品钢材、功能陶瓷材料、新型膜材料及新型建材等新材料领域具有显著优势，形成了以基础研究、应用研究及产业化协同发展的新格局，产业总量与规模呈现良好的发展态势。

2022年，辽宁省持续推进新材料产业的高质量发展，通过持续引进上下游项目，拉长产业链条，依托工业园区、特色产业基地等重要载体，不断突破关键技术，提高工艺制造水平，着力建设具有较强竞争力的新材料产业集群，为新材料产业发展提供了良好的产业基础和广阔的市场空间。新材料产业整体稳中向好，呈现以下特点。

①产业技术与创新取得新成绩。东北大学作为第一单位牵头完成的项目"高品质特殊钢绿色高效电渣重熔关键技术的开发和应用"获2019年度国家科学技术进步奖一等奖；"高品质带钢冷轧智能化核心技术创新与产业化应用"等多项成果获省级科技进步奖。鞍钢集团主导制修订、发布2项国际标准，获中国标准创新贡献奖；中国科学院金属研究所获得辽宁省技术发明奖一等奖；中国科学院大连化学物理研究所获辽宁省自然科学奖一等奖。钢铁及有色金属行业提高智能制造和融合创新水平，全力打造万亿级钢铁产业基地；石油化工产业优化炼化产能结构，重点发展11大类精细化工及化工新材料产品，全力推进世界级石化产业基地建设。

②新材料行业重点企业增长趋势强劲。恒力石化、鞍钢股份、本钢板材等新材料领域企业持续表现出色，位居辽宁省上市公司营业收入前十名。专精特新梯度培育企业认定的新材料相关企业产品和技术达127项，新增专精特新企业超40家，"小巨人"企业达27家，显示出较强的实力和发展潜力。

③多层次、多领域、全链条科研创新体系支撑作用明显。沈阳材料科学

国家研究中心、中国科学院金属研究所、中国科学院大连化学物理研究所、东北大学、大连理工大学等创新主体科研力量强劲，拥有一批国内外影响力较强的顶尖人才、重点实验室和创新平台，形成并储备了一批关键核心技术。已有部级研究中心1个，国家重点实验室4个，国家工程技术研究中心2个，省级重点实验室71个，省级工程技术研究中心136个，产业共性技术创新平台4个，产业专业技术创新平台41个，省级以上企业技术中心82个，覆盖省内各大高校、科研院所及重点企业。

本章梳理了辽宁省新材料产业发展状况，分别对金属新材料、化工新材料、无机非金属新材料、前沿新材料等进行资料整理和归纳。

第一节 金属新材料

金属新材料是辽宁具有突出优势的重要产业。鞍钢、本钢、抚顺特钢等新材料重点企业生产的高性能海工钢、镍基高温合金、高强度无取向硅钢等产品先后承担多项国家军工和民用的重大科技专项，高质量完成载人航天、跨海大桥、核电设施等重大工程项目。

汽车用超高强钢板、关键基础零部件用钢、高性能海洋工程装备及高技术船舶用钢、高性能电力装备用钢等特殊钢材，高温合金、超纯合金、镍基合金等高端合金材料，航空航天、交通运输用高性能铝合金材料，电子及新能源用高性能铜合金材料，航空航天用高性能钛合金材料，高性能镁合金等轻合金材料是发展重点。

辽宁金属新材料产业聚集趋势明显。钢铁新材料企业主要分布在鞍山、本溪、营口、抚顺和朝阳等地区，形成了以鞍钢、本钢为依托的精品板材基地，以东北特钢为依托的优质特殊钢和装备制造业用钢基地，以及以凌钢、抚顺新钢为依托的新型建筑钢基地。有色金属新材料分布相对集中，在辽阳、营口、盘锦和葫芦岛等地区建设铝材及精深加工产业基地；以中冶葫芦岛有色金属集团公司为龙头，铜、锌深加工产业形成优势；在沈阳、锦州、朝阳等地，正逐步建成航空航天领域用钛合金线、棒、管、板等钛及钛合金加工材料的产业集聚区。

一、产业化

科研成果落地转化工作推进不断取得成效。高性能海洋工程和船舶用钢、高速重载高强度钢轨、车辆车体用耐候耐蚀钢、新一代超高强汽车钢、热冲压用镀层板、超高强帘线钢等先进轨道交通用钢、新型汽车用钢、核电机组压水堆内构件用钢、水电机组用大轴锻件钢与蜗壳用钢、高性能电工钢、高性能油气钻采及输送用钢等，具有较高的技术水平和市场影响力。

1. 鞍钢集团履行高水平科技自立自强使命担当，关键核心技术攻关一期任务按期高质量完成

鞍钢科学技术协会搭平台、建纽带，与辽宁材料实验室共建产业技术创新中心，与伯明翰大学成立联合研究中心，组建11个联合研发技术团队，研发体系效能不断提升，一批关键技术和产品取得新突破，全球首套绿氢零碳流化床高效炼铁新技术示范项目在鲅鱼圈分公司开工建设；特厚高强度核电安全壳用钢、热轧抗氧化免涂层热成形钢、LP变厚度钢板等产品全球首发；高强耐磨过共析钢轨突破国外技术壁垒；成功开发国内宽幅最大的0.1 mm厚度"手撕钛"产品；"基于低碱高硅球团的低碳排放高炉炉料解决方案及其应用"获世界钢铁协会第13届"Steelie"低碳生产卓越成就奖，鞍钢成为唯一获奖中国企业。荣获行业和省部级科技奖37项，获第23届中国专利优秀奖。主导制修订、发布2项国际标准，获中国标准创新贡献奖。

2. 本钢集团重视知识产权，成效显著

本钢集团聚焦绿色低碳发展战略，围绕我国钢铁产业链发展"涂层专利"等"卡脖子"难题，结合"热冲压钢特色系列产品"品牌优势，在自主知识产权产品研发和专利技术转化产品生产两方面下功夫。在自主知识产权产品研发方面，本钢集团整合鞍钢和本钢优势资源，由本钢技术中心牵头，开发具有自主知识产权的低碳排放全新一代热冲压系列产品，开展了2.0 GPa热冲压锌铝镁涂层产品研究与开发、1.5 GPa预氧化热冲压钢PHS1500P产品开发、1.7 GPa超高强商用车热冲压车轮用钢研制及加工技术开发等工作，进一步布局未来产业链发展，为鞍钢集团加快建设世界一流企业贡献"本钢力量"。在专利技术转化产品生产方面，本钢集团与东北大学和通用汽车中国科学研究院共同合作开发的热轧抗氧化免涂层热成形钢CF-PHS1500实现全球首发。本钢集团基于装备和技术优势，大幅降低镀锌双相钢DP780+Z和DP590+Z生产成本，产品市场竞争力显著提升，2022年产量比2021年增加2.6倍。同时，成功开发热镀锌增强塑性成形性双相钢CR330Y590T-DH，填补本钢镀锌DH钢领域空白。

3. 东北特钢研制和试制批量化生产取得成果

东北特钢成功试制及批量化生产可替代进口的软磁合金 JMFeCo16 棒材，产品实物质量达到国际水平。成功研制高端医用不锈钢丝 1RK91，产品各项技术指标均符合标准要求。该产品的成功生产，为下游客户提供了医用缝合针国产化材料，并为全面实现该材料国产化奠定了坚实的技术基础。近年来，东北特钢大连特殊钢制品有限公司坚持以创新思维引领发展，不断加强产学研合作，提升自主研发与科技创新能力，致力于双金属锯条的研制开发并取得突破性进展。公司拥有品质精良、品种最为齐全的双金属机用锯条、手锯条、往复锯条、曲线锯条等多种规格的高端五金工具产品，成为目前国内规格齐全、品种丰富的锯条生产企业。

4. 抚顺特钢重点产品形成系列

抚顺特钢已拥有高温合金、超高强度钢、不锈钢、工模具钢、高速工具钢、高档汽车钢、高档机械用钢、钛合金、轴承钢等重点产品，5400 多个牌号的特钢产品。近年来，抚顺特钢在"三高一特"等新产品研发方面不断取得重大突破，得到了国内航空航天领域和高端装备制造业的认可，已经陆续替代进口，打破了国外企业垄断。为了打造全流程技术营销服务链，抚顺特钢积极与终端客户开展合作，先后与上汽变速器、法士特、中达新材合作成立联合实验室，与江苏常宝成立联合研发中心，打通了全流程技术营销服务链的全部节点，为增加抚顺特钢产品的市场份额打下了坚实基础。抚顺特钢积极布局新能源汽车领域，加快汽车钢开发应用，引进先进的检测设备，对标国外技术，实现了磁性能材料的技术突破，先后完成了以 1.4418，430FR，1.4313 为代表的 10 余种不锈钢产品的开发和认证工作。

5. 凌钢集团获辽宁省第九届省长质量奖金奖，凌钢"质量强企"获得充分肯定

凌钢 HRB600 高强钢筋是绿色低碳、高附加值产品。上海浦东国际机场南区地下交通枢纽工程项目建筑钢材需求量共约 5.1 万吨，其中，HRB600 高强钢筋计划需求量约 2.2 万吨，占比达到 43%。凌钢高强度螺纹钢是国家免检产品，屡次中标国家重点工程，在建筑行业具有较高的知名度。

6. 抚顺新钢铁有限责任公司高强钢筋开发工作再上新台阶

抚顺新钢成功开发出 600 MPa 级高强钢筋，为后续国标 HRB600 级钢筋的开发及韩标 SD600 级钢筋的认证积累了经验，也为开发高级别钢筋打下了良好的技术基础。

7. 东北大学与育材堂（苏州）材料科技有限公司联合研发，突破国际技术垄断

全系列高韧性铝硅镀层热冲压钢（1000/1500/2000 MPa）搭载于长城汽车等量产车型上。该系列产品首次解决了热冲压钢韧性不足和延迟开裂两大难题，打破了国际技术垄断，达到国际领先水平。高韧性铝硅镀层热冲压钢技术的突破，极大地推动了热成形技术的进步，真正解决了汽车行业"卡脖子"技术难题。

8. 辽宁卡斯特研发中心 DXR 床稳定量产，产品表现达到客户严格的要求

该公司 Collimator 产品的成功研发，填补了国产高端 DXR 限束器的空白，产品质量达到国际领先水平。

9. 辽宁紫竹集团有限公司新品签国网订单

该公司生产的特高压输变电铁塔用钢 22#~30# 大规格角钢成为国内仅有的两家国网指定入围产品，并与多家业内知名铁塔制造企业签订项目订单。目前，该产品已应用于白鹤滩水电站、青海—河南线、陕北—湖北线等多个国家重点工程。紫竹集团与中交集团、中铁集团合作开展的世界级新产品大跨度钢桥用 U 形肋，在港珠澳大桥、厦门二通道、深中通道等国内超级大工程上使用。

二、研发领域

辽宁金属新材料研发实力优势明显。中国科学院金属研究所在高温合金、钛合金、特种合金、钢铁、铝合金、镁合金等先进新材料领域，开展了材料的成分设计、结构表征、制备加工、性能测试和使役行为研究等工作，在纳米金属新材料、材料微观结构表征、疲劳断裂行为等领域形成一系列国际上有影响

的创新性成果。东北大学轧制技术及连轧自动化国家重点实验室开展了高品质钢铁、有色金属新材料的开发等科研工作，为辽宁冶金工业发展提供核心技术。沈阳铸造研究所有限公司在铸造有色合金材料、高温合金材料、铸造复合材料等新材料的研发方面作出了突出贡献。金属新材料研发促进了载人航天、航空、跨海大桥、高铁列车、核电等重大关键材料攻关，为我国的经济发展和国防建设作出了重大贡献。

辽宁省金属新材料领域的各类科技创新平台已覆盖区域内重点高校、科研院所及重点企业60余个。其中，沈阳材料科学国家研究中心1个，轧制技术及连轧自动化国家重点实验室、高端装备轻合金铸造技术国家重点实验室、海洋装备用金属材料及其应用国家重点实验室等5个，国家工程技术研究中心4个，省级重点实验室18个，省级工程技术研究中心25个，产业专业技术创新平台10个，产业共性技术创新平台2个。

2022年，金属材料领域重要研发取得相应进展。

1. 中国科学院金属研究所材料在梦天实验舱任务中获应用

该所研制的新型铝基复合材料应用在太阳翼柔性展开机构关键部件、多个实验机柜转接件、电源散热载体、空间冷原子钟组光学基板等功能部件。马宗义团队针对梦天实验舱太阳翼柔性展开机构所需关键部件要求，开发出各向同性碳化硅颗粒增强铝基复合材料中厚板可控塑性变形加工技术。该材料具有低密度、高强韧性、高耐磨、良好阻尼性能及耐疲劳等优点，替代传统铝、钛等合金，可实现优异的轻量化加工制造，承受住发射过程中的震动疲劳及磨损等，并使零件减重20%以上，产品批次间性能差异小于5%，解决了太阳翼展开机构关键部件无材可用的难题。该成果获得2022年辽宁省技术发明奖一等奖。

2. 鞍钢公司、东北大学等单位共同完成的苛刻环境含Sb低合金耐蚀钢系列产品开发及关键技术创新项目取得最新进展

该项目属于钢铁材料加工制造工艺技术领域，所涉及科技成果为苛刻环境含Sb低合金耐蚀钢系列产品的设计、冶炼、连铸、轧制等生产工艺技术，焊材配套开发，耐腐蚀机理及评价，突破传统高强耐蚀钢近50年停留在耐大气腐蚀设计思维，建立了添加Cr, Ni, Cu, Sb等元素的复合优化成分体系，实现了传统耐候钢合金设计理念的创新；开发了含Sb低合金耐蚀钢冶炼—加

热—轧制—冷却全流程优化控制技术，工艺稳定，钢板的性能优于国内外同类产品实物水平。发现了 Sb 和 Cr 协同在锈层中富集，并形成致密锈层，显著阻碍浸蚀性离子传输并更加耐硫酸根和氯离子的腐蚀；采用先进原子探针分析技术与透射电镜技术相结合，在原子尺度上揭示苛刻腐蚀环境下表面膜微观结构的耐蚀机理。产品具有优异的耐蚀性能，同时具有高强度、高韧性、易焊接及优异的冷成型性能。项目取得多项发明专利、国家标准、科技论文等自主知识产权，具有原创性和先进性。该项目所形成的全流程关键技术创新达到国际领先水平，填补了国内空白，极大地提高了我国钢铁材料、铁路运输装备的国际竞争力，在煤气管网领域首创示范效应。该项目获得 2022 年辽宁省科学技术进步奖一等奖。

3. 东北大学、鞍钢股份有限公司、燕山大学、中国重型机械研究院股份公司、北京科技大学、鞍钢集团信息产业有限公司等单位共同完成的高品质带钢冷轧智能化核心技术创新与产业化应用项目取得重大突破

立足于冷轧带钢精整生产线核心装备与关键技术的国内自主设计与开发，研发了冷轧带钢剖分拉矫重卷检查机组及相应工艺、边部质量、板形与表面质量综合控制技术，解决了中剖浮动纠偏和单卷取工艺等难题。研发出一套重卷、拉矫、切边、中剖、检查、涂油、分卷集成于一体的冷轧带钢精整机组，解决了中剖浮动纠偏和单卷取工艺、机组参数优化、高速稳定运行、产品质量精准控制等难题，实现了精整生产线核心装备及工艺国产化，机组速度达到 400 m/min。开发出圆盘剪重叠量、侧向间隙高精度调整机构与精整机组边部修磨装置，建立了基于专家系统与大数据支撑的剪切工艺数据库，研发了以质量控制为目标的剪切工艺智能综合优化技术，重叠量调整精度达到 0.01 mm，侧向间隙调整精度达到 0.005 mm，切边宽度精度达到 0.3 mm，边部缺陷控制在 0.023% 以内。该项目获得 2022 年辽宁省科学技术进步奖一等奖，已获授权发明专利 18 项、软件著作权 10 项，发表论文 13 篇。

4. 辽宁工业大学常国威团队完成了制备超低温高韧性球墨铸铁核心技术

为扭转我国铁路高速动车、城际动车的车辆转向架轴箱转臂及转臂箍等关键配件都依赖国外进口，成本高，供货时间受制约，没有自主权的局面，替代进口，创造"中国标准"高铁品牌，该团队分别在成分、冶炼工艺和热处理工艺等方面创新突破，采用新型复合孕育剂与孕育处理、彻底消除材料中的磷共晶、细化铁素体等技术，开发的高端球墨铸铁在超低温下具有高强度、高韧性、高抗疲劳性能（在 –40 ℃以下冲击功达到 13 J 以上，屈服强度 >250 MPa，抗拉强度 >410 MPa，延伸率 >20%），同时具有减振性好、收缩、应力、变形、裂纹少、流动性、薄壁化、轻量化等特性，是新型球墨铸铁在高速铁路动车组上的首次应用，填补了国内空白。研发成果获辽宁省科技重大专项支持，并获 2022 年辽宁省科学技术进步奖三等奖。

5. 鞍钢股份有限公司、北京科技大学、辽宁科技大学、烟台中集来福士海洋工程有限公司等单位共同完成了极寒环境用高强韧易焊接海洋装备用钢关键技术创新及工程应用

极地船舶、超深水海工装备建造所需的高强韧性、易焊接、服役安全性高等综合性能优异的钢铁材料是极地装备安全性的重要保障。高端海洋材料的国产化对于支撑我国战略性产业安全具有重要意义。依托国家和企业重大项目，鞍钢等单位的科研力量历经 10 余年研究，建立了全系列高强、耐低温、大厚度极寒环境海工装备用钢生产技术体系，形成满足耐冰凌磨损、高抗断、易焊接的极寒环境用海洋装备用钢的轧制、显微组织调控等关键技术。针对 355~400 MPa 强度级别，采用低碳及低碳当量合金体系，在物理冶金原理及模拟仿真的指导下，利用多阶段控制轧制技术，通过板坯全厚度截面温度场与应变场耦合控制，充分实现奥氏体再结晶细化，获得低碳 – 细铁素体 – 少珠光体组织。其耐冰磨蚀指标优于普通 AH36 产品 4 倍以上；裂纹尖端张开位移 CTOD（–20 ℃）⩾ 2.8 mm，满足极寒与超低温船舶材料设计服役要求。针对 420~550 MPa 钢级 TMCP 厚规格钢板，揭示了合金成分和原始奥氏体尺寸对协变相变变体选择的规律及其对低温韧性的影响，发展了 TMCP 工艺下的全厚度截面奥氏体细化技术，获得表层组织超细化、内部大角度晶界密度均匀一致的 F 级超高强度钢，心部断裂韧性 NDT ⩽ –70 ℃，FATT < –80 ℃，屈强比 ⩽ 0.86，实现了高端海洋用钢国产化、系列化、高品质化。此外，还创新发展了基于异构马氏体/贝氏体组织调控原理及强韧匹配的热处理技术，通过马氏体、高温退火马氏体/贝氏体的比例调控、分布调控，以及晶体学取向调控，开发出屈服强度 700 MPa、抗拉强度不低于 820 MPa、最厚达到 86 mm 的海洋平台用钢，满足了超深水和极寒海域海洋工程装备特殊设计需求。该项目获得 2022 年辽

宁省科学技术进步奖一等奖。

6. 中国科学院金属研究所张哲峰团队开展了金属材料低周疲劳寿命预测理论研究

考虑低周疲劳过程中循环应力和应变均对金属材料造成损伤,同时结合拉伸应力-应变曲线,将加工硬化率和静力韧性作为材料本征参数,引入疲劳损伤因子这一新参量,提出低周疲劳损伤与寿命预测的滞回能模型,揭示了金属材料循环变形损伤本质,实现了从材料拉伸性能预测其疲劳寿命的目标;在此基础上,发展了低周疲劳寿命预测理论,为金属材料抗疲劳设计和构件安全服役提供了科学依据。提出了新的低周疲劳寿命预测与性能评价模型——滞回能模型。在特定条件下,该滞回能模型可分别转化为经典的 Basquin 模型和 Coffin-Manson 模型,进而把两个经典的疲劳寿命预测模型有机地统一起来,达到了从金属材料拉伸性能预测疲劳寿命的目的,进一步发展了低周疲劳寿命预测理论,并将低周疲劳寿命预测理论应用到高温低周疲劳和热机械疲劳寿命预测。基于该滞回能模型,提出抗低周疲劳设计思路与原创性制备方法。从合金成分设计和组织结构调控两方面优化金属材料低周疲劳性能,其核心思想是通过成分(层错能)设计调控塑性变形机制,改变加工硬化率;通过组织设计调控初始微观结构,最后通过梯度构筑调控疲劳裂纹萌生和扩展阻力;基于低周疲劳寿命预测与优化理论,通过抗疲劳设计,使铜合金、高强钢等模型材料以及汽车钢板弹簧等构件疲劳性能大幅提升。该项目在国内外产生了重要影响,推动了低周疲劳寿命预测和抗疲劳设计理论研究,获得 2022 年辽宁省自然科学奖二等奖。

三、问题与思考

1. 问　题

(1)新产品新技术创新性不强

高性能海洋工程用钢和高性能电力装备用钢这类特殊钢铁材料,以及航空航天用高性能铝合金材料和钛合金材料、电子及新能源用高性能铜合金材料等轻合金金属新材料均需大量研发投入。中小型企业承担能力有限,无法进行新产品开发。

（2）产学研用密切度不强

技术研究平台主要集中在大型综合性企业和科研机构，技术交流渠道不多，协同融合不够，各环节契合不强，没有形成良性互动，产学研用衔接没有建立有效机制。

（3）产业园区配套不完善

鞍山经济开发区、沈阳金属新材料产业园、辽阳铝合金精深加工基地等多数是企业在一个地区集聚，企业之间协作交流较少，上下游联系不够紧密，产业集群效果不明显。

2. 思 考

（1）提升产业创新能力

围绕先进钢铁材料、高温合金、高性能铝合金、钛合金、增材制造等重点发展领域，加大基础及前沿科学研究，着力解决关键战略性金属新材料的关键共性技术难题。同时，引导科研院所与企业进行联合攻关，提高金属新材料制造工艺的技术水平。

（2）充分利用高校学科资源，助推新产品研发

依托冶金工程学科，大力开发钒钛磁铁矿、硼镁铁矿、铁铝共生矿等高效综合利用新工艺。依托机械工程学科，研发金属矿产资源智能开采成套装备，构建采选一体化装备创新设计方法。围绕冶金前沿引领技术、关键共性技术和变革性技术，通过组织学科联合攻关，重点培养卓越工程师，为钢铁和有色金属产业发展提供人才和智力支持。

（3）对接国家战略，增强高端产品供给能力

面向航空航天、高技术船舶、军工、石化等领域高端制造和战略性新兴产业对材料的需求，重点发展以高端装备用钢、海洋工程用钢、新一代建筑用钢为代表的高品质特殊钢材料，大力发展铝合金、钛合金、高温合金等高性能有色金属材料，推动高品质铜加工、镁合金加工产业发展，开发更多高附加值产品。

（4）完善配套机制，加强政府服务

做好产业园区设计规划工作，完善基础配套和服务配套，帮助企业协调解决各类诉求。持续优化营商环境，做好科技成果转化的后续跟踪服务工作。加大上下游产业链的核心与缺陷梳理诊断，发挥优势，促进协同，打造园区产业新生态。

第二节　化工新材料

辽宁是全国最早的石化工业基地之一，具备从油气加工、有机化工等上游产业到精细化工新材料的全产业链，形成了包括工程塑料、特种橡胶、高性能纤维、氟材料、电子化学品、复合材料及特种树脂等门类齐全、产品众多的产业体系。重点培育了烯烃、芳烃等精细化工产业链，积极发展催化剂、医药中间体等化工新材料产业，并投入研发高性能合成树脂、特种工程塑料、特种合成橡胶、高端润滑油等高技术含量、高附加值的精细化工产品。

辽宁拥有一批科研技术实力雄厚的化工新材料企业。恒力石化股份有限公司、北方华锦化学工业集团有限公司、沈阳化工股份有限公司、航锦科技股份有限公司等重点骨干企业，在工程塑料、高性能合成树脂、特种橡胶、生物医药、高性能纤维、电子化学品等细分行业和相关领域均具有相当知名度和影响力。辽宁奥克集团占据了40%以上的国内环氧乙烷衍生精细专用化学品市场，并且与辽宁科技大学合作研发出含氟聚酰亚胺薄膜；大连中触媒新材料股份有限公司关于分子筛脱硝催化材料，与行业领军企业德国巴斯夫公司实现了战略合作；中昊光明的高纯电子气体，科研技术水平居国内领先地位；大连金玛硼业是碳化硼、硼酸、硼砂产品质量国家标准起草单位，在国内核用硼材领域具有一定的技术优势。

辽宁化工新材料产业集聚趋势明显，已形成产业集群化、园区化格局。大连、盘锦两大世界级石化产业基地建设纳入全省规划。大连以长兴岛（西中岛）石化产业基地为核心，打造炼油－对二甲苯－精对苯二甲酸－聚酯－差别化纤维产业链；松木岛化工园区发展催化剂、医药中间体、电子化学品等高端精细化工产业。盘锦以辽东湾新区石化及精细化工产业园区为核心，向下游延伸发展有机化工原料、化工新材料和高端专用化学品。利用抚顺、辽阳、沈阳、锦州、营口五个具有竞争力的石化产业基地的力量，整合资源，优化园区产业结构，建设抚顺高新区化工及精细化工园区、辽阳芳烃基地、沈阳化学工业园、锦州石化及精细化工产业基地、营口仙人岛能源化工区。阜新、葫芦岛、鞍山突出氟化工、聚氨酯、煤焦油深加工特色产业。

辽宁拥有在化工新材料行业颇具影响力的众多高等院校，大连理工大学、辽宁石油化工大学、沈阳化工大学等高校，为我国化工新材料产业发展培养了大量高素质人才。高等院校与企业、科研院所组建化工新材料产业技术联盟，打造了一批化工新材料行业重点创新平台，一批关键技术取得突破并正在转化为生产力。

一、产业化

在持续的技术积累和工艺创新下,辽宁化工新材料的工业规模进一步壮大,重点生产企业及产品覆盖石油化工、化学工业、精细化工、煤化工等多个领域。

1.恒力石化股份有限公司两项发明专利获国家知识产权局授权

"一种低线密度聚酯纤维的生产设备及制备方法"通过改进卷绕装置,攻克了超细纤维技术壁垒,解决了国内现有技术难以批量生产的难题。利用该技术批量生产的极细纤维,是国内实现批量生产单丝最细的超细纤维之一,只需1 kg的单丝即可绕赤道一圈。

2.北方华锦化学工业集团有限公司精细化工及原料工程项目列入国家规划重点项目

项目建成投产将对盘锦打造石化及精细化工全产业链、带动上下游产业集聚发展起到不可替代的关键作用,可为辽宁加快建设3个万亿级产业基地提供重要支撑,为中沙能源贸易等领域深化合作奠定坚实基础。项目也是北方工业集团打造海外石油勘探开采—石油贸易—石油化工—精细化工产业链的重要组成部分。

3.沈阳化工股份有限公司研发推出二代氯醋共聚糊树脂

氯醋共聚糊树脂是沈阳化工第一批自主研发的高端糊树脂牌号,广受客户认可。沈阳化工为进一步提升下游客户使用体验,在PVC糊树脂新品方面推出了自主研发的二代氯醋共聚糊树脂,其强度、耐剪切、耐石击、耐磨损性能较第一代产品都有较大提升,广泛应用于耐剪切汽车塑溶胶、地毯背衬黏结剂、耐磨地垫、耐磨印花油墨、柔韧制品等行业。

4.航锦科技股份有限公司石墨合成炉技改项目建成

石墨合成炉技改项目的产品为盐酸(31%)和氯化氢气体,是氯乙烯生产的主要原料。现公司氯乙烯生产采用四台钢制合成炉,装置始建于20世纪五六十年代，没有安全仪表系统（SIS 系统）与 DCS 控制系统，该装置已经不能满足安全、环保的要求。经审慎研究实施技术改造，用石墨合成炉替代钢制氯化氢合成炉，总投资 1300 余万元，采用先进工艺技术，实现 DCS 集中控制，自动点火、现场无人值守，安全环保。

5. 辽宁奥克化学股份有限公司投资建设 20 万吨 / 年环氧衍生绿色能源新材料项目

主要建设 23 万吨 / 年 EOD 装置及配套设施，生产、开发绿色基建材料、新能源材料和绿色表面活性剂等产品。坚持"立足环氧乙烯创造价值"，满足华南、东南亚不断扩大的市场需求，依托中石化海南炼化公司环氧乙烷原料优势资源，快速发展化工新材料产业为海南地方经济作贡献，完善市场营销网络体系，打通现有区位空间格局，释放协同效应。

6. 辽宁科隆精细化工股份有限公司签约超高分散型聚羧酸减水剂用新型聚醚单体工业化制备项目

科隆股份作为生产基地与中国建筑材料科学研究总院有限公司（简称"建材总院"）就超高分散型聚羧酸减水剂用新型聚醚单体工业化制备项目达成合作，开展技术落地和成果转化相关工作，协助建材总院完成新型聚醚单体的分子结构设计验证、优化及工业化制备。双方技术团队已完成新型聚醚的工艺参数优化及中试生产，未来将为超高分散型减水剂在超高性能混凝土中应用提供有力的原料支撑，发挥减水剂在低剂量下的高分散及减水作用。新型超高分散型减水剂水泥适应性广，可以有效减少混凝土收缩，提高混凝土耐久性，填补了国内市场空白，处于国际领先水平。

7. 佳化化学股份有限公司开发出 Puranate 系列亲水预聚体

该产品作为聚氨酯预聚物——异氰酸酯封端的可反应液体，具有极强的亲水性。将该预聚物与水混合，无须添加催化剂或额外加热，仅通过控制添加水的量即可制得不同性能的产品，如泡棉、凝胶、胶水等。因其优良的亲水性可赋予制品亲和表面，可用于医疗泡棉、化妆棉等相关领域。因其可吸收 20 倍于自重的水，且具有保持水分在一定时间内不流失的作用，可用于园艺种植。

8. 朝阳光达化工有限公司主导产品冰河冷媒

该产品应用于制冷行业，有效解决了传统载冷剂腐蚀设备、效能低下、污染环境的三大难题。产品达到世界先进水平，获得中国发明专利，荣获多种奖项。

二、研发领域

面向建设万亿级石化和精细化工基地的规划目标，辽宁科研机构和重点企业在创新研发方面取得丰硕成果。

1. 生物质C—C键和C—O键选择性剪切制备重要小分子醇的催化基础

中国科学院大连化学物理研究所航天催化与新材料研究室研究员王爱琴、中国科学院院士张涛团队在生物质催化转化研究方面取得进一步突破，发现了一种多功能Mo/Pt/WO$_x$催化剂，首次将纤维素高效转化为乙醇。该项目首创了纤维素氢解制乙二醇的催化转化反应，发现了含钨（W）化合物在催化纤维素C—C键选择性断裂反应中的独特作用，并提出了纤维素可以经由先氧化酯化、再加氢还原制备乙醇的二步法。

在此基础上，该项目结合甘油氢解制1,3-丙二醇的催化剂研究，提出了一种新的Mo/Pt/WO$_x$多功能催化剂，将纤维素氢解制乙二醇和乙二醇氢解制乙醇巧妙地耦合起来，实现了纤维素直接氢解制乙醇的过程，乙醇碳收率达到43.2%。该催化剂还表现出优异的稳定性和抗CO中毒性能，使其在未来的实际应用中具有较大的潜力。该成果荣获辽宁省自然科学奖一等奖。

2. 新型固定床渣油加氢体系长效运行机制的创制与实践

由中石化（大连）石油化工研究院有限公司牵头，开发了固定床渣油加氢催化剂体系及级配技术，解决了影响工业装置长周期稳定运行的压降及容金属能力问题，为应用企业带来良好的经济和社会效益。该项目取得了三项主要技术创新成果：一是发明了平缓梯级过渡的S-Fitrap级配技术，使集中沉积物分散沉积于多个催化剂床层，催化剂体系容金属能力提高18%以上，床层空隙率提高10%左右，有效控制床层压降长期处于稳定状态，有利于工业装置稳定运行；二是发明了活性金属径向逆分布负载技术，定向构建了活性位"外少里多"型分布，结合催化剂双峰孔结构，渣油大分子内扩散阻力降低，金属杂质在颗粒内部沉积，提高催化剂的容金属量和抗结焦能力，缓解催化剂因孔口阻塞整体利用率低的问题，发挥催化剂内孔空间，使催化剂容金属量提高 15% 以上；三是创制了耐金属/积炭能力强、空隙率高的脱硫/脱残炭催化剂，较同类参比剂空隙率高 10%，催化剂在密相装填模式下，仍可以保持较低压降水平，相同条件下，床层压降较同类参比剂低 30% 以上，整体脱杂质率约高 5%。

3. 新一代大规模全钒液流电池关键技术及应用

中国科学院大连化学物理研究所基于液流电池相关研究成果与多家企业开展"产、学、研"合作、建立联合研发平台，推进技术成果转化应用。在国内外先后实施了液流电池储能系统近 20 项商业化示范项目，合同总额超过 30 亿元，新增销售额 7.1 亿元。建成全球最大的 100 MW 级液流电池储能调峰电站，完成投资超过 10 亿元。实现了液流电池在发电侧、输配电侧及用户侧储能领域的广泛应用，带动了储能产业上下游的发展，形成了良好的储能集群效应，促进了我国储能行业的技术进步、区域创新和新能源产业发展，为我国能源结构调整，实现碳达峰、碳中和目标提供了重要技术支撑。该成果荣获辽宁省技术发明奖一等奖。

三、问题与思考

1. 问 题

辽宁是石化大省，化工产业起步较早，门类齐全。然而，市场规模相对有限，呈"头重脚轻"之状，"油头大、化尾小"，产品附加值低。

（1）产能过剩

辽宁的化工新材料行业中部分领域已处于结构性过剩状态，中低端产品过剩，而高端产品供给不足，部分中低端的大宗产品已进入低利润或者零利润时代。辽宁省的合成橡胶、丙烯、对二甲苯、乙二醇、聚氯乙烯等产能过剩行业的转型升级和结构调整任务艰巨。

（2）市场竞争更加激烈

辽宁超过 70% 的精对苯二甲酸、75% 的合成树脂和 80% 的表面活性剂销往华东、华南、华北等市场。国家规划布局和建设的舟山浙江石化二期、烟台裕龙岛、古雷石化、湛江石化、镇海炼化、大亚湾中海壳牌三期等拟建和扩建的产能，给以省外市场为主的辽宁化工材料产业形成冲击。

（3）企业环保意识薄弱

化工新材料产品生产复杂、过程长，工业废水成分复杂、处理难度高，成本控制任务艰巨。企业在原材料价格上升、利润空间受挤压的情况下，生产过程产生的大部分废弃物达不到排放标准，对空气质量、水源质量等威胁极大。

2. 思 考

优化升级化工基础和产业链水平，建设具有国际竞争力的万亿级石化和精细化工产业基地，需整合产能，大力发展高端专用化学品和化工新材料。完整准确全面贯彻新发展理念，主动融入和服务新发展格局。

（1）充分发挥比较优势，打造高质量发展主引擎

全面建设大连、盘锦两大世界级石化产业基地；盘锦以辽东湾新区石化及精细化工产业园区为核心，向下游延伸发展化工新材料；提升抚顺、辽阳、沈阳、锦州、营口五个具有竞争力的化工新材料产业基地。在现有产业基础上，进一步整合资源，优化园区产业结构，重点推进建设抚顺高新区化工及精细化工园区、辽阳芳烃基地、沈阳化学工业园、锦州石化及精细化工产业基地、营口仙人岛能源化工区；着力打造阜新、葫芦岛、鞍山三个特色石化产业基地，突出氟化工、聚氨酯、煤焦油深加工特色产业，提高竞争力。

（2）两翼协同，统筹推动发展

"渤海翼"营口、盘锦、锦州、葫芦岛和"黄海翼"丹东两翼协同创新、协同改革、协同开放，为高质量发展奠定坚实基础。支持"渤海翼"锦州、营口、盘锦三市建设辽河三角洲高质量发展试验区，推动"黄海翼"大连庄河、丹东东港协同发展。进一步推进"一核"与"两翼"优势产业统筹培育、资源要素统筹配置、基础设施统筹建设、公共服务统筹布局，促进形成布局合理、衔接高效的发展格局。向上游延伸发展多元化的原料配套，向下游充分延伸产业链，使化工产业与下游应用领域充分靠近，形成上下游发展一体化、资源利用一体化的发展格局，最终发展成为特色化、高端化、绿色化、集约化、一体化发展的高端化工新材料产业园区。

（3）着力培育专业精细化工园区

推动科研优势转化为产业优势，推进大连市建立催化剂专业园区，盘锦市建设化工新材料专业园区，鞍山市建设煤焦油深加工专业园区等。继续开展协同创新和产学研用合作对接。建立辽宁省石化产业技术研究机构，结合事业单位调整，联合高校、科研机构、重点企业组建石化产业技术研究机构，开展协

同攻关，为企业高质量发展提供指导。推进中国科学院大连化学物理研究所等科研单位，加强关键核心技术攻关，突破一批"卡脖子"技术，形成一批具备产业化条件的成果在省内转化。

（4）推动协调和产学研用协同

加强科研院所和企业的紧密对接，促进企业及时了解辽宁省内重点科研院所的成熟技术。建立一批由企业、科研院所和高校共同参与的产业技术联盟，组建一批行业重点创新平台，争取在关键技术上取得突破并转化为生产力。学习国外先进经验，在科研单位和企业中间成立第三方技术转移中心，帮助双方寻找需求结合点，推进成熟科研成果在本地实现产业化。

第三节 无机非金属新材料

辽宁无机非金属新材料具备一定的产业基础，在国民经济和国防军工各领域的应用不断扩大。通过落实多项举措，无机非金属新材料产业发展步伐加快，形成了包括特种陶瓷、特种玻璃、纤维材料、功能材料等的无机非金属新材料产业体系。在先进陶瓷材料领域，重点发展碳化硅材料、电子陶瓷材料、氧化锆及氧化铝陶瓷结构件、氮化硅陶瓷基板、陶瓷滤波器、氮化硅结构陶瓷、高氮复合陶瓷、氮化铝及硅酸铝陶瓷材料及其制品、氮化硼陶瓷等陶瓷材料。在先进玻璃及玻璃纤维领域，大力发展低辐射（Low-E）玻璃、TCO导电玻璃，开展抗菌玻璃、自洁隔热节能玻璃、纳米复合功能玻璃生产。在先进半导体材料领域，发展刻蚀用单晶硅材料，深耕刻蚀用硅材料领域，稳固行业领先地位。

企业主要分布在鞍山、本溪、锦州、盘锦等地区。鞍山拥有方腾光电、大华显示等多家相关企业，形成电池、激光及光电显示等"新字号"产业链发展格局。本溪拥有玉晶玻璃、福耀玻璃、金晶玻璃等企业，重点建设了高端汽车智能玻璃生产线、汽车成品玻璃钢化生产线、液晶显示玻璃生产线，围绕建筑、家电、汽车等产业，大力发展汽车玻璃、智能玻璃。营口拥有新洪源环保材料、百盛纤维、洪源玻纤等企业，改性高硅氧纤维材料、珍珠岩纤维材料等已形成规模。锦州、盘锦和朝阳等地的神工股份、百思特达、朝阳通美等企业，在半导体单晶硅材料、第三代半导体、第二代半导体材料砷化镓单晶和第四代半导体材料锑化镓单晶等细分领域已有所建树。

一、产业化

辽宁发挥资源、科研和产业基础优势，无机非金属新材料产业保持了良好的发展势头。重点发展种类包括超高温高强韧陶瓷、微孔陶瓷、纳米陶瓷、高温工程陶瓷等特种陶瓷，低辐射镀膜玻璃、TCO导电玻璃、涂膜玻璃、真空节能玻璃等特种玻璃，新型墙体材料、新型建筑防水材料、轻质建筑材料等新型建筑材料，核级石墨、核电用硼酸等核用材料，碳纤维、碳纤维电缆导芯等纤维材料，稀土磁性材料、泡沫铝、泡沫铜等功能材料，高性能电子浆料、高纯电子气体等集成电路材料，高端银基高温合金、耐蚀合金等航空材料，等等。

1. 依托丰富的菱镁矿石资源，发挥菱镁产业基础优势，耐火材料等产业成为新亮点

2022年，奥镁（大连）公司基于新的结合系统，开发出钢包用不烧零碳铝镁（AM）砖——AM-K砖。

2. 锦州神工半导体股份有限公司利用28英寸热场生长出直径550 mm（22英寸）的高品质硅单晶体

实现高成品率量产最大 Φ47 mm（19英寸）的超大直径半导体级硅单晶材料生产研发，电阻率涵盖70~80 $\Omega\cdot$cm，1~4 $\Omega\cdot$cm等规格。

3. 营口金辰机械股份有限公司对外合作取得新进展

2022年6月，与印度能源巨头Adani集团旗下太阳能光伏制造公司Adani Solar签署合作协议，将为后者提供2 GW光伏组件高效自动化生产线。8月，与印度最大的光伏组件制造商Waaree签订2.5 GW高效光伏组件自动化生产线项目。太阳能电池片设备制造项目在江苏苏锡通园区投建。

4. 锦州佑鑫石英科技有限公司年产24000只石英坩埚扩建项目

一种新型石英坩埚气泡检测装置制造方法及图纸、大外径直拉单晶用石英坩埚的制备方法技术、一种高品质石英坩埚的制作方法技术等形成专利。

5. 阳光能源控股有限公司携手中国移动打造首家"5G+光伏"全国商用示范项目

项目总容量达 490 MW，阳光能源总供货量 155.84 MW。助力广东省开平市 150 MW 光伏项目，提供核心 GIGA-P 系列组件中的 445 W（共计 100 MW）和 545 W（共计 50 MW）单晶双玻半片组件。为阿特拉斯·科普柯泰国（Atlas Copco Thailand）屋顶太阳能发电系统提供自主生产的 JMPV-X1/72-545-555（R）高效太阳能组件，总容量约 700 kW。

6. 辽宁信德新材料科技股份有限公司年产 3 万吨碳材料产业化升级建设项目一期年产 1.5 万吨项目投产

该项目将原料端向上游延伸至乙烯焦油，具有一体化产能优势，提高生产效率，同时确保产品品质的稳定。

7. 大连电瓷集团输变电材料有限公司开发特高压交直流盘形悬式混合绝缘子

利用独有的瓷、复合绝缘子跨专业的技术优势，与武汉大学合作，通过绝缘子模具，利用高温固态混炼硅橡胶特性，采用一次注射成型工艺生产混合绝缘子，既保留瓷绝缘子原有的机械、电气、温度和老化性能，又具有复合绝缘子优良的防污闪性能。

二、研发领域

辽宁在无机非金属新材料领域的研发工作，既有传统优势，又有创新潜力。研发成果在交通、通信、建筑、航空航天等多个领域得到应用，也引导了研发工作，相关科研单位带领研发团队承接多项重大项目，攻克多重技术难关。

1. 高轻、高强、高阻尼性能的仿生材料——镁-MAX 相仿生金属陶瓷

中国科学院金属研究所科研人员选用同时具有金属和陶瓷特性并且与镁界面润湿性良好的 MAX 相陶瓷作为组元，利用含氧气氛下的可控球磨工艺，将 MAX 相剥离成亚微米尺度薄片，再利用真空抽滤实现陶瓷薄片的择优定向排

列，从而将镁熔体浸渗入部分烧结的多孔陶瓷骨架中，研制出具有超细尺度三维互穿类贝壳结构的新型镁-MAX相仿生金属陶瓷材料。新型仿生金属陶瓷材料在密度与铝合金相差不大的条件下（2.79 g/cm³），其室温压缩与弯曲强度均超过 1 GPa，即使在 200 ℃下，其强度仍然接近 700 MPa，这些性能都明显优于各组元及其他镁-陶瓷复合材料，同时获得了超过 350 N·m/kg 的超高比强度，高于绝大多数块状镁及镁合金、陶瓷，以及其他金属-陶瓷复合材料。该新型仿生金属陶瓷具有超过单一镁组元的优异阻尼性能及良好的断裂韧性，在承载、减振等方面可以发挥其独有的优势。

2. 预判和控制相结构的普适方法的建立

中国科学院金属研究所沈阳材料科学国家研究中心陶瓷及复合材料研究部的研究团队，研究了多主元（高熵）稀土双硅酸盐的相形成及演变机理，建立了通过构型熵描述符和多元稀土等效离子半径等来预判和控制相结构的普适方法。研究团队制备了 20 余种四元稀土双硅酸盐验证块体材料，借助 X 射线衍射结构精修和高分辨高角度环形暗场成像等结构表征技术，发现材料的相结构演化规律与多元稀土半径的平均值和均方差密切相关。研究工作改进了以往研究中普遍采用的"随机结构建模"研究范式，成功指导合成出多种（nREx）$_2$Si$_2$O$_7$ 新型高熵涂层材料，为稀土硅酸盐类环境障涂层材料的多稀土元素精准设计和多功能复合的目标提供了重要的指导和支撑。

3. 陶瓷增材制造技术新领域取得新的研究成果

增材制造技术使陶瓷产品多样化、复杂化、多功能化和高性能化，但是增材制造过程中的光固化缺陷是影响最终产品的关键因素。以往研究仅局限于材料与激光之间的相互作用，而整体光固化的固化区域布局和缺陷分布规律未被研究，其中牵涉到的陶瓷浆料的单点光固化数学模型更是没有被提出。中国科学院沈阳自动化研究所工艺装备与智能机器人研究室提出一种光固化数学模型，用于分析在不同点搭接率、线搭接率和面搭接率下，零件整体光固化中不同固化质量布局和缺陷形成规律；通过实验验证的方法，进一步提出结合浆料参数与设备参数相匹配的方法，从而解决陶瓷增材制造过程中的缺陷问题。

4. 无机钙钛矿电池性能调控方面得到提升

全无机钙钛矿材料因为优异的热稳定性成为钙钛矿太阳能电池领域的新兴研究热点。但基于无机钙钛矿材料的光伏器件内部非辐射复合较为严重，限制了其光电性能提升。中国科学院大连化学物理研究所薄膜硅太阳能电池研究组采用镧系金属溴化物修饰电子传输层/钙钛矿界面，在界面处形成梯度式能带结构，抑制界面电子复合，将基于$CsPbIBr_2$的钙钛矿电池性能提高到10.88%，达到此领域先进水平。同时，采用金属钡离子掺杂方法改善钙钛矿材料光电性能，大幅提高了器件稳定性。此调控策略可有效提高无机钙钛矿太阳能电池的光电转换效率，将进一步推动无机钙钛矿太阳能电池的发展。

5. 国内首款650 V硅基氮化镓功率器件开发成功，打破第三代半导体产业国际垄断

大连芯冠科技有限公司承担的辽宁省科技重大专项"新型硅基氮化镓功率器件的产业化技术研发"项目正式发布国内首款650 V硅基氮化镓功率器件，该项产品填补了国内同领域空白，技术水平达到国内领先。自项目实施以来，公司在国内率先推出符合产业化标准的650 V硅基氮化镓功率器件产品，通过了1000小时高温反偏可靠性测试，现已正式投放市场。硅基氮化镓功率器件作为第三代半导体材料器件，具有高击穿电压、高转换效率等优点，可广泛应用于电源管理、新能源汽车等领域，已成为世界功率半导体前沿热点和产业焦点。

三、问题与思考

1. 问 题

（1）产业发展亟须升级

与发达省份相比，辽宁无机非金属新材料产业基础相对薄弱，尚未形成产业替代力量，不能发挥出优化升级产业结构方面的作用，企业大而不强，部分生产线出现大量粉尘，不利于整体发展，亟须进一步升级。

（2）自主创新能力和水平有待提高

企业作为创新发展的主体，没有充分重视创新能力的提高，产品开发速度与产品种类明显不足。相关企业主要集中于产业链上游的材料设备环节，设计、制造相对薄弱，创新技术与创新能力与国外相比仍有较大差距。

（3）基础投入不足，技术保障需要加强

无机非金属新材料是技术密集型产业，研发需要高专业素养和技术含量，研发周期长，资金投入大，企业投资意愿不够强烈，延误研发进程。在一些对

屏蔽防护等级要求较高的领域和方面，核心技术支撑是解决"卡脖子"难题的重要环节。

2. 思 考

针对制约无机非金属新材料产业发展的因素，辽宁提出深入实施创新驱动发展战略，面向科技前沿、面向国家重大需求，聚焦关键领域、关键环节，优化产业布局，加快推动无机非金属新材料产业高质量发展。

（1）培育骨干企业，提质增效

充分发挥企业技术创新主体作用，聚集创新要素，助力企业提高技术创新能力，围绕急需突破的关键核心技术，适应辽宁产业发展需求，攻克技术难关，加快形成创新技术及产品，支持一批优势企业做大做强，稳固行业领先地位。

（2）增强创新能力，培育产业主体

聚焦产业创新链，支持创新型中小微企业成长为重要的创新发源地。整合市场资源，支持碳纤维材料、光导纤维、磁性材料、超硬材料等创新性发展，制定相关政策鼓励扶持中小型企业创新，激发创新灵感。

（3）加强专业人员培养

无机非金属新材料的发展需要专业的科研团队。高等院校应制订定向培养方案，引导鼓励高校和企业联合培养人才，提高人才培养针对性和社会现实性。

（4）推动国际合作，提升国际化水平

鼓励支持省内高校、科研院所、企业主动参与国际竞争与合作，鼓励国外企业、高等院校和科研机构在辽宁设立研究机构，打造产业国际合作平台，加强国内外交流合作，提高国际化水平。

第四节 前沿新材料

前沿新材料具有高科技、高附加值，通常包括先进复合材料、纳米材料、功能性材料等。其主要应用代表了我国未来新材料产业发展的方向与趋势，具有先导性、引领性和颠覆性。

辽宁前沿新材料研发特色鲜明，区域特点较为明显。沈阳拥有新能源及电子特种胶黏剂、多孔陶瓷新材料、石墨烯芯片、微纳跨尺度陶瓷基板、人工晶体、发光材料制品等产品项目，环保新材料等研发中心。大连主要发展结构陶瓷、功能陶瓷和高端玻璃等。鞍山重点研发石墨烯、超导材料、纳米粉体材料、智能材料、生物材料等。抚顺的石墨电极类相关产业等，已具有一定发展规模。丹东已有企业涉足先进复合材料的研发和生产，部分企业涉及滑石粉等前沿新材料的研发。锦州在石墨及碳素制品类，辽阳在高性能纤维及复合材料研发与制造、石墨烯及碳素品制备等领域布局布点。盘锦将石墨烯、3D打印材料、新兴功能材料等作为前沿新材料的发展重点，力求实现新的突破。朝阳以砷化镓、锗、磷化铟、锑化镓、磷化铟、磷化镓、锑化铟等半导体专用材料为重点，发展高纯镓、高纯锗等相关超纯元素生产，打造新兴产业链条。葫芦岛把负极材料石墨化焦、石墨制品、碳素制品、耐火材料等前沿新材料纳入重点发展领域。

一、产业化

辽宁前沿新材料产业以需求为牵引，整合前沿新材料研发机构和上下游企业，打造资源互利、信息共享、技术合作的产业生态。

1. 三力中科新材料有限公司10万吨MMA（甲基丙烯酸甲酯）新材料产业化项目开工

该公司与中国科学院大连化学物理研究所进行技术合作，采用乙烯氢甲酰化制丙醛、丙醛甲醛羟醛缩合制甲基丙烯醛、甲基丙烯醛一步氧化酯化制MMA新工艺三种工艺相结合，是国内首套C2路线的甲基丙烯酸甲酯（MMA）生产设施，拥有完全国产化的自主知识产权，具有里程碑意义。

2. 沈阳铸造研究所有限公司启动年产2.5万吨高端装备铸造用树脂涂料研发中试基地项目

项目投资1.5亿元，年产1万吨呋喃树脂、0.1万吨碱性酚醛树脂、0.7万吨涂料、0.4万吨呋喃树脂固化剂、0.3万吨水玻璃（无机黏结剂）等共2.5万吨铸造用树脂涂料产品，以及利用生产的水玻璃（无机黏结剂）加工生产衍生产品3D打印砂型0.05万吨。

3. 沈阳中化新材料科技有限公司高品质自分散纳米炭黑及颜料色浆、锂电池铝塑膜黏合剂等项目进入中试

沈阳中化拥有微通道反应技术和加氢技术两大共性技术平台，高品质自分散纳米炭黑及颜料色浆、锂电池铝塑膜黏合剂等7个项目正在进行中试。其中，锂电池铝塑膜黏合剂项目的成功中试，将进一步推动锂电池铝塑膜内、外层胶黏剂产业化和动力电池铝塑膜国产化。

4. 大连融科储能技术发展有限公司的大连恒流储能电站一期正式接入电网

该公司全钒液流电池核心技术实现重大突破，建立了完整的自主知识产权体系，是液流电池领域国内外标准的主导制定者。2022年5月，由融科储能提供钒液流电池储能系统的大连恒流储能电站一期100 MW/400 MWh项目正式接入电网，这是迄今全球功率最大、容量最大的钒液流电池储能调峰电站，也是国家能源局批准建设的首个国家级大型化学储能示范项目。

5. 辽宁诺科碳材料有限公司具备规模化生产能力

该公司每年投入超千万元研发资金开展以石油产重质芳烃为原料制备中间相沥青及其碳纤维的研发工作，经前期的工艺改进、流程优化、试生产，产品各项指标达到国际先进水平。

6. 朝阳通美晶体科技有限公司砷化镓晶片半导体材料项目开工

项目总投资7.5亿元，分为两期进行：一期建成达产后新增360万片砷化镓晶片产能；二期建成达产后将再新增840万片砷化镓晶片产能，年产砷化镓晶片达1200万片。53万片磷化铟单晶片建设项目开工建设切片车间、测试车间、表面优化车间等，实现投资1.75亿元。

7. 朝阳凯美石英有限公司建设半导体及集成电路用大口径高品质石英玻璃管和高纯石英砂项目

该项目总投资1亿元，建设生产车间、拔管车间、成品库房、综合楼、变配电站、消防及循环水泵房等，购置高效节能连熔炉、脱腔炉等设备39台。项目全部建成达产后，预计可实现年销售收入6650万元，利润1000万元，税

收 350 万元，实现就业 50 人。

二、研发领域

辽宁科技资源的优势，为前沿新材料的高起点、多亮点提供了有力的支撑保障。

1. 东北大学作为第一单位牵头完成高品质特殊钢绿色高效电渣重熔关键技术的开发和应用

该项目系统研究了电渣工艺理论，实现了电渣技术历史性跨越。电渣重熔钢组织和性能优异，应用于各类高端装备制造领域。项目成果填补了国内外多项技术的空白，总体技术处于国际领先水平。该项目突破传统电渣重熔经典理论，深化夹杂物去除、渣系作用的理论认识，自主创新电流摆动、炉内气氛检测及控制、钢锭二次冷却等多项具有自主知识产权的关键技术，属于钢铁冶金学科中电渣冶金的新工艺、新技术和新装备。该项目获 2019 年度国家科学技术进步奖一等奖。

2. 沈阳工业大学主持钛合金 3D 打印专用粉末多尺度制备技术转化

项目采用 JIGA-2 型双模式真空感应惰性气体雾化制粉设备，对钛合金、高温合金、不锈钢、铝合金开展了多尺度金属粉末粒径制备及研究控制，突破了粉末粒径、球形度、含氧量等核心技术指标的稳定性控制难题，探索工程化过程中降本增效的技术途径，逐步建立并形成高性能金属粉末多尺度制备研发及应用平台。

3. 沈阳材料科学国家研究中心开展氮化硼陶瓷基复合材料成分和微结构的多层次设计与大尺寸构件制备技术研究

基于相关研究，发展出原位构筑氧化硅、稀土硅酸盐、稀土铝硅酸盐玻璃等增强相的氮化硼基复合材料，发现了复合材料"共增强"和"双玻璃相增强"等新机制，解决了典型氮化硼材料强度低、抗热震差、耐等离子体刻蚀弱等难题，研制的复合材料首次配套完成了卫星用霍尔电推进在轨飞行演示验证任务，使我国继俄、美、欧之后第四位独立掌握该推进技术，并在后续多个重大航天计划的卫星上实现应用。

4. 大连交通大学开展精细陶瓷研究

建设的中心是省重点实验室,以高新技术产业化、自主研发与引进国外技术相结合、产学研一体化,特别是由俄罗斯引进和转化高新技术为主要特色。该实验室在有机化学法、机械化学法粉体和工模具材料制备和应用方面,获得了多项达国际领先水平的原创性或共有知识产权,在超纯氧化铝粉体制备、无毒舰船防污涂料、金属材料纳米粉体强韧化与耐腐、天然柔性调剖剂三次采油、绿色饲料添加剂研究及应用等方面已达到国内外领先或先进水平。

5. 东北大学开展石墨烯制备及应用研究

采用膨胀法制备高品质少层甚至单层石墨烯,所制成的产品成本低、品质高,优于市售产品,比表面积达到 380 m^2/g,气凝胶亲油疏水,水接触角可达 153.9°。该项目研发的石墨烯气凝胶具有良好的耐酸碱性、热稳定性、耐火性,化学性质稳定,对不同有机溶剂的吸附容量均在 44~63 g/g,与活性炭相比,吸附能力提高了 30%~120%。

6. 中国科学院金属研究所利用"3D 打印 + 熔体浸渗"工艺制备一系列新型镁–钛仿生材料

在经典层合理论基础上建立了能够定量描述仿生材料结构与力学性能之间关系的力学模型,实现了其模量与强度的定量预测。另一重要研究成果是:发现在镁–钛复合材料体系中,仿生结构能够发挥显著的强韧化作用,与组成相似但不具有仿生结构的复合材料相比,仿生材料的强度与韧性同步提高,其断裂能提升 2~8 倍。

三、问题与思考

1. 问 题

(1)产业生态亟须改善

辽宁前沿新材料产业规模较小,虽然涉及领域较多,但有一定规模、技术创新能力强的企业较少。内生动力不足,辽宁产业结构以重化工为主,电子元器件、半导体等高端需求较少,需求牵引作用未得到有效发挥,某种程度上影响了上游前沿新材料产业的发展。另外,缺乏顶层设计与政策支撑,虽然规划一批金属新材料、化工新材料产业集群，但内部分工不明确，未形成合力，产业链上下游存在脱节现象。

（2）与先进地区差距较大

近年来，先进地区大力吸引高端生产要素和创新资源，迅速发展和壮大前沿新材料产业，抢先布局碳纤维复合材料、石墨烯等前沿新材料产业，率先实现产业化并占领市场。辽宁总体仍处于起步阶段，产业体系尚不完善，创新内在动力不足，产品以中低档为主，高附加值产品较少，并且存在诸多短板和空白。此外，辽宁省在未来发展的布局上相对滞后，在智能制造、企业孵化、科技金融等新模式、新业态探索上落后于先进地区，这都是产业创新发展的阻力。

（3）创新能力不足

稀土磁性材料、稀土催化材料、稀土发光材料等虽有一定研究，但其应用生产仍处于中低档技术水平，与世界发达国家差距明显。碳纤维及其复合材料产业尚处于培育期，没有形成规模化，产业链条尚不完备，主要产品仅为改性碳纤维毡、阻燃碳纤维原丝、PAN基碳纤维原丝等。此外，在高温合金、高端装备用钢、光学石英玻璃、有机半导体发光显示等功能材料领域，技术仍然不够成熟。

2. 思　考

发展辽宁前沿新材料要把握趋势，抓住关键。

（1）完善财政政策，加强科技创新

在现有加大对新材料领域的财政支出，鼓励引导研究机构、企业等，扶植发展的基础上，投入更多财力与精力在前沿新材料领域，重点加强超导材料、先进3D打印材料、生物医用材料等关键基础材料研究，实施前沿材料前瞻布局行动，积极培育石墨烯材料、量子材料、智能材料等前沿新材料，建立前沿新材料创新型平台，引领前沿新材料产业中长期发展。

（2）加强建设产学研一体化创新平台

将科教资源和前沿新材料产业发展结合起来，加快构建科技领军企业牵头的产学研融合、上下游一体的创新联合体，形成体系化、任务型、开放式的产业技术创新组织。要不断攻关关键核心技术。

第三章　辽宁省各地区新材料产业发展情况

第一节　沈阳市

沈阳市是东北地区重要的冶金和化工城市。在优质钢铁、有色金属、金属新材料、化工新材料、无机非金属材料等领域均具有较强的产业基础和科技力量。拥有规上企业百余家及东北大学、中国科学院金属研究所、沈阳化工研究院等科研院所，中科力勒等检测机构，科技研发、人才培养、检验检测等处于国内领先水平。

沈阳把新材料作为产业转型升级和新兴产业发展的重点，着力科技引领、创新施策。各类科技创新平台1426个，其中国家级平台69个，科技型企业超过1.5万家，高新技术企业达到4200家，总量连续5年保持东北地区首位。中国科学技术信息研究所发布的《国家创新型城市创新能力评价报告2022》中显示，沈阳创新排名位居全国第18位。2022年，沈阳市滚动实施147项"揭榜挂帅"关键核心技术攻关项目，完成多项重大项目建设；辽宁材料实验室在沈阳市浑南区正式揭牌。

一、金属新材料领域部分园区及企业

1. 沈阳金属新材料产业园

该产业园位于沈阳雪松经济开发区，园区发展专用铜及铜合金材料、高档电解铜箔、高强高导钢、铝型材、高性能磁体、MRI用高均质磁体、高矫顽力磁体等永磁材料。

2. 沈阳铸造研究所有限公司

该公司是国家级专精特新"小巨人"企业、国家级铸造技术专业研究机构。主要从事铸钢材料、铸铁材料、铸造有色合金材料、高温合金材料、铸造复合材料、特种铸造及精密技术、铸造环保技术、型芯3DP成型技术、铸造设备等方面的研究、开发、技术推广及产品生产。

3. 沈阳东方钛业股份有限公司

该公司是以钛、镍、锆、钽、铜、铝、不锈钢及其合金与相应复合材料为主，以石油炼化、煤化工、精细化工、水处理等节能环保工程设计与制造为龙头，集高端装备开发、设计、制造、安装工程于一体的国家级专精特新"小巨人"企业、高新技术企业，是东北地区最大，国内位列前五名的钛、镍及其合金非标设备研发基地。公司主导产品有一、二、三类压力容器四大系列，包括各种换热容器、反应容器、分离容器、储存容器等。公司拥有钛制脱酸塔、氯化反应器、流化床反应器、碱液浓缩与提炼装置等20多项发明、实用新型专利。公司研制开发核心专利技术50余项，是辽宁省首批认定的高新技术企业，设有辽宁省科技厅认定的省级工程技术研究中心、辽宁省经信委认定的省级企业技术中心、辽宁省发改委批准组建的辽宁省有色金属容器焊接工程实验室。

4. 沈阳东博热工科技有限公司

该公司以关键零部件热处理及表面改性技术和特种金属熔炼技术为研发主攻方向，专业从事高端热处理和熔炼装备研制、生产及工艺研发。公司现为全国热处理学会和中国热处理行业协会会员，先后获评国家级高新技术企业、雏鹰企业、国家专精特新"小巨人"企业。公司授权发明专利和软件著作权20余项，开发的低压真空渗碳成套装备，打破国外垄断，实现了高合金成分体系下的精密渗碳。

二、化工新材料领域部分园区及企业

1. 沈阳化学工业园

该工业园位于沈阳经济技术开发区。园区开展橡胶工业项目、煤化工项目、石油化工项目、化工新材料和专用化学品项目等。

2. 沈阳化工股份有限公司

该公司是以氯碱化工、石油化工和化工新材料为主业的国有控股上市公司，为中央企业中国中化控股有限公司所属企业。公司完成了13万吨/年丙烯酸及酯项目、世界首套50万吨/年催化热裂解制乙烯（CPP）项目。公司曾连续成功通过高新技术企业重新认定。公司拥有博士后科研工作站、省级企业技术中心和省级工程技术研究中心，拥有多项自主知识产权和发明专利，成功研发了氯醋共聚专用糊树脂及特种PVC糊树脂等高端新牌号，并且获得全国和谐劳动关系优秀企业、全国质量管理先进企业、国家守合同重信誉企业、全国环境保护先进单位、全国模范职工之家、辽宁省纳税百强企业、辽宁省安全生产先进单位等荣誉称号。

3. 沈阳浩博实业有限公司

该公司是国家级专精特新"小巨人"企业。主要产品包括表面活性剂、PVC热稳定剂、工业水处理、防锈包装和无机盐五大系列40多个品种，另设智能装备制造系列业务，产品广泛应用于化纤、纺织、洗涤、油田、涂料、建筑、农药、塑料加工、军工防锈、智能无人船无人机等领域。

4. 沈阳化工研究院有限公司

该公司是我国创立最早的综合性化工科研院所之一。现为中国中化控股有限责任公司直管单位。公司重点围绕无水印染化学品及其应用技术研究、标识与防伪产品及应用技术研究、安全无毒化学品及其应用研究等课题开展研究工作，开发出具有竞争力、高附加值的功能染颜料、着色材料、黏合材料、光学材料、弹性体材料产品，并且构建了化工过程强化研究能力。截至2022年底，公司累计拥有有效专利276件，其中发明专利253件，累计授权境外专利14件，累计获得中国专利金奖1项、中国专利优秀奖6项。近3年，公司获得省部级奖励9项，其中一等奖1项、二等奖1项、三等奖6项、优秀奖1项。公司牵头申报的"化工风险预警、智慧评估与管控技术及应用"获得辽宁省科学技术进步奖二等奖。公司参与申报（第三完成单位）的"多样化种植提升土壤生态健康关键技术"获得辽宁省科学技术进步奖一等奖。

5. 沈阳广达化工有限公司

该公司是辽宁省专精特新"小巨人"企业。主要生产硫化异丁烯等，多用于齿轮油中的极压剂（T321）。

三、无机非金属新材料领域部分园区及企业

1. 法库陶瓷产业园

该产业园是省级经济开发区，开展日用瓷、艺术瓷、工业瓷、电瓷、建筑卫生陶瓷、发泡陶瓷、新型陶瓷建材等生产、研发与销售。

2. 沈阳芯源微电子设备股份有限公司

该公司是由中国科学院沈阳自动化研究所发起创建的国家级高新技术企业，是专业从事半导体生产设备的研发、生产、销售与服务的上市公司，被称为"辽宁省科创板第一股"。公司拥有授权专利265项，其中发明专利177项。公司可满足300 mm前道制程及300 mm先进封装厚胶工艺制程；公司第三代高产能架构可应用于三层光刻涂布工艺；公司突破了NTD负显影工艺中显影高损伤、防静电击穿等技术瓶颈。公司提报的"集成电路前道芯片制程领域用单片式清洗机研发及产业化"项目获2022年度辽宁省科学技术进步奖一等奖。

3. 沈阳远程摩擦密封材料有限公司

该公司是国家级专精特新"小巨人"企业。主要产品为轨道交通车辆用制动闸瓦、闸片及公路用制动刹车片等。

4. 沈阳星光技术陶瓷有限公司

该公司主要产品为陶瓷、节能窑具、高温窑炉配件和高附加值的结构部件。产品主要应用于卫生洁具、电瓷、电子陶瓷、蜂窝陶瓷、锂电池、冶金化工等领域。

5. 辽宁瓦丹弗新材料科技有限公司

该公司是国家级科技型中小企业、辽宁省创新型中小企业。主要产品包括先进陶瓷粉体及制品、特种玻璃制品、半导体级石英材料、矿物功能材料以及新材料研发用高纯化学试剂五大类，主要应用于高端装备制造、半导体制造、军品配套、轨道交通、工程建设、先进环保等领域。

此外，辽宁天宝华瑞建材有限公司、沈阳中科超硬磨具磨削研究所、沈阳有研矿物化工有限公司等企业也各具特色，小有规模。

四、前沿新材料领域部分企业

1. 中国科学院金属研究所

该研究所致力于发展石墨烯的制备新原理和新方法，实现批量控制制备，突破制约石墨烯研究与开发的材料瓶颈。重点探索石墨烯材料在储能、光电、功能涂层和复合材料等领域的应用，承担与石墨烯相关的多项国家级和国际合作项目，在石墨烯的制备及储能、光电和复合材料等应用探索方面取得多项系统性创新性成果。在进行基础科学研究的同时，积极推进石墨烯材料产业化，与企业合作组建石墨烯生产线，促进规模生产，为石墨烯在储能、复合材料等领域的规模应用提供材料保障。

2. 拓荆科技股份有限公司

该公司是国家级高新技术企业，主要从事高端半导体专用设备的研发、生产、销售与技术服务。主要产品包括等离子体增强化学气相沉积（PECVD）设备、原子层沉积（ALD）设备和次常压化学气相沉积（SACVD）设备3个系列。产品主要应用于集成电路晶圆制造，以及TSV封装、光波导、Micro-LED、OLED显示等高端技术领域。

3. 沈阳硅基科技有限公司

该公司是国家高新技术企业，主要产品包括8英寸薄膜SOI、8英寸外延SOI、6~8英寸厚膜SOI、6~8英寸硅-硅键合片、6~8英寸图形SOI、8英寸超薄膜SOI，以及8英寸外延片。拥有行业先进的生产和测试设备90余台（套），年产能20余万片，为国内外集成电路制造及芯片代工厂商提供低成本、高品质的SOI材料。

第二节　大连市

大连市科学布局、积极发展新材料等新兴行业，立足区位优势和产业基础禀赋，组织实施地方"十四五"产业发展规划，科学务实规划新材料集聚发展。实施与周边地区差异化、互补式发展策略，将以新材料为主的战略性新兴产业确定为产业发展重点，并以此作为招商引资主攻方向，突出抓好龙头项目引进，进一步夯实产业发展基础，初步形成优势产业格局。一批投资规模大、科技含量高、经济效益好、带动能力强的大项目、好项目相继落户开工建设，带动了区域经济跨越发展，形成了新材料、新能源等四大主导产业，吸引了一批上下游配套项目跟进，特色主导产业颇具规模。源于规划布局合理、人文及自然环境优良、政策优惠、服务质量高等优势，经过几年的发展，新材料产业作为首先发展起来的产业，赢得产业发展先机，逐渐成为国内外企业关注的焦点，形成了以金属新材料、高分子新材料、功能性新材料、化工新材料等为主的完整产业链，成为区域经济发展新的增长点和支撑。

大连是我国重要的石化基地。目前，大连市共拥有19个重点园区（产业基地）。其中，大连长兴岛（西中岛）石化产业基地为国家七大石化产业基地之一，大连松木岛化工园区为省级园区。大连市以大连长兴岛（西中岛）石化产业基地为核心，以大连松木岛化工园区为辐射，重点发展有机化工原料和化工新材料，逐步完善形成完整的炼油—PX—PTA—聚酯—差别化纤维产业链。大连市有新材料企业100余家，重点企业30余家，主要分布在金普新区、花园口经济区、高新区、旅顺口区、甘井子区、长兴岛等6个区域，拥有中石油大连石化、西太平洋石化、恒力石化、逸盛大化、福佳大化等一批优秀的化工新材料企业。

大连市政府统计，2022年落地的新材料项目包括：大石化搬迁改造项目，将其打造成精细化工产业园，预计新增产值1500亿元；恒力年产260万吨聚酯、160万吨高性能树脂及BDO等系列项目，预计新增产值1100亿元；SK海力士项目，可新增芯片产能48万片，总产能达到148万片，带动集成电路产业发展壮大；自贸片区和太平湾两个氢能产业园开工建设，年产1万套燃料电池电堆全自动化生产线建成，全年战略性新兴产业增加值占地区生产总值比重达12%；中国"北硅谷"半导体产业生态加速构建，大连数谷等200余个数字经济重点项目有序推进，数字经济核心产业增加值占地区生产总值比重达8.5%左右。全年谋划储备推进亿元以上项目3240个，开复工亿元以上项目1510个，比上年增长51%。

一、金属新材料领域部分企业

1. 大连汇程铝业有限公司

该公司是国家级专精特新"小巨人"企业，是一家从事高精度、高强度、大规格铝及铝合金板带材的专业厂家。公司改变了国内商用大飞机、动车组、舰船等航空航天和交通运输等行业特殊用材依赖进口的现状,填补了国内该领域空白,同时对于提升国内先进制造业整体水平起到重要推动作用。公司主要产品为高精度、高强度、大规格铝及铝合金板、预拉伸强化板、带材。其产品具有质轻、耐腐蚀、强度高、易加工、表面美观等优越机械性能和物理性能,能够满足航天、航空、航海等尖端科技及国防工业领域的迫切需求。铝及铝合金板带材将为我国航空产业乃至整个交通运输设备制造业的进一步发展提供高端原材料保障。

2. 大连澳特钴镍新材料制造有限公司

该公司是国家级专精特新"小巨人"企业。经营范围为钴、镍、铜金属及其相关化合物,以及电池新材料的研究、开发、加工及相关技术。

3. 大连永宝新材料科技有限公司

该公司是国家级专精特新"小巨人"企业。经营范围为特种钢材生产及技术研发,刃具、特种钢材、机械零部件、五金工具、精密铸件加工,金属材料、装饰材料、机械设备研发、生产。

4. 大连九日新材料科技有限公司

该公司是国家级专精特新"小巨人"企业。经营范围为耐火材料、铸造材料、铸造涂料、氮化硼涂料、耐火泥、石墨产品、工业陶瓷产品设计、研发、生产及销售。

5. 大连新翔工业材料有限公司

该公司是国家级专精特新"小巨人"企业。经营范围为铸造材料、铸造涂料、氮化硼涂料、耐火泥、石墨产品、工业陶瓷产品设计、研发、生产。

此外,还有大连九日新材料科技有限公司、日东工营钢业(大连)有限公司、三澳金属制品(大连)有限公司等。

二、化工新材料领域部分园区及企业

1. 大连长兴岛经济技术开发区

该开发区位于大连市西北部,由长兴岛、交流岛、西中岛、凤鸣岛、骆驼岛五座岛屿组成，规划面积598平方千米。长兴岛具有渤海湾最优良的深水岸线，港口已通过国家验收并对外开放，是国家级经济技术开发区、国务院批准的七大石化产业基地之一，是辽宁省沿海经济带开发开放及东北振兴国家战略的重点支持区域。

2. 大连大孤山化工园区

该园区依托大孤山半岛，以西太平洋石化、福佳大化等企业为核心，以中国科学院大连化学物理研究所、大连理工大学等科研机构为依托，以石油深加工和精加工为方向，重点发展芳烃产品、精细化工产品，完善石油炼化一体化产业链。

3. 大连松木岛化工园区

该园区产业由海洋化工、石油化工、精细化工、合成气化工、化工产品深加工等构成。

4. 中广核核技术发展股份有限公司

该公司是国务院国资委直属央企中国广核集团下属企业，中国核技术应用第一股，中广核集团首个A股上市平台，主营电子加速器研发与制造、辐照加工服务、辐射灭菌与食品加工、废水处理、辐照固化、轮胎预硫化、无损检测、核医学和改性高分子材料等核技术应用高端产业。在新材料业务方面，公司是全国领先的高分子复合材料制造商，也是全国主要的特种线缆料生产企业之一。该公司主营前沿新材料，主要产品包括改性高分子材料、改性工程塑料等。该公司围绕辐照材料、新能源材料、医用环保材料等方向开展转型升级，设有各级研发平台18个，包括国家能源局非金属材料寿命评价与管理技术实验室、CNAS实验室。

5. 大连华阳新材料科技股份有限公司

该公司专业从事聚酯等高分子聚合物纺黏法非织造材料的新工艺、新产品以及成套技术与装备的研发与产业化推广。在中国聚酯等高分子聚合物纺黏法产业用非织造领域，华阳新材是一家具备完全自主知识产权和集成化工程技术开发能力的国家级高新技术企业，通过了ISO 9001质量体系认证、知识产权管理体系认证、两化融合体系认证，并有效运行内部控制与风险管理体系，是工业和信息化部认定的制造业单项冠军示范企业，企业竞争力在同行业内名列前茅。该公司主营化工新材料，主要产品包括双组份粗旦长丝非织造材料、聚酯等高分子聚合物纺黏法非织造材料等。

6. 大连源盛新材料有限公司

该公司是国家级专精特新"小巨人"企业。经营范围为石油制品及化工产品销售、特种蜡（铸造蜡、首饰精铸蜡、食品包装蜡、橡胶防护蜡）生产。

7. 大连海鑫化工有限公司

该公司是国家级专精特新"小巨人"企业。经营范围为分子筛、催化剂、氧化铝、净化器、吸附材料、化学助剂的生产与销售，化工技术咨询服务，化工产品、化工原料。

8. 大连润邦涂料有限公司

该公司是国家级专精特新"小巨人"企业。经营范围为涂料生产加工及销售、密封胶、防冻液、清洗液、化工原料。

9. 恒力石化股份有限公司

该公司是世界500强企业恒力集团的核心上市子公司。该公司起步于织造，逐步发展为以炼油、石化、聚酯新材料和纺织全产业链发展的国际型企业。该公司构筑形成了原油–芳烃、烯烃–精对苯二甲酸、乙二醇–聚酯新材料的完整产业链，实现了集团石化业务板块的全产业链一体协同化运作。该公司主营化工新材料，主要产品包括精对苯二甲酸、全拉伸丝、拉伸变形丝、预取向丝等。恒力石化炼化一体项目是国家七大石化产业基地中首个建成投产的项目。

此外，还有逸盛大化石化有限公司、大连中沭化工有限公司、中科催化新技术（大连）股份有限公司等。

三、无机非金属新材料领域部分企业

1. 大连达利凯普科技股份公司

该公司是专业从事高端电子元器件研发、制造、销售的国家级高新技术企业，国家专精特新"小巨人"企业。该公司拥有全部自主知识产权，产品定位高端，多项产品品质性能处于世界领先地位。2022年，该公司荣获辽宁省省长质量奖。达利凯普为大连市加快数字产业化、产业数字化建设发挥"新字号"创新引领作用,释放高质量发展强劲动能。公司致力于陶瓷电子元件的设计、生产和销售,是全球著名的微波射频陶瓷多层电容器制造商,为多家全球顶级电子设备制造公司提供产品和服务。公司核心产品射频微波瓷介电容器,性能达到国际先进水平。

2. 大连摩根陶瓷有限公司

该公司的经营范围为工业窑炉材料(耐火材料系列)、不定型耐火材料、纤维制品、工业陶瓷材料生产和技术服务。

3. 大连电瓷集团输变电材料有限公司

该公司是国家级专精特新"小巨人"企业。经营范围为高压电瓷、避雷器、互感器、开关、合成绝缘子、高压线性电阻片、工业陶瓷、铸造件制造、研发及技术服务。

4. 大连大友精密陶瓷轴承有限公司

该公司的经营范围为轴承、轴承零件、陶瓷零件的研究开发,精密陶瓷轴承的研发。

此外,还有新德隆特种陶瓷(大连)有限公司、大连瑞尔精细陶瓷有限公司、大连宝力摩新材料有限公司等。

四、前沿新材料领域部分园区及企业

1. 大华新材料国际创新中心

该中心总投资27亿元,建设周期2年,计划5年内孵化企业500家,规划总建筑面积17万平方米,位于大连高新区。作为东北首家新材料国际创新中心,是高新区重新审视现有产业结构,布局新材料产业领域的新思路。以新材料创新为角色定位,紧密对接国内、国际创新资源,加速集聚国内创新要素,聚焦5G新材料产业链,构建开放式创新生态圈。

2. 大连自贸片区(保税区)氢能产业园

该产业园位于二十里堡街道,占地面积1平方千米,重点围绕氢能产业"制、储、运、加、用"各环节积极引入氢能企业,着力构建产业链条完整的氢能产业发展高地。

3. 思成新材料（大连）有限公司

该公司是国家级专精特新"小巨人"企业。经营范围为生物基材料制造、生物基材料销售、塑料制品制造。

4. 大连佳源新能源科技开发有限公司

该公司是国家级专精特新"小巨人"企业。经营范围为生物质能设备研发与制造（专项审批除外），生物质能颗粒、压块制造。

5. 大连融科储能装备有限公司

该公司是国家级专精特新"小巨人"企业。专业从事钒液流电池技术研发、产业化和市场应用，是国内最早一批从事钒液流电池研发制造的能源科技公司；获批设立国家能源液流储能电池技术重点实验室和国家地方联建工程研究中心，获得国家技术发明奖二等奖等10余项科技成果奖励。该公司主营前沿新材料，聚焦钒液流电池产业链，经过10余年创新，在全钒液流电池核心技术上不断突破，在产品上已经形成了VPower，TPower，UPowerTM等系列产品；经营范围为储能电池系统及其零部件的生产，集成储能电池技术、储能电池系统、高效电池管理控制系统、储能并网系统，以及综合能量管理系统开发及应用，电能存储系统解决方案设计应用。

此外，还有英特尔半导体（大连）有限公司、大连阿尔派电子有限公司、大连科利德半导体材料股份有限公司等。

第三节　鞍山市

钢铁是鞍山的名片，也是鞍山新材料产业的重点。以冶金新材料为重点，鞍山的新材料产业不断发展，形成了较为完善的新材料产业体系。以打造国家级综合性钢铁产业基地为引领，深化"双鞍"融合，支持鞍钢和地方钢铁企业壮大主业，构建形成以鞍钢集团为龙头、专精特新企业为支撑的钢铁精深加工产业集群。以打造世界级菱镁产业基地为引领，加快推动菱镁矿资源整合，推动镁耐火产品升级，大力发展镁建材、镁化工、镁合金等新产品，"十四五"期间基本建成世界级菱镁新材料产业示范基地。"十四五"末期，鞍山菱镁产业实现总产值500亿元，产品深加工率达到80%以上，推动菱镁产业迈向产业链中高端。以打造全国重要的精细化工产业基地为引领，大力发展精细化工产业，提升三个化工园区产业集中度和承载能力，用好鞍钢煤焦油分离产品资源优势，引进相关项目，发展煤焦油深加工产业等。同时，鞍山持续壮大氢能、锂电池、激光及光电子、磁动力产业，精准对接"世界500强"企业、央企国企、产业"头部企业"，招引一批与本地新兴产业结构匹配，能够集聚整个链条的龙头企业。以龙头企业为引领，开展产学研精准对接，吸引资本、技术、人才等要素加快集聚，打造一批具有较强竞争力的先进产业集群。

2022年，全国最大的单体地下铁矿山——鞍钢西鞍山铁矿项目正式开工建设，项目总投资229亿元。同时，鞍山中能精细化工科技有限公司3.2万吨己二酸深加工建设项目、七彩化学高档有机颜料及中间体产业集群项目、润德精细化工有限公司年产7000吨环氧树脂项目、方圆化工有限公司年产15万吨有机高分子材料项目、辽宁广源科技有限公司年产6000吨十二烷基胺及十八烷基胺等一系列精细化工项目落地建设。

一、金属新材料领域部分园区及企业

1. 鞍山经济开发区

该开发区主导产业包括精特钢及钢铁深加工、煤焦油深加工、先进装备制造和现代服务业。

2. 鞍钢股份有限公司

该公司是国内大型钢铁生产和销售企业，是享有"新中国钢铁工业的摇篮"之称的鞍钢集团的核心企业。公司主要从事钢铁制造业，同时注重发展与钢铁主业相关的钢材加工配送、化工产业、绿色能源、电子商务、清洁发电等产业。该公司曾荣获"国家知识产权优势企业"称号，专利创新指数连续两年位居中国钢铁行业第三名。组建国家海工用钢技术领域产学研联盟，成为加入"国和一号"产业链联盟中唯一的钢铁企业。该公司主营金属新材料，主要产品包括镀锌产品、冷轧产品、冷轧硅钢产品、热轧产品、无缝钢管产品、线材产品、中厚板产品等。

3. 辽宁紫竹集团有限公司

该公司是从事轧钢生产、钢材深加工、国际进出口贸易、高新技术研发、基础工程、设备租赁等业务的综合性集团企业。在中国制造业500强企业中排名第410位，辽宁省民营百强排名第26位，并获评国家级高新技术企业、国家级专精特新"小巨人"企业、国家级服务型制造示范企业、省级绿色工厂企业、省级企业技术中心等。目前，该公司的主要业务包括钢铁板块、轧钢及钢材深加工板块、国际贸易板块、高端装备制造板块四大板块。该公司主营金属新材料，主要产品包括轻轨、低合金轻轨、重轨、起重轨、异形钢轨、工字钢、槽钢、角钢、方扁钢、U形支护钢、履带板等专用型钢，等等。

4. 鞍山源鑫钢铁有限公司

该公司以从事黑色金属冶炼和压延加工业为主。该公司对原有的炼钢生产线进行技术改造，海洋用耐腐蚀钢筋等项目先后上马，为企业高质量发展不断注入新动能。该公司与宝武集团联合研发了用于3D打印汽车发动机缸体及零部件的高纯度水雾化铁粉。公司生产的建筑用高强度热轧螺纹钢筋，产品质量经国家省市质检部门抽检全部合格，被评为辽宁省名牌产品。该公司主营金属新材料，主要产品包括海洋用耐腐蚀钢筋、抗震钢筋、镁制品、金属粉末等。

5. 鞍山冶金集团新材料有限公司

该公司经营范围包括金属结构销售、金属结构制造、金属材料制造、金属制品销售。

6. 中晟（鞍山）钛业有限公司

该公司主要产品包括铝制品、铝镁制品、合金材料、耐火材料、海绵钛及其制品制造、镁锭、氯化镁、四氯化钛。

7. 鞍山市三合源金属合金制造有限公司

该公司经营范围包括有色金属合金制造、化工产品生产、合成材料制造、金属切削加工服务、金属结构制造、金属工具制造。

二、化工新材料领域部分园区及企业

1. 化工园区

现有三处化工园区：鞍山经济开发区、台安化工园区、海城腾鳌精细化工园区。鞍山经济开发区毗邻鞍钢，负责煤焦油产业发展。台安化工园区以鞍炼集团为龙头，负责石化产业发展。海城市以七彩化学为龙头，负责精细化工产业发展。

2. 鞍山润德精细化工有限公司

该公司经营范围包括第二、三类监控化学品和第四类监控化学品中含磷、硫、氟的特定有机化学品生产、基础化学原料制造、化工产品生产、涂料制造（不含危险化学品）、颜料制造、专用化学产品制造。

3. 鞍山市金钢碳纤维复合材料有限公司

该公司经营范围包括高性能纤维及复合材料制造、塑料制品制造、金属结构制造。

三、无机非金属新材料领域部分园区及企业

1. 辽宁海城菱镁新材料产业基地

目前，基地共有工业企业186家，年产菱镁产品约350万吨，是国内重要的镁质耐火材料生产和出口基地。

2. 海城镁矿集团有限公司

该公司主营菱镁石，普通及中高档轻烧、重烧系列产品，电熔产品，镁砖制品，不定型耐火材料等，是一个以生产镁质耐火材料为主的大型企业，具有70多年的生产历史。

3. 辽宁东和新材料股份有限公司

该公司是国家级专精特新"小巨人"企业。主要产品有轻烧氧化镁、电熔氧化镁、不定形耐火材料、耐火砖制品，并承担钢铁企业各种窑炉耐火材料的设计、制造、施工服务等。

4. 辽宁天盛镁业有限公司

该公司主要产品包括镁质防火门芯板、玻镁板、轻质隔墙板、轻烧氧化镁、重烧镁砂、中档镁砂、高纯镁砂、镁石、轻烧镁球、各种耐火砖、滑石粉、滑石、镁粉、镁制品、滑石制品。

5. 海城现代菱镁产业科技工程有限公司

该公司主要产品包括镁质精品新材料、新产品、镁化工材料及其产品、镁

建材、镁合金、耐火材料及产品。

6. 鞍山市鞍泰新材料有限公司

该公司主要产品包括新型功能及结构陶瓷材料、陶瓷内衬复合钢管、双金属复合钢管、橡胶制品、陶瓷片。

7. 鞍山奇发电子陶瓷科技有限公司

该公司主要产品包括介电陶瓷材料、瓷介电容器、微波频率元器件、PTC（Positive Temperature Coefficient）半导体陶瓷材料、陶瓷压敏电阻、热敏电阻、新型功能陶瓷材料产品。

8. 海城市顺昊耐火材料有限公司

该公司主要产品包括菱镁石、滑石、轻烧粉、重烧镁砂、中档镁砂、高纯镁砂、电熔镁砂、石墨。

9. 海城微纳粉体材料有限公司

该公司经营范围包括无机非金属粉体材料、高分子材料、滑石母粒、碳酸钙母粒、硫酸钡母粒的研究，滑石粉、碳酸钙、纳米钙、活性钙、硫酸钡、钛白粉、镁强粉、透明粉、氢氧化铝、氢氧化镁、建筑材料、化工原料与化工助剂的生产。

四、前沿新材料领域部分企业

鞍山创业生物新材料科技有限公司

该公司经营范围包括电子专用材料研发、新材料技术研发、合成材料制造（不含危险化学品），研发出不含无机盐、不含游离甘油的高纯聚合甘油系列和聚甘油脂肪酸酯所有系列产品，是一家集新材料、精细食品和化妆品等精细化工行业的研发、生产和销售服务于一体的高新技术企业。

第四节　抚顺市

抚顺工业基础雄厚，工业产业门类齐全，作为工业重镇，为国家发展作出了巨大贡献。新中国的第一吨铝、第一吨镁、第一吨硅、第一吨特种钢、第一台挖掘机，均产自抚顺。在冶金产业方面，抚顺是我国最大的军工和航天特殊钢生产基地，抚顺特殊钢股份有限公司的高温合金、钛合金、超高强度钢等用于航空、航天领域，市场占有率达60%，模具钢产量占国内市场80%以上。

近年来，抚顺新材料产业发展态势强劲。钢铁产业取得了巨大进展，在一些核心领域解决了关键性难题。抚顺特殊钢股份有限公司引进的7000吨快锻机投入生产。抚顺新钢铁有限责任公司新棒材生产线采用细晶控轧工艺，成功开发出细晶低成本HRB500E高强抗震钢筋。两家"老字号"企业，通过持续不断进行技术改造、提升装备水平，产品在高端市场的竞争力大幅提升，成为推动抚顺冶金新材料产业基地不断向中高端迈进的主力军。精细化工产业也取得了重大进展。抚顺高新区是高端精细化工产业发展的主战场。经过10余年发展建设，依托抚顺石化公司千万吨炼油、百万吨乙烯工程，引进了一批化工深加工项目，通过延伸乙烯、丙烯、碳四、碳五、碳九、芳烃、橡塑蜡等产业链条，初步形成了有机化工、精细化工、化工新材料、橡塑蜡深加工等产业集群，构建了以节能环保和危险废物利用为主的低碳绿色循环经济体系，产品涉及化工新材料、表面活性剂、催化剂、胶黏剂、水处理剂等领域。

根据抚顺市政府相关资料，2022年，抚顺炭素有限责任公司累计销售石墨电极23582吨，完成年度计划21000吨的112.30%。抚顺特钢技改工程总投资近10亿元，是抚顺特钢近年来技术改造工程投入量最大、项目最多的一年。2022年，抚顺市在全省率先成立了由市政府主导，集聚辽宁石油化工大学、中石化抚顺石油化工研究院、抚顺石化公司、高新区等科创要素的辽宁省石化产业技术创新研究院。高新区引进150个相关产业项目，拥有国家级高新技术企业54家、省级瞪羚企业12家、雏鹰企业17家、省级技术创新中心22个，生产专精特新产品33个。

一、金属新材料领域部分企业

1. 抚顺特殊钢股份有限公司

该公司是国家级高新技术企业，拥有国家级企业技术中心和博士后科研工作站。近年来多次被中国钢铁工业协会颁发特优质量奖、金杯优质产品奖、冶金科学技术奖等，多次被中国模具工业协会授予优秀供应商称号。公司以研发生产"高、精、尖、奇、难、缺、特、新"产品引领我国特殊钢材料发展，以满足国家特殊钢材料需求为己任，是我国特殊钢材料的重要研发和生产基地，被誉为"中国特殊钢的摇篮"。抚顺特钢长期雄踞国内特钢行业排头兵位置，为新中国航空航天、国防军工等高科技事业的发展作出了卓越贡献。公司主要以特种合金（高温合金和钛合金）、工模具钢、汽车用高档结构钢作为三大主导产品。以特种合金、超高强度钢、工模具钢、方扁钢、特种不锈钢、高合金管材作为六大支柱品牌产品。

2. 抚顺新钢铁有限责任公司

该公司具有年产铁240万吨、转炉钢260万吨、电炉钢40万吨、钢材260万吨的综合生产能力，集烧结、炼铁、炼钢、制钎、制氧于一体。主导产品有螺纹钢筋、高速线材、圆钢、管坯等。该公司产品畅销全国，在东北地区享有盛誉，远销我国港、澳、台等地区，以及韩国、日本、印度尼西亚、斯里兰卡等国家。产品先后获得国家产品质量免检证书及全国冶金行业"金杯奖"，并且成为抚顺市第一家成功申请国家出口一类企业资质的企业。

3. 抚顺东工冶金材料技术有限公司

该公司是专业从事铝合金焊丝生产、研发的高科技公司，具有2000吨/年高端铝合金焊丝加工生产能力，可生产多个系列标准及非标准牌号、多种规格的高端铝合金焊丝。公司生产的高强洁净铝合金焊丝被认定为辽宁省中小企业专精特新产品。具有完全自主知识产权，并制定了铝及铝合金焊丝、铸造铝合金焊丝企业标准。产品性能达到国际领先水平，被广泛应用于"三航"、军工、高铁列车、槽车、压力容器、高压开关及高端铝合金制品等领域。

二、化工新材料领域部分园区及企业

1. 抚顺高新技术产业开发区

该开发区位于抚顺市东洲区，先后引进各类投资项目158个，已基本形成丙烯、碳四、碳五、碳九、芳烃、塑料深加工、橡胶深加工及石蜡深加工等八大产业链条。

2. 抚顺东科精细化工有限公司

该公司是专精特新"小巨人"企业、辽宁省瞪羚企业、中国石油化工民营百强企业。以生产系列碳酸酯类锂离子电池电解液用有机溶剂、聚羧酸减水剂单体为主。主营减水剂、单晶硅切削液、表面活性剂、三乙醇胺、水泥、混凝土、混凝土外加剂、乙二醇、尿素、十二烷基苯、辛醇、己二酸、十二烷基苯磺酸、精对苯二甲酸、腈纶、丁苯橡胶、顺丁橡胶、高压聚乙烯、低压聚乙烯、线性聚乙烯、聚丙烯、乙苯、正丁醇、苯酚、丙烯、不饱和聚酯树脂、碳酸甲乙酯、碳酸二乙酯等产品。

3. 哥俩好新材料股份有限公司

该公司是国家级高新技术企业、中国胶黏剂和胶黏带工业协会常务理事单位、全国胶黏剂标准化技术委员会成员单位、辽宁省博士后创新实践基地、辽宁省胶黏剂工程技术研究中心、辽宁省企业技术中心、辽宁省职工创新工作室、辽宁省专精特新中小企业、辽宁省绿色工厂、辽宁省专精特新"小巨人"企业。现已发展为拥有胶黏剂、涂料、合成树脂、汽车用化学品等四大系列产品，集科研、生产、销售和服务于一体的专业化精细化工企业。主营业务为通用涂料、复合胶黏剂、特种胶、胶黏剂、瞬间胶、玻璃胶、瓷砖胶、密封胶、万能胶等。

4. 抚顺伊科思新材料有限公司

该公司经营范围包括异戊二烯、双环戊二烯、间戊二烯、异戊橡胶、合成橡胶、合成树脂产品及其原料和衍生产品、2-丁烯、氨、乙苯、正丁醇、正庚烷、正己烷、正戊烷、正辛烷、甲基叔丁基醚、乙腈、氨水、苯胺、甲醛溶液、氢氧化钠等。主要产品包括异戊橡胶（IR）、异戊二烯（IP）、间戊二烯（PIP）、双环戊二烯（DCPD）、粗异戊烯等。该公司荣获抚顺市外来投资优秀企业、石化新城建设突出贡献单位等荣誉称号。

5. 佳化化学股份有限公司（抚顺）

该公司是环氧乙烷精细加工领域引领行业发展的优秀企业，也是国内发展较快的环氧乙烷、环氧丙烷精细化工新材料企业。其下属企业抚顺佳化聚氨酯有限公司是以生产各种聚醚多元醇产品为主的专业企业，同时经营各种聚氨酯施工原料，是抚顺市科委的表面活性剂开发试验基地。公司的主要产品有三乙醇胺系列、聚醚系列、聚乙二醇系列、吐温系列、AEO系列、NP（TX）系列、OP系列、OE系列、EL系列、破乳剂系列、消泡剂系列、柔软剂系列等几十个品种。

三、无机非金属新材料领域部分企业

1. 辽宁国瑞新材料有限公司

该公司是专业生产等静压特种石墨和第四代核电站高温气冷堆用石墨材料的国家级高新技术企业，是辽宁省专精特新企业、国家科技重大专项课题承担单位。现拥有年产7000吨等静压特种石墨、300吨核级石墨粉、600吨核级石墨球的全套生产装置。产品主要应用于航天、核能、电子、光伏、冶金、精密模具等行业。该公司拥有高温气冷堆核燃料元件用人造石墨粉及其制备方法、天然石墨粉及其制备方法、高温气冷堆用石墨球及其制备方法3项国家发明专利。

2. 抚顺恒拓新材料有限公司

该公司经营范围包括碳素制品、耐火材料、煤炭、非金属材料及矿产品来料加工、委托加工等。

3. 抚顺市东方碳素有限公司

该公司主要生产Φ250~600普通功率、高功率和超高功率石墨电极及热解石墨、石墨件等。该公司多次获得国家级"重合同、守信用"企业、全国"双爱、双评"先进企业、辽宁省文明工厂、辽宁省百强私营企业等称号。

四、前沿新材料领域部分企业

1. 辽宁拓邦鸿基半导体材料有限公司

该公司经营范围包括半导体、光伏、航空、工业领域用石英、陶瓷、硅、金属、石墨及碳、高分子复合材料制造、研发，以及代理各类商品和技术的进出口等。

2. 辽宁芯诺电子科技有限公司

该公司主要产品涵盖各类二极管、双极型晶体管、达林顿晶体管、大功率MOSFET等半导体分立器件，以及运算放大器、集成稳压电源、数字隔离器等集成电路产品。产品广泛应用于北斗导航、探月工程、载人航天等国家航天重点工程。

第五节　本溪市

本溪市拥有材料产业发展的独特资源优势和产业基础，曾经的建材、钢铁等原材料加工业正是其立市之本。作为国家黑色金属和建材原料的重要产地，本溪已发现各类矿产 45 种，铁矿储量位居东北第一。以本钢为代表，重点发展高强汽车钢、电机铁芯用硅钢、轴承钢、齿轮钢、石油用钢、军工用钢等产品。钢铁、有色、建材、化工等大材料产业在该市规模以上企业中占有绝对优势，在全市地方社会总产值中也是举足轻重。虽然优势明显，但是也存在一些问题。本溪市的各类材料产业产品，传统产品仍然占大头，科技含量较低的产品居多，其资源优势长期被搁置，产业效益难以最大化。培育发展新材料将是优化材料产业结构的关键之举。化工新材料产业主要聚焦于发展高性能热塑性聚酯、高性能合成树脂、3D 打印用树脂材料、聚酰亚胺，以及多元复合高分子特种工程塑料等。无机材料产业利用石英砂资源优势，依托玉晶玻璃、福耀玻璃、金晶玻璃等企业，大力发展 Low-E 玻璃、超薄超白玻璃、汽车玻璃、家电玻璃，以及钢化玻璃等深加工产品，玻璃产业总产值已经占据辽宁省玻璃产业的半壁江山。

2023 年本溪市政府工作报告显示，全年重点推进了 343 个工业项目。投资 21 亿元的本钢特钢完成产能置换，投资 0.7 亿元的华岳精工智能化生产线项目竣工投产，投资 1.3 亿元的美高铝镜生产线竣工投产，投资 7.2 亿元的玉晶玻璃一窑两线技改项目完成设备安装，福耀深灰高端汽车玻璃纳入特斯拉采购订单，耐尔孵化园完成标准化厂房主体建设；本钢采购 272 户地方企业备品备件 64.2 亿元，废钢铁基地实现销售额 30 亿元。

一、金属新材料领域部分园区及企业

1. 本溪桥北经济开发区

该开发区主要以优质的铁、硅、青云石矿藏为依托，重点打造装备制造、高端玻璃及硅产品、汽车零部件、装配式建筑等产业集群，兼具物流仓储、危废处理处置、工业文化旅游等复合功能。

2. 本溪钢铁（集团）有限责任公司

该公司是辽宁省钢铁产业产学研创新联盟的牵头单位、中国质量协会确定的质量管理创新基地、工信部认定的国家技术创新示范企业和中国工业企业品牌竞争力百强企业，是以板材为主，普特结合、多业并举，跨地区、跨行业、跨所有制的大型钢铁集团公司。具有年产生铁320万吨、普钢300万吨、特钢50万吨、热轧板260万吨、冷轧板80万吨的综合生产能力。可以生产优质生铁、优质特钢、热轧薄板、冷轧薄板及镀锌板等产品，是我国重要的板材生产基地、我国生产精品板材的骨干企业之一。公司主要产品分为普钢系列、特钢系列、生铁、热轧板、冷轧板等。其中，本钢牌普钢系列产品有普镇钢、普沸钢、优质碳素钢、锅炉钢、船用钢、低合金钢、汽车大梁钢、容器钢、合金结构钢、链条钢、高级合金钢等20多个钢种的冷、热轧板材，本钢牌特钢系列产品有优质碳结钢、合金工具钢、弹簧钢、轴承钢、各类不锈钢等多达500多个钢种3000多个规格。

3. 辽宁高端金属材料有限公司

该公司成立于2020年，2020年底投资1亿多元建成东北地区最大、配套设施最先进的专业生产高端球墨生铁的$518 m^3$高炉及完整炼铁系统，年产生铁72万吨。母公司美匡冶金技术研究院（苏州）有限公司是一家高科技企业，在工模具钢、轴承钢、盾构钢等高端新材料研发上处于国际领先地位。美匡研究院拥有十几位国内一流钢铁冶炼专家，先后为本钢集团、辽宁参铁集团、鑫汇钢铁、青岛嘉美、新西兰TOOD集团等多家企业提供技术咨询和管理服务。公司经营范围包括黑色金属铸造、有色金属铸造、金属材料制造、有色金属压延加工、金属制品研发等。

4. 北台钢铁集团

该公司主营产品包括生铁、连铸方坯、板坯、矩形坯、螺纹钢、线材、中宽带钢等。该公司曾连续六年进入全国500家大型工业企业行列。

5. 本溪市金辉冶金材料有限公司

该公司主营产品包括锻件及粉末冶金制品、冶金专用设备、金属结构、锻件及粉末冶金制品等。

二、化工新材料领域部分企业

1. 本溪东颢化工有限公司

该公司是辽宁省专精特新"小巨人"企业,主营产品包括二硫化二甲基、甲硫醚、二甲基亚砜、化工产品(不含监控、易制毒、危险化学品)等。

2. 辽宁一一三(集团)化工有限责任公司

该公司是辽宁省高新技术企业,下设辽宁大学波莱特涂料研究与开发中心和本溪一一三化工研究有限责任公司两个研究机构。该公司主营产品包括化工产品、化工原料、化工助剂、化工机械、涂料等。

3. 本溪兴顺达化工有限公司

该公司主营产品包括易燃液体、易燃固体、自燃物品和遇湿易燃物品、氧化剂和有机过氧化物、化工产品(不含危险、监控化学品)等。

4. 本溪市陆博化工有限责任公司

该公司是辽宁省专精特新"小巨人"企业。主营产品包括LBHG-989抗磨型系列水-乙二醇抗燃液压液、水处理杀菌灭藻剂系列产品、消毒剂系列产品、常温多功能油污清洗剂系列产品、805多性能消泡剂、清净降凝剂、氨基磺酸盐减水剂、聚羧酸减水剂等。

5. 辽宁华日高新材料股份有限公司

该公司专业从事聚四氟乙烯等高分子材料制品的设计、研发和制造,是辽宁省专精特新"小巨人"企业。主营产品包括聚四氟乙烯(PTFE)、聚酰亚胺(PI)、聚醚醚酮(PEEK)、聚苯酯(POB)、对位聚苯(PPL)等各类高分子复合材料及多元高分子复合材料,生产加工可达3300 mm外径的大型、异型特种工程塑料制品。在制造大型、异型、填充聚四氟乙烯制品方面有丰富经验。产品广泛应用于航空、航天、水上水下舰艇等装备,以及汽车、自动化、医疗器械、化工等行业。

三、无机非金属新材料领域部分园区及企业

1. 本溪（高官）玻璃制品产业园

该产业园开发石墨烯储能材料、防护涂料、复合材料等，促进其在锂离子电池、防腐涂料、导电油墨、高端环境处理材料、石墨烯润滑油等产品中的应用。

2. 辽宁爱尔创生物材料有限公司

该公司是从事纳米陶瓷材料及产品研发和生产的高新技术企业。凭借良好的技术水平和高素质的管理团队，产品销往国内 20 多个省市和韩国、东南亚、北美、欧洲地区，成功打破国外产品垄断地位。该公司拥有国内发明专利 10 余项、国外发明专利 2 项，多次荣获国家、省部委颁发的相关荣誉与资质，是高新技术企业、辽宁企业博士后科研基地，并先后通过了中国 SFDA、欧盟 CE、美国 FDA、ISO 9000 质量体系、ISO 13485 医疗器械质量管理体系等相关资格审查认证。

3. 亚玛顿（本溪）新材料有限公司

该公司主营业务包括光伏镀膜玻璃、超薄物理钢化玻璃和双玻组件的研发和生产。凭借在前瞻领域的巨大研发投入，亚玛顿不断推陈出新，通过采用先进的大尺寸薄型热钢化技术，将钢化玻璃减薄至 2 mm 及以下，搭载高性能减反射镀膜技术，配合独特的光伏组件设计理念，创新开发了超薄双玻组件。

四、前沿新材料领域部分企业

1. 本溪北方恒盛电子有限公司

该公司主营业务包括半导体材料、电子产品生产、加工、制造，电子设备生产等。

2. 本溪福瑞德电子科技有限公司

该公司主营业务包括电子器件、电子元件、通用仪器仪表、输配电及控制设备、电子和电工机械专用设备技术研发等。

第六节　丹东市

丹东新材料产业聚焦于化工新材料和前沿新材料。其中，化工新材料的代表产品主要有高性能塑料及树脂、聚氨酯材料及原料、新型功能涂层材料、硼精细化工材料等，而前沿新材料主要有石墨烯碳新材料等。产业园区建设方面，丹东市依托凤城市、宽甸满族自治县、振兴区、东港市新材料重点项目，打造一批新材料产业聚集区，补齐先进制造业材料短板。技术创新方面，发挥优纤科技（丹东）有限公司等生物功能材料龙头企业生物基尼龙纤维专利优势，加大"尼龙56"产业化应用，打造国家或行业级生物基尼龙产业化基地；依托丹东明珠特种树脂有限公司、东港市昕宝科技化工有限公司、辽宁恒星精细化工有限公司等精细化工龙头企业，围绕差别化聚酯纤维、新型纺织涂层涂料、新型染料、茂金属聚乙烯等重点领域开展技术研发，培育一批战略性新兴产业骨干企业。周边资源利用方面，充分发挥丹东市矿产资源优势，依托硼、镁、石墨等资源优势，重点发展硼精细化工材料、人造石墨电极、石墨烯新材等产品。政策支持方面，丹东市正着力构建"463"产业发展新格局，其中，"6"即培育壮大新一代信息技术、新材料、新能源、高端装备制造、满族医药、海洋产业六大新兴产业。由此可见，丹东市政府为新材料产业提供了大量政策支持和引导，鼓励新材料产业发展。这些政策支持和引导大大促进了新材料产业相关企业、科研机构在技术创新、市场拓展等方面的发展。

同时，作为边境城市，丹东在跨境贸易和合作方面具备极大潜力。丹东边境经济合作区主导产业之一是新材料产业。因此，在新材料领域，丹东有很多机会与邻国进行技术合作，尤其是在新能源材料、环保材料等方面。跨境合作能够为丹东市带来更多新材料产业市场拓展的机会。

当前，丹东新材料产业规模以上企业有16户，占全市规模以上企业户的4%，规模以上企业产值达60余亿元，营业收入近60亿元。许多新材料企业拥有先进的技术，如优纤科技（丹东）有限公司，是国内拥有自主知识产权、生产"生物基尼龙56纤维"的高新技术企业，其承担的生物基尼龙56项目具有开创性意义；丹东市化工研究所有限责任公司，是国内唯一系统从事硼化物研究与生产的高科技企业，在无机硼化工产品研发领域处于国内领先水平。

2022年，丹东市已公布辽宁丹炭新材料有限公司超高功率石墨电极生产项目、丹东华录烯碳材料科技有限公司高新烯碳材料系列开发项目、丹东禄源新材料科技有限公司石墨烯碳新材料系列产品研发生产项目、辽宁翁泉硼镁股份有限公司硼酸联产中量元素水溶肥料项目、辽宁瑞江顺新材科技有限公司碳化硼生产加工项目等多个项目。

未来几年，丹东市将发展硼精细化工产品、新型含硼材料及硼综合利用产品、核电用高纯度硼酸、石墨烯碳等新型材料，还将拓展耐热铬合金钢、析出硬化系列不锈钢及医用特种不锈钢等金属新材料。

一、金属新材料领域部分企业

1. 丹东泰威新材料有限公司

该公司经营范围包括：工业硅、硼铁、铁合金系列产品、高钛渣研发、生产、销售，硅矿石产品生产加工、销售，钢材销售，货物及技术进出口经营，镁砂、电工级氧化镁、电极、菱镁矿石、镁制品生产、销售等。

2. 丹东嘉鸿新材料有限公司

该公司主要生产方向为有色金属冶炼、金属结构制造、建筑用金属配件制造、有色金属合金制造、有色金属压延加工、有色金属铸造、黑色金属铸造、金属材料制造。

二、化工新材料领域部分企业

1. 丹东市化工研究所有限责任公司

该公司前身为成立于1966年的丹东市化工研究所，是国内系统从事硼化物科研与生产的国家级高新技术企业。该公司曾承担国家科技攻关项目、国家中小型科技企业创新基金项目、辽宁省省校合作项目及海外学子合作项目等。目前生产六方氮化硼、无定形硼粉、二硼化钛、二硼化锆、六硼化钙等多种含硼化工新材料产品，其中六方氮化硼和无定形硼粉为公司的主导产品，六方氮化硼销售收入约占总销售收入的80%，无定形硼粉约占15%。

2. 辽宁恒星精细化工有限公司

该公司主营化工新材料，主要产品有：水性聚氨酯亮光涂层乳液、油蜡涂层胶、水性白纹涂层胶等外观/手感/功能涂层胶，活性染料印花糊料、耐高温发泡印花浆等活性/涂料/特种印花，超纤革及真皮涂饰用产品等。公司获得辽宁省优秀经营企业、国家知识产权优势企业、国家技术创新示范企业称号，参与项目"超强防雨面料关键技术及产业化"获得辽宁省科学技术进步奖，被评为"2022年度中国印染企业30强"。

三、无机非金属新材料领域部分园区及企业

1. 辽宁宽甸经济开发区

该开发区成立于2008年，2020年被辽宁省政府批准成为省级经济开发区，现辖面积48.92平方千米。截至目前，共有入驻企业68家，其中规模以上企业4家，高新技术企业3家。园区主导产业之一是非金属新型材料，重点引进硼、镁、石墨等产业项目。

2. 辽宁凤城经济开发区

该开发区成立于2008年9月，2017年9月被辽宁省政府升级为省级经济开发区。开发区规划总面积为21.02平方千米，其中围绕综合加工业打造的核心园面积为9.65平方千米，核心园累计入驻企业192户。开发区目前已经形成以石墨烯、凤城市联诚科技新材料有限公司为代表，高端新材料加工产业为主导的综合加工业产业集群。

3. 东港经济开发区

该开发区成立于1992年，1994年被批准为省级经济开发区，2005年首批通过国务院审核，2009年被辽宁省政府确定为"五点一线"沿海经济带重点发展园区之一。开发区规划总面积44.84平方千米，共有各类工商业户4000余家，其中规模以上工业企业40家，限上企业12家，高新技术企业25家，"小巨人"企业9家。开发区目前主导产业之一是以电子陶瓷、合金新材料、建材新材料等为主的新材料产业。

4. 丹东天赐阻燃材料科技有限公司

该公司主要产品有：环保型无机阻燃剂，如新型无机阻燃剂、新锐复合钛白粉、氢氧化镁、水滑石、硅铝粉；非金属矿产品，如水镁石粉、滑石粉、轻烧镁粉、轻烧镁球、镁强粉、硫酸钡、钾长石、高岭土、绿泥石、重质碳酸钙、轻质碳酸钙、重晶石、珍珠岩、火山石、蛭石、萤石等。

5.凯司玛（丹东）高新材料科技有限公司

该公司前身为丹东松元化学有限公司，现为日本协和化学工业株式会社投资的外商独资企业。该公司依托日本协和化学的产品技术优势，采用取得国家发明专利的技术，生产水滑石热稳定剂、合成氢氧化镁阻燃剂、取向硅钢氧化镁等产品。

四、前沿新材料领域部分企业

丹东禄源新材料科技有限公司

该公司是一家致力于向全球新能源客户提供石墨烯碳新材料系列产品和相关服务的专业公司。现有专利16项，大力引进人才、技术，同深圳盖姆石墨烯中心、中国科学院大连化学物理研究所、哈尔滨工业大学等院校、院所开展技术合作。公司主要产品有锂离子电池负极材料、可膨胀石墨、高纯石墨、石墨纸、石墨精粉等。

第七节　锦州市

锦州新材料产业主要涵盖金属、无机非金属和化工等领域。金属新材料主要有锆、铬、钼等合金及粉末。无机非金属新材料主要有半导体用石英元器件、光伏产业用石英原辅材料等。锦州市共有重点生产钛、锆、铬、铪、钼、锰等合金及粉末的主导产业企业50余家，金属铬、工业锆产量分别占国内产量的85%和90%以上，金属钼加工企业数量及产量在国内产业集中度最高。化工新材料主要有钛白粉、润滑油添加剂等。锦州新材料企业总产值近100亿元。许多新材料企业拥有先进的技术，如中信钛业股份有限公司，是中国氯化法钛白的先行者，自主创建了中国第一条氯化法钛白粉生产线，结束了中国钛白粉完全依赖进口的历史；锦州康泰润滑油添加剂股份有限公司、辽宁渤大化工有限公司两家企业从事润滑油添加剂及润滑材料的生产及研发，主要产品有磺酸盐、无灰分散剂、二烷基二硫代磷酸锌（ZDDP）、复合剂等；锦州永嘉化工有限公司，以生产电力电容器绝缘油、无碳复写纸压敏染料溶剂油、高温导热油（DBT）等精细化工新材料为主，已成为国内二芳基乙烷（PXE）和苄基甲苯绝缘油（M/DBT）生产能力最大的企业。

2022 年，中信钛业股份有限公司 6 万吨氯化法钛白粉、辽宁龙宇新材料有限公司有机颜料、锦州凯美能源有限公司扩产等项目建成投产，锦州名悦科技有限公司润滑油添加剂、锦州三丰科技有限公司高分子原材料、锦州科星生物科技有限公司医药中间体、北新新材料（锦州）有限公司胎基布等项目也在加快建设中。

一、金属新材料领域部分园区及企业

1. 辽宁汤河子经济开发区

该开发区位于锦州市西部，是辽宁沿海经济带重点园区、省级经济开发区。2022 年，依托汤河子经济开发区打造的锦州市先进有色金属材料创新型产业集群成功入选国家级创新型产业集群。作为我国建设较早的工业聚集区，该开发区已经成为国内钛及特种金属、高端钛白粉、大尺寸硅材料的生产基地。

2. 中信锦州金属股份有限公司

该公司集有色金属、化工、铁合金三大门类产品生产、研发、销售于一体，拥有国内领先的铁合金、稀有金属、化工产品生产技术和自主知识产权，主导产品为金属铬、中低碳锰铁、五氧化二钒、金属锆、金属钛。产品广泛应用于冶金、化工、石油、机械、电子、军工、航空、航天等领域。

3. 锦州特冶新材料有限公司

该公司主要产品有各种铁合金粉，3D 打印金属粉，高纯金属铬，高纯低气金属铬粉，锰系、铬系碳化产品、氮化产品，以及铬、钛、锆添加剂，产品广泛应用于钢铁、石油、航天、船舶、焊接材料、军工等领域。公司拥有自己的生产研发基地，并与厦门大学、东北大学、中南大学建立良好的产学研合作关系。

4. 辽宁天桥新材料科技股份有限公司

该公司主要产品包括二钼酸铵、四钼酸铵、七钼酸铵、高纯三氧化钼、钼粉、钼制品等钼化工及钼深加工产品。公司是国内难熔金属领域的大型民营企业之一，获评 2022 年度辽宁省专精特新中小企业、国家级高新技术企业、辽宁省创新中心。公司技术中心为省级企业技术中心，拥有海归博士、硕士等高端技术人才 30 余人。目前，公司拥有国家授权发明专利 3 项、实用新型专利 18 项，获得省级科技成果 2 项、锦州市科技进步奖 8 项。

5. 宝钛华神钛业有限公司

该公司主营金属新材料，主要产品有重要用途海绵钛、低铁低镍海绵钛、工业级海绵锆、火器级海绵锆，获得辽宁省专精特新"小巨人"企业、辽宁省智能制造企业称号，累计完成 8000 多项国家科研课题，取得 700 余项科研成果，是我国钛加工企业中首家被发改委、科技部等部委联合认定的国家级企业技术中心。公司在行业内首先实现海绵钛"氯化＋精制＋还原＋电解"的循环经济生产模式，拥有国内最先进的海绵钛生产技术，也是国内唯一实现全流程的钛锆铪生产企业。

6. 辽宁新华龙大有钼业有限公司

该公司主营金属新材料，主要产品有氧化钼、钼铁、钼精矿等，为国内大型民营钼业企业，连续多年获得辽宁省"诚信示范企业""守合同重信用企业""百强民营企业""瞪羚企业""名牌产品"等称号，连续多年成为锦州市工业十强企业、锦州市功勋企业，"N.C.D"商标被辽宁省工商行政管理局认定为辽宁省著名商标。

二、化工新材料领域部分园区及企业

1. 锦州滨海新区（锦州经济技术开发区）

该开发区 1992 年 3 月批准设立，为省级经济开发区，2010 年 4 月晋升为国家级经济开发区。开发区重点发展五大主导产业，即石化及精细化工产业、光伏电子信息产业、装备及汽车零部件产业、新能源新材料产业、医药及大健康产业。

2. 辽宁龙宇新材料有限公司

该公司主要经营项目有颜料制造、颜料销售、塑料制品制造、塑料制品销售、固体废物治理、化工产品销售等。

3. 锦州市锦隆染料化工有限公司

该公司主要经营项目有染料制造、染料销售、化工产品销售、化工产品生产、专用化学产品销售、专用化学产品制造等。

三、无机非金属新材料部分园区及企业

1. 锦州市士成新材料有限公司

该公司拥有连熔法生产透明石英玻璃、乳白石英玻璃，旋转法生产乳白石英玻璃，气炼法生产石英砣等多种工艺方法，还生产红外石英加热灯，可以对石英玻璃进行热加工，如改变石英管的口径作为半导体应用材料等。

2. 锦州佑鑫石英科技有限公司

该公司致力于太阳能级和半导体级石英坩埚的生产和研发已10余年，目前可生产18~40英寸等多种型号的石英坩埚制品。

3. 阳光能源控股有限公司

该公司主要生产各类太阳能光伏组件、太阳能电池组件等。至今获得300多项国家专利，50多项省市科学技术奖一等奖、二等奖、成果奖，是国家级高新技术企业、国家级绿色工厂、2022年全球新能源500强企业（NO.189）、新能源企业全球竞争力100强（NO.92）、中国能源企业500强（NO.297）、中国光伏组件企业20强（NO.11）等。

四、前沿新材料领域部分企业

锦州时代新材料科技有限公司

该公司主要生产石墨及碳素制品。

第八节 营口市

营口市是东北地区民营经济最为活跃的城市之一，新材料领域发展活跃，化工新材料尤其突出，产品主要包括聚酯薄膜、抗氧剂、催化剂、纤维材料等。相关企业包括营口风光新材料股份有限公司、营口鼎际得石化股份有限公司以及营口兴福化工有限公司等。

"十四五"时期，营口积极推进新材料产业建设，其中新型膜材料（高导

热石墨膜、新型锂电池隔膜等)、新型催化材料及助剂类材料(新型催化材料、助剂类和高品质新型有机活性材料中的荧光剂、增白剂材料等)和新型化学纤维及功能纺织材料(PBT 纤维、尼龙 66 系列功能纤维、PTT 纤维等)是营口市"十四五"时期聚焦的新材料产业。营口市以建设国家创新型城市为引领,在加大创新平台建设力度的同时,努力打通科技与经济结合的通道,为企业技改创新提供多渠道资金支持,推动企业不断做大做强。在高端装备制造、节能环保、新材料、新能源、数字和信息技术等战略性新兴产业方面,营口大力开展省、市级"揭榜挂帅",实施一批"软科学研究+关键技术攻关"重点项目。推荐 42 个项目申报省"揭榜挂帅"科技攻关项目,其中有 6 个项目已进入省"揭榜挂帅"项目评审环节。完成 6 项市级"软科学"指南征集、21 项"揭榜挂帅"指南征集。科学技术部中国科学技术信息研究所发布《国家创新型城市创新能力评价报告 2022》,在国家创新型城市创新能力指数排行榜中,营口位列全国第 91 位。

2022 年,营口市的科技创新主要任务指标均居辽宁省前列,其中全年新增注册登记科技型中小企业 433 户,培育新增高新技术企业 60 户、雏鹰及瞪羚企业 44 户,增量居辽宁省第 3 位。全年转化落地科技成果 70 项,完成技术合同登记额 11.35 亿元。2022 第六届全国润滑油产业发展高峰论坛暨润滑油企业联盟三届二次会员大会上,洛阳轻捷润滑油科技有限公司投资 1 亿元建设营口轻捷石化有限公司,合作项目完成后年生产润滑油达到 2 万吨、润滑脂 4000 吨。2022 年 5 月,康辉新材料科技有限公司建设的湿法锂电池隔膜项目开工,包含 4 条超强湿法隔膜制膜线、2 条涂覆隔膜线,形成"基膜+涂覆"一体化生产线,实现了首条生产线全线贯通。

一、金属新材料领域部分园区及企业

1. 钢铁工业园区

该园区位于辽宁省营口市老边区边城镇上白线,面积约 28.81 亩(约 1.92 hm^2)。主要包含矿产品、建筑材料(砂石料除外)、化工产品。

2. 日钢营口中板有限公司

该公司主要板材产品以军工、造船、管线、桥梁、锅炉容器、模具用钢为代表,线材产品涵盖预应力钢筋、焊丝焊线、冷墩钢、硬线等主要品种。现有

5000，3800，2800 mm 中厚板生产线3条及高速线材生产线3条，是目前国内精品中厚板材的重要出口企业之一，连续十几年中厚板出口量居全国第一。公司建设有省级创新平台2个、校企合作创新平台1个、企业合作创新平台1个。拥有授权专利154项，参与制定国家标准3项、行业标准1项，主持制定行业标准2项。2022年，公司完成省级工业重大专项"高效焊接用厚钢板的关键技术研究及产业化"研究任务；公司开展的"新一代连铸二次冷却及可控压下关键技术"获得中国钢铁工业协会、中国金属学会冶金科学技术奖二等奖；公司获得2022年"中国优秀钢铁企业品牌"、"2022—2023年度全国造船板优质生产企业"和中国交通物资有限公司"2022年度优秀供应商"称号。

3. 辽宁爱维尔金属成型科技股份有限公司

该公司是国家级专精特新"小巨人"企业。主要从事球墨铸铁管路连接件及其他铸件研发、设计、生产、运输、贸易。自主研发设计DN300以下整体模具进行整铸，并能根据客户实际需求，研发设计制造DN2000以上的高端重防腐技术球墨铸铁管件。

二、化工新材料领域部分园区及企业

1. 中国·营口润滑新材料产业园

该产业园位于辽宁省营口市，化工产业区一期17平方千米土地已开发完毕，实现"五通一平"，并入驻精细化工企业38户。着力构建润滑新材料、农化及医药中间体、助剂、化工新材料等四大精细化工产业板块。

2. 辽宁鼎际得石化股份有限公司

该公司主营聚丙烯催化剂、聚乙烯催化剂、给电子体、抗氧剂、复合抗氧剂及其他聚烯烃用助剂，实现300吨催化剂年产量、2.5万吨抗氧剂年产量，是国内少数同时具备高分子材料高效能催化剂和化学助剂产品的专业提供商。公司建有省级企业技术研发中心、CNASS认证实验室、市级工程技术中心。公司取得多项知识产权并获评辽宁省专精特新"小巨人"企业、辽宁省瞪羚企业。

3. 营口三征新科技化工有限公司

该公司是国家级专精特新"小巨人"企业。主要从事医药中间体、兽药中间体、农药中间体、反应性有机磷阻燃剂和其他精细化工中间体及定制化学品的研发和生产。

4. 营口风光新材料股份有限公司

该公司是国家级专精特新"小巨人"企业。主要生产及研发高效橡塑助剂系列产品，产品主要为受阻酚类主抗氧剂、亚磷酸酯类辅助抗氧剂等。

5. 营口润达新材料有限公司

该公司是由辽宁红运投资（集团）有限公司独资创办的一家以科技为动力，以酚醛树脂为主业，以国内市场为导向，集研发、生产、销售于一体的现代化高新技术企业。公司主要生产各种高性能酚醛树脂，主要产品包括铸造覆膜砂树脂、磨料磨具酚醛树脂、耐火材料和摩擦材料等。年产高性能酚醛树脂达2万吨，出口世界各地。公司申请获得"一种智能水处理加药设备""酚醛树脂反应釜加热装置""酚醛树脂反应釜冷却水循环装置""酚醛树脂反应自动控制装置"等多项专利技术。

6. 天元航材（营口）科技股份有限公司

该公司产品以军用为主、民用为辅，主要为航天新材料，专注于以固体火箭（导弹）推进剂原材料为主的航天新材料的研发、生产和销售。

三、无机非金属新材料领域部分园区及企业

1. 营口航船先进新材料产业园

该产业园位于辽宁省营口市，以能源动力材料、树脂材料、陶瓷材料、防腐材料等各类先进新材料研发生产为主。计划引进具有一定规模的航船专用高性能结构材料、防静电材料、能源材料、防腐材料、耐烧蚀材料、隔热材料、装甲防护材料、高性能隐身材料等先进新材料研发生产企业，建设航船先进新材料研发基地。

2. 营口中捷仕达隔板有限公司

该公司是国家级专精特新"小巨人"企业。主要产品为蓄电池隔板及其零部件、絮状纤维等。

3. 信义玻璃（营口）有限公司

该公司主要生产优质浮法玻璃和节能建筑玻璃。

4. 大石桥市美尔镁制品有限公司

该公司主要研发、生产、销售防火电缆用氧化镁粉、电工级氧化镁粉、焊条用氧化镁粉，产品广泛用于民用、工业用加热设备。

四、前沿新材料领域部分企业

1. 营口石墨烯科技有限公司

该公司主要从事石墨烯及石墨烯产品的生产销售、技术开发、技术咨询、技术转让、技术推广、技术服务及产品设计，化工产品及电子产品销售，货物进出口及技术进出口。

2. 营口科威新材料科技有限公司

该公司是高新技术企业。主要从事生产、加工、销售石墨、石墨烯等碳材料。主要经营产品有可膨胀石墨、天然鳞片石墨、高纯石墨、高碳石墨、石墨烯等。产品广泛应用于电子通信、航空航天、军事产品、防腐材料、耐火材料等领域。

第九节　阜新市

阜新现有新材料企业14家，分布在阜新蒙古族自治县、彰武县、海州区、细河区、太平区、新邱区和开发区。金属新材料方面，依托九星钛材料（辽宁）有限公司研发钛合金制品，以及面向航空、航天及核电等高端领域所需的钛合金新材料；依托辽宁康森化工科技有限公司、中褚钛业（阜新）有限公司，研发高性能化学储能材料；依托阜新建兴金属有限公司、阜新力达钢铁铸造有限公司等企业，推进锰系、铬系合金材料，新型金属功能材料的研发，提升短流程铸造能力与技术水平。无机非金属新材料方面，依托阜新晟氟利高分子材料有限公司、辽宁金石科技集团有限公司等企业，重点研发玄武岩纤维及其他非金属纤维、岩棉制品、膨润土制品、陶瓷球等；依托彰武联信金莹铸造材料有限公司、辽宁隆源砂业有限公司，打造硅砂资源整体开发利用和精深加工产业链，重点研发新型覆膜砂、石油压裂砂、再生砂、3D打印砂、微晶玻璃等硅砂产品。化工新材料方面，以氟产业开发区为载体，发挥该市及周边地区丰富的萤石资源和雄厚的产业基础优势，强化氟化工高端产品的基础研究和应用研究，重点研发高品质含氟医药、农药中间体等精细化学品，延伸产业链；依托金凯（辽宁）生命科技股份有限公司、阜新达得利化工股份有限公司等企业，研发含氟精细化学品；依托辽宁众辉生物科技有限公司、阜新乾屹精细化工有限公司等企业，研发含氟医药农药；依托辽宁氟托新能源材料有限公司、凯莱英医药化学（阜新）技术有限公司等企业，研发高纯氟化盐产品；依托阜新瑞丰氟化学有限公司、辽宁康森化工科技有限公司等企业，研发含氟聚合物产品。

2022年，阜新禧峰包装材料有限公司年产2500吨PET片材、PE片材、水稻育秧盘项目，宝钛华神钛业有限公司新建年产1.2万吨海绵钛生产线项目及新建年产3000吨四氯化锆生产线项目已竣工验收；万霖（辽宁）新材料有限公司液晶中间体项目、阜新清樱升科技有限公司年产1.4万吨含氟中间体一期项目等项目在加快建设中。

一、金属新材料领域部分企业

1. 九星钛材料（辽宁）有限公司

该公司主要经营范围包括钛制品深加工及经营，货物及技术进出口，衡器用砝码制造、销售。该公司是目前全国较大的高钛渣生产企业之一。公司具有近4万吨/年高钛渣的生产能力，产品销量接近全国市场份额的10%。近年来，该公司与攀钢钢铁钛金属研究院密切合作，在工艺路线创新、节能减排技术改造方面取得重大突破性进展，共有3项国家发明专利和15项实用新型专利，曾获得国家级高新技术企业称号。该公司主营金属新材料，主要产品包括高钛渣、钛、半钢等。

2. 阜新中孚轻金属科技有限公司

该公司是国家级高新技术企业、国家级专精特新"小巨人"企业、国家级科技型中小企业、辽宁省瞪羚企业。该公司是以有色合金类汽车配件加工为主的生产企业，主要生产各种汽车油泵类铸件。

3. 国合（辽宁）新材料集团有限公司

该公司经营范围包括黑色金属、有色金属冶炼及压延加工，相关产品及技术研究开发、砌块加工，矿产品加工，锰矿原料烧结处理等。

二、化工新材料领域部分园区及企业

1. 辽宁阜新氟产业开发区

该开发区始建于2008年，是辽宁省政府和阜新市政府确定的重点产业园区、辽宁省唯一的专业氟化工园区。开发区充分发挥萤石资源优势，依托现有含氟精细化学品产业优势和技术优势，特色发展高品质含氟精细化学品，规模发展含氟医药中间体及原料药、含氟农药中间体及原料药、高性能氟化盐、高端含氟聚合物、功能性膜材料、氟涂料及氟碳化学品，适当发展高附加值的其他精细化学品。

2. 阜新奥瑞凯精细化工有限公司

该公司主要产品有吡啶系列、嘧啶系列、苯环系列、原料药及其他精细化工中间体产品。

3. 阜新峰成化工科技发展有限公司

该公司是国家级高新技术企业、辽宁省瞪羚企业。主要生产原料药中间体及含氟苯、吡啶衍生物等系列产品。

三、无机非金属新材料领域部分园区及企业

1. 阜新新型材料产业开发区

该开发区位于阜新市主城区东南部，规划面积28.56平方千米。2017年12月晋升为省级经济开发区。该开发区着力打造新型材料和绿色食品两个产业基地，重点发展金属新材料、复合材料、新能源、绿色食品四大产业。计划总投资20亿元的复合材料产业园项目，打造辽西地区功能最全、辐射全国，以复合材料研发生产为主的产业园。新材料开发区重点瞄准京津冀、长三角、珠三角区域和重点产业进行招商，重点打造有色金属延伸产业链集群先导区，

重点承接"京津冀"产业转移项目。

2. 辽宁中泰景观陶业有限公司

该公司是专业生产景观烧结砖的大型生产厂家,紧靠东北最大的非金属矿,制砖材料优良。该公司生产工艺国内最先进,引进世界制砖强国澳大利亚制砖技术,生产线先进科学,投资数千万元,采用目前国内外最先进的隧道窑。使用碳化硅板,有效地控制了尺差、色差以及强度。该公司已成长为北方景观烧结砖企业,广受市场好评。该公司主营无机非金属新材料,主要产品包括景观陶瓷、广场砖、透水砖、环保砖、园林砖、劈开外墙砖等。

3. 阜新市三聚绿源生物质新材料有限公司

该公司主要经营范围为秸秆生物质收集和加工,生物质炭基材料、炭基制剂、生物炭基核心剂等生产和销售。

四、前沿新材料领域部分企业

1. 辽宁中天石墨新材料有限公司

该公司是专业从事冶金高功率及超高功率石墨电极的生产厂家。该公司通过 ISO 9001 及 ISO 14000 等标准体系认证,坚持与多家教研机构进行紧密合作。不断引进消化吸收国内外石墨新材料的新工艺和新技术并予以创新,在石墨新材料领域取得了显著的成效。该公司主营前沿新材料,主要产品包括石墨制品、石墨设备、石墨烯制品、石油焦制品等。

2. 阜新暖玛士石墨烯科技有限公司

该公司主要经营石墨烯材料、功能玻璃和新型光学材料、石墨及碳素制品等。

第十节 辽阳市

辽阳市是辽宁老工业基地城市之一。"十四五"期间,主攻芳烯烃及精细化工、铝合金精深加工、先进装备制造及汽车零部件三大主导产业,改造升级钢铁、建材水泥、菱镁等传统优势产业。继续做大做优石化产业,打造芳烯烃及精细化工产业基地。依托辽阳石化化工原料优势，延伸芳烯烃产业链条，打造特色化工产业、特色化工产品，继续做强精细化工产业链，鼓励辽宁奥克、科隆等企业扩大聚羧酸减水剂及单体、聚乙二醇、表面活性剂等产品的生产规模，进一步研发和生产环氧乙烷衍生物新品种。同时，培育发展日用化学品关联产业，依托灯塔日化产业园，发挥圣德华星集团表面活性剂资源优势，继续延伸拓展下游产业链条，发展日用化学品产业。持续做强做精冶金产业，不断打造金属材料精深加工产业基地。全市围绕铝、钢铁、铜、镁等优势资源，延伸铝合金精深加工、冶金钢铁产业链条。铝材产业以忠旺集团为依托，优化产能布局，发展铝挤压、铝深加工，延伸铝合金精深加工产业链。依托5.4亿吨储量的菱镁矿资源优势，严格执行菱镁资源总量控制和菱镁矿浮选及镁砂产能置换政策，以高端化、现代化和绿色化为发展方向，加快菱镁高端耐火材料、菱镁建筑材料、菱镁化工材料和镁基合金材料发展。以辽阳宏盛镁制品有限公司、辽阳二旺镁业和镁鑫建筑科技有限公司等龙头企业为依托，引导企业做大镁质建筑材料和镁质化工材料，重点发展装配式墙板、保温防火板、功能氧化镁等产品。

2022年，辽阳市石化工业完成工业总产值650亿元；冶金工业完成工业总产值475亿元，其中，铝精深加工业150亿元、钢铁精深加工业290亿元、铜产业20亿元、菱镁精深加工业15亿元。重点推进辽阳石化280万吨/年DCC及下游配套产业项目、10万吨/年尼龙66项目、10万吨/年二氧化碳捕集及20万吨/年碳酸二甲酯项目。在锂电池方面，重点推进辽宁奥克低温锂电池生产线项目、港隆化工锂离子电池材料工程（三期）项目、金谷炭材料年产100万平方米耐火材料石墨毡（电极）技术改造项目。在铜产业方面，则依托金科达、泽华电子等骨干企业，围绕和畅电子年产5万吨中高精度铜板带材生产线，发展铜基电子材料。

一、金属新材料领域部分园区及企业

1. 辽阳经济开发区

该开发区创建于1992年4月，初期命名为辽阳市经济开发带。2002年1月经辽宁省政府批准为省级经济开发区，并命名为辽阳经济开发区。

2. 忠旺（辽阳）铝合金车体制造有限公司

该公司经营范围包括汽车车辆铝合金车体总成、部件总成及零部件的设计、研发、生产制造及销售，航空航天、汽车、船舶、电力电子、建筑、机械设备、新能源等领域铝合金产品的设计、研发、制造及销售，铝合金制品的加工及销售。

3. 辽阳铁合金有限责任公司

该公司经营范围包括铁合金新材料生产技术研究开发，铁合金、黑色金属和有色金属冶炼及压延加工、相关产品及技术研究开发。

4. 辽阳辽冶铁合金厂

该公司经营范围包括锰、铬、硅、硼、钒、钛、铌等铁合金生产，铸铜件、铸铁件加工及销售，建筑材料、钢材、化工产品（不含危险品）、炉渣销售，铝合金加工。

5. 辽阳国际硼合金有限公司

该公司经营范围包括生产、销售硼合金、特种铁合金及硼系、锰系、铬系合金产品，铁合金炉料，化工原料。

二、化工新材料领域部分园区及企业

1. 辽阳国家高新技术产业开发区

该开发区企业生产200多种石化及精细化工产品，是国家新型产业化基地、国家高新技术产业化基地，也是国内最大的环氧乙烷衍生精细化学品生产研发基地。

2. 辽宁华兴集团化工股份公司

该公司是一家以绿色环保可再生资源和天然油脂（棕榈仁油、棕榈油、椰子油）为主要原料，生产天然脂肪醇及各种表面活性剂产品的日用化工高新企业，是近年新崛起的集科研、开发、销售、运输于一体的高科技民营化工企业。该公司现已成为亚洲最大、世界排名第五的天然脂肪醇和非离子表面活性剂生产基地。该公司已有自主研发专利技术10余项，主要产品包括脂肪醇、表面活性剂、氧化剂和有机过氧化物等。

3. 辽宁庆阳特种化工有限公司

该公司经营范围包括硝酸、苯、苯胺、硝基苯、间二硝基苯、涂料棉、邻甲苯胺的研发与生产。

4. 辽阳信友化工产品有限公司

该公司经营范围包括碳酸甲乙酯、天然橡胶、松香、有机化工材料（不含许可项目）的生产销售，环己烷、石脑油、苯、甲醇、二亚乙基三胺、乙醇（无水）、马来酸酐、碳酸二甲酯、碳酸二乙酯、甲醇钠、1，6-己二胺、乙二酸二甲酯、乙二酸二乙酯、乙腈、N，N-二甲基甲酰胺等的生产。

三、无机非金属新材料领域部分企业

1. 辽阳天瑞水泥有限公司

该公司是辽宁最大的熟料、水泥生产企业，公司主导产品"天瑞牌"系列水泥覆盖辽、吉、黑三省，并远销山东、浙江、广州等沿海地区。该公司入选2022年辽宁省重点培育数字化转型标杆示范企业、被认定为辽宁省"智能工厂"。公司主营无机非金属新材料，主要产品包括水泥、水泥熟料、水泥制品等。

2. 辽阳宏图碳化物有限公司

该公司主要产品包括碳化硅发热元件、碳化硅及制品、碳素制品、冶金炉料、金属制品。

3. 辽宁夏普洛陶瓷新材料有限公司

该公司经营范围包括特种陶瓷制品制造等。

四、前沿新材料领域部分企业

1. 辽阳鸿宇晶体有限公司

该公司是辽宁省高新技术企业、辽宁省科技型中小企业、辽宁省省级企业技术中心、辽宁省瞪羚企业、辽宁省专精特新中小企业。主要产品包括石英晶体谐振器、石英晶体振荡器、石英晶体滤波器、表面贴装石英晶体元器件等。

2. 中科（辽宁）碳素科技有限公司

该公司经营范围包括石墨及碳素制品制造、电子专用材料制造、高性能纤维及复合材料制造、光伏设备及元器件制造、半导体器件专用设备制造。

3. 辽阳恩琵欧镁新能源有限公司

该公司经营范围包括新兴能源技术研发、电池制造、石墨及碳素制品制造等。

第十一节　铁岭市

铁岭新材料产业主要有新型橡胶材料、新型环保材料、新型复合材料、先进金属合金材料，以及特种新型材料等。现有规模以上新材料企业7户：辽宁大鹰水泥制造有限公司、博迈特硼合金股份有限公司、铁岭远能化工有限公司、辽宁奥斯福科技有限公司、辽宁蓝煜新材料有限公司、辽宁中利光电新材料有限公司、沈阳泰石岩棉有限公司。从整体上看，铁岭新材料产业相关企业规模较小，虽然橡塑产业发展较早，也拥有一定数量的相关企业，但不论是企业数量还是产品产值，与其他成熟的橡塑产业集群相比还是有一定的差距。橡塑企业多为橡塑制品生产企业，上下游企业相对缺乏，行业间、企业间配套协作不紧密，产业链条整体作用发挥不充分，并且行业龙头企业的作用不突出，产业抵御市场竞争力和抗击市场风险的能力较弱；目前具有研发实力的企业数量有限，高技术含量、高附加值、高质量的产品生产能力不足，产品技术创新能力有待加强，行业的整体技术水平和竞争能力亟待提高。

铁岭市政府2022年工作报告显示，铁岭市项目建设取得新成效。2022年春季辽宁中惟年产15万吨新型装配式钢结构项目正式开工。新签约亿元以上项目130个，到位内资209亿元。构建省级典型类实质性产学研联盟12个，科技成果本地转化应用15项，新增高新技术企业18户、科技型中小企业70户。

一、金属新材料领域部分企业

1. 辽宁卡斯特金属材料发展有限公司

该公司是一家集设计服务、铝合金铸造、机械加工、表面喷涂钣金、焊接、装配于一体的一站式服务高新技术企业,也是国家专精特新"小巨人"企业。经营范围包括金属材料制造、金属结构制造、金属表面处理及热处理加工、黑色金属铸造、有色金属铸造、淬火加工、金属加工机械制造等。

2. 辽宁天实化工机械有限公司

该公司主营产品包括加工制造钛、镍、不锈钢及锆材、哈氏合金、蒙乃尔合金、因康奈尔合金等有色金属材料为主的压力容器。

二、化工新材料领域部分企业

1. 辽宁星河实业有限公司

该公司是一家集研发、生产、营销、服务及应用技术推广于一体的新型现代化企业。公司资产总值超过1亿元。该公司现有PE高速生产线10条,可生产20~800 mm口径管材;拥有中大型管件一次成型注塑机8台,生产一次注塑成型管件最大克重可达到4万克,各种对接承插管件模具400多套。拥有国内一流的生产检测设备,包括熔融指数仪、管材耐压爆破试验机、刚度试验机等。公司主要生产PE钢丝网骨架增强复合管、PE-RT Ⅱ型管材管件、PP-R纯塑管材管件等系列管道产品。公司产品广泛应用于建筑、电力、通信、农业、市政等各个领域。公司主营产品包括"爱梦得"品牌新型环保管材——PE给水管材管件、PE钢丝网骨架增强复合管、PE-RT Ⅱ型管材管件、PP-R纯塑管材管件、U-PVC排水管材管件、PE-RT地热管等。

2. 开原亨泰化工有限公司

该公司主要从事医药中间体研发、生产以及精细化工类产品生产,现有8条精细化工产品生产线,生产三大系列12余种原料药产品,主要产品有L-左旋肉碱系列、VC棕榈酸酯系列和氨酪酸系列。公司拥有良好的质量管理体系、生产管理体系、EHS 运营管理体系，其产品大部分出口美国、印度、德国、荷兰、意大利、泰国等国家。

3. 辽宁麦琪新材料集团有限公司

该公司是辽宁省工业涂料最具规模化和现代化的骨干企业，拥有多项发明专利的高新科技型企业。主营产品包括树脂胶、水性球场材料、水性塑胶跑道、水性聚脲材料、水性鳞片胶泥、水性木蜡油、水性防腐涂料、水性地坪涂料、水性墙面涂料、水性防水涂料等。

三、无机非金属新材料部分园区及企业

1. 昌图经济开发区

该开发区始建于 2006 年，前身是昌图县老四平工业园区。2008 年成立昌图县工业园区管理委员会。同年 10 月，按照省委、省政府的战略部署，规划建设了辽宁省换热设备产业基地。2017 年 9 月正式晋升为省级经济开发区，正式更名为辽宁昌图经济开发区。昌图经济开发区地缘优势突出，地处辽、吉、蒙三省区交界，区内道路、给水、排水、供电、通信、燃气、供热等基础设施已实现"七通一平"，区内"八横七纵"主干路网已经具备承载大项目的能力。主导产业发展方向为新型能源材料、建筑材料、高端装备新材料等。

2. 铁岭运昌新材料有限公司

该公司主营产品包括建筑材料添加剂、高性能减水材料、阻聚材料等。

3. 辽宁樱花耐火保温材料有限公司

该公司主营产品包括岩棉制品，硅酸铝制品，聚合物砂浆，网格布制品，胶粉聚苯颗粒砂浆，聚氨酯板、管及直埋保温管，碳硅铝复合板，橡塑板、管及保温制品生产等。

四、前沿新材料领域部分企业

1. 辽宁中世翰洋半导体有限公司

该公司主营半导体器件专用设备制造、集成电路芯片及产品制造、电力电

子元器件制造等。

2. 辽宁艾森半导体科技发展有限公司

该公司经营范围包括电子高纯度硅（14N，12N）及其相关产品研发、半导体相关产业项目建设和运营、半导体设备研发等。

第十二节 盘锦市

盘锦新材料产业门类比较齐全。金属新材料主要有钒氮合金材料、锂电池铜箔等，无机非金属新材料主要有改性沥青防水卷材、新型建筑材料等，化工新材料主要有高性能合成树脂、高性能催化材料等，前沿新材料主要有石油焦粉等。近年来，盘锦新材料产业发展步伐持续加快，创新成果不断涌现，一批龙头企业和领军人才不断成长。集聚化发展态势初步形成，通过不断调整和引导，盘锦市新材料已经形成一定的区域特色。辽东湾新区的有机硅、聚醚醚酮、ABS 等先进石化化工新材料，大洼区的石化及精细化工新材料、新型建筑防水材料，高新区的石墨烯导热膜、钕铁硼永磁体、氮化镓半导体芯片等电子信息材料，双台子区的 3D 打印 ABS 树脂专用料、精细化工材料，盘山县的新能源材料、高分子纳米复合材料、新型建筑防水材料等先进石化化工新材料，在国内具有较高的知名度。盘锦以石化及精细化工产业链作为优势产业链，以"强链"为重点，以基本化工原料、精细化学品为发展方向，打造高品质、高附加值产品比重，建设世界级石化及精细化工产业基地，形成全产业链的市场竞争优势。目前，盘锦已建成省级以上新材料产业园区 1 家，辽滨沿海经济技术开发区和盘锦高新技术产业开发区分别获批石油化工和装备制造（石油装备）国家新型工业化示范基地，现有院士工作站 7 家、国家级企业技术中心 1 家、省级工程实验室（工程研究中心、企业技术中心）64 家。

2022 年，盘锦三力中科新材料有限公司完成甲基丙烯酸甲酯千吨级中试，技术达到国际先进水平；盘锦研峰科技有限公司的中试项目攻克烯烃聚合催化剂中间体的合成技术，改变了国内此类产品主要依靠进口的局面；盘锦伟英兴高性能材料有限公司年产 1500 吨聚芳醚酮生产与加工项目正式运行；盘锦三力中科新材料有限公司年产 10 万吨新材料项目、盘锦伊科思新材料有限公司碳五低碳综合利用绿色新材料项目等项目均已开工建设。

一、金属新材料领域部分企业

1. 盘锦禾祥新材料科技有限公司

该公司是国家级高新技术企业、辽宁省专精特新中小企业。主要生产钒氮合金、合金炉料、有色金属、不锈钢铸造剂、焦炭等。

2. 盘锦昌德合金有限公司

该公司是国家级高新技术企业、辽宁省创新型中小企业。主要生产钒氮合金材料。

此外，还有盘锦忠旺铝业有限公司、盘锦格林凯默科技有限公司等。

二、化工新材料领域部分园区及企业

1. 辽宁新材料产业经济开发区

该开发区成立于2010年，是位于盘锦市的省级重点经济开发区，总规划面积19.45平方千米，是辽宁沿海经济带重点开发区和辽宁省新型工业化产业示范基地，拥有"省超百亿工业产业集群"，入驻企业140余家，初步形成了石化及精细化工、塑料新材料、机械制造、现代物流产业集聚。

2. 盘锦精细化工产业开发区

该开发区位于盘锦市西北部，是一个以精细化工和高新技术为主导，特色鲜明、生态环保的省级经济开发区。开发区规划面积11.87平方千米，主要依托中石油辽河油田和中国兵器工业集团北方华锦化学工业集团资源、人才、市场和品牌优势，重点发展石油化工、精细化工、化工新材料和高端制造四大产业。

3. 盘锦信汇新材料有限公司

该公司目前是中国产能领先、产品牌号齐全的丁基橡胶龙头企业，是行业内为数不多可以同时生产氯化丁基橡胶、食品级丁基橡胶的生产企业。公司通过了省级高新技术企业认定，成立了省级研发中心、企业研究院和市级院士专家工作站，并积极与清华大学、大连理工大学等高校院所开展广泛的产学研合作。公司主要产品有氯化丁基橡胶（CENWAY CIIR-1301）、普通丁基橡胶

（CENWAY CB-01）、氯化丁基橡胶（CIIR-1301M）等。

4. 辽宁润兴新材料有限公司

该公司拥有自主开发的重油分离精制技术和乙烯焦油精深加工装置，下设技术研发中心、生产中心和营销中心等机构，生产多品种、多型号包覆沥青，可广泛应用于锂离子电池负极包覆材料、沥青基碳纤维、中间相炭微球、电极黏结剂，以及橡胶、胶黏剂、沥青、涂料、造纸、油墨、防水卷材等多个领域。

5. 宝来利安德巴赛尔石化有限公司

该公司是由辽宁宝来企业集团有限公司与利安德巴赛尔工业公司共同投资的合资公司，拥有45万吨/年线性低密度聚乙烯（LLDPE）装置、35万吨/年高密度聚乙烯（HDPE）装置、(40+20)万吨/年聚丙烯装置、12万吨/年丁二烯抽提装置、40万吨/年裂解汽油加氢装置、25万吨/年芳烃抽提装置、12/3.5万吨/年甲基叔丁基醚（MTBE）/丁烯-1装置、35万吨/年苯乙烯装置等。公司主要产品有聚丙烯、聚乙烯等。

6. 辽宁拜斯特科技有限公司

该公司与中国科学院大连化学物理研究所、大连理工大学、中国石油大学（华东）、北京化工大学等著名大学、科研院所建立起联合科研机制，还专门聘请国内一流专家对各项产品进行专项研发。经过几年的辛勤研究探索，开发出锂电池抗爆阻燃剂、磺酸固化剂、对甲苯磺酸等几大系列产品。

三、无机非金属新材料领域部分企业

北新禹王防水科技集团有限公司

该公司隶属于世界500强企业中国建材集团有限公司北新集团建材股份有限公司，集团拥有15条改性沥青卷材生产线、10套宽幅高分子生产装置、24套防水涂料生产装置、4条聚酯无纺布类产品生产线。年设计生产能力：改性沥青防水卷材2.35亿平方米、高分子片材5700万平方米、各类防水涂料17.74万吨、沥青瓦1000万平方米、聚酯无纺布类产品2万吨。

四、前沿新材料领域部分企业

1. 辽宁科安隆科技有限公司

该公司主要产品有石油焦粉、改性石油焦粉、石油焦燃料等。2017年至今，公司连续获得国家级高新技术企业认证。2020年获评辽宁省专精特新中小企业、辽宁省中小企业专精特新产品。2021年荣获盘锦市"工人先锋号"荣誉称号。2022年荣获辽宁省专精特新"小巨人"企业称号，负极材料项目被纳入辽宁省"揭榜挂帅"科技项目，公司被纳入盘锦市重点产业链"双领办"项目计划。

2. 盘锦嘉碳新材料有限公司

该公司开创了盘锦地区罐式炉生产煅烧焦的历史，在业内率先实现煅烧炉操控标准化，突破行业自动化无尘化发展瓶颈。公司为原出入境检验检疫局官方认可的优质碳素产品供应商、中国机械工程学会会员、联合国注册增碳剂供应商，获得"高新技术企业"称号，自2020年开始，连续三年被评为"全国煅烧焦十佳诚信供应商"。公司主营前沿新材料，主要产品有石墨化增碳剂、低硫低氮增碳剂、负极电阻料等。

3. 辽宁中蓝电子科技有限公司

该公司是以研制手机摄像头两大核心部件——对焦马达和光学镜头等为主业的光学电子领域高新技术民营企业。产品从最初的500万像素马达到6000万像素全球最小前置镜头，再到2亿高像素防抖马达全系列覆盖，现已开发出OIS、潜望马达、SMA、VA、压电马达、MEMS等多种全球技术领先产品，核心技术自主可控，形成了中蓝系核心产品，完全实现国产替代，奠定了国内和全球手机核心器件领域的领跑地位。公司现拥有专利1500余项，其中发明专利比例达80%以上，是华为、荣耀、小米、OPPO、Lenovo等手机品牌核心供应商。公司曾荣获辽宁省产业技术创新平台、辽宁省工程技术研究中心、辽宁省企业技术中心、辽宁省智能制造试点示范标杆企业、辽宁省科技进步奖等多项殊荣。

4. 北方华锦化学工业集团有限公司

该公司是国家级企业技术中心。主要产品有本体法 ABS 树脂、聚苯乙烯、聚丙乙烯等。

第十三节　朝阳市

朝阳市在金属新材料、半导体新材料、新型膜材料及石墨烯等产业领域具有较强的发展优势，已基本形成了基础研究、应用研究及产业化并进的新发展格局。有色金属产业逐步形成了技术水平比较强、市场占有率比较高的产业链。"十四五"以来，朝阳市大力推动钛、锆、钼、黄金等有色金属新材料延链、补链、强链建设，有色金属新材料产业发展迅速，逐步成为朝阳市工业经济的重要增长点。朝阳市规划建设了七个工业战略性新兴成长型"一县一业"，不断完善七个县（市）区主导产业。其中，双塔区主要推动以钛、钼、金为主的有色金属产业链发展；朝阳县主要推动以钛、锆为主的有色金属产业链发展。朝阳市有色金属新材料产业规模不断提升，产量、产值均快速增长。为支持有色金属新材料产业发展，朝阳争取政策资金支持并落实各项惠企政策。金达钛业小颗粒海绵钛获批制造业单项冠军产品，亿联盛获批省级绿色工厂，华祥获批省级数字化车间，东锆等企业的七个项目入选省企业技术创新重点项目计划，华锆等五家企业的产品入选省工业企业创新产品目录，金达钼业获批省级企业技术中心，金达钼业等两家企业的产品入选省级专精特新产品，百盛钛业获批省级专精特新中小企业。

相关信息显示，2022 年鞍钢集团朝阳钢铁有限公司的"生产作业－工艺动态优化"项目入选国家级智能制造优秀场景，晶澳朝阳综合新能源产业基地、朝阳钢铁数智平台、通美晶体磷化铟晶片、凌钢产能置换、中电智慧风储一体化、53 所特种材料、朝阳重型风电塔筒、瑞宁电池负极材料等 620 个新项目开工建设。

一、金属新材料领域部分园区及企业

1. 朝阳百盛钛业产业园

该产业园位于朝阳柳城经济开发区，以朝阳百盛钛业股份有限公司为主体，发展四氯化钛、四氯化锆、海绵钛、钛白粉、钛锭合金锭等项目。

2. 朝阳华祥有色金属（氧氯化锆）产业园

该产业园以华锆新材料公司为龙头，通过产业链延伸、吸引下游产业，带动高纯氧化锆、电子陶瓷、气相法白炭黑等相关配套产业联合发展，大力发展硅化工产业，引进气相法白炭黑产业及其下游纳米细孔保温材料产业，最终形成全流程产业集群。

3. 朝阳百盛钛业股份有限公司

该公司发起于2003年11月，从生产四氯化锆产品开始，逐步发展成年产海绵锆500吨、海绵钛8000吨、精四氯化锆2000吨、精四氯化钛2万吨，年销售额近6亿元的国内规模最大的海绵锆、海绵钛联合生产企业。该公司生产出国内第一炉高纯度的核能级海绵锆，结束了我国这一领域产能为零的历史，海绵钛的零级品率从行业平均水平20%一举突破80%，为国内海绵锆、海绵钛行业质量技术发展树立了一座里程碑。该公司一直重视研发工作，已累计获得发明及实用新型专利30余项。该公司主营金属新材料，主要产品为海绵锆、海绵钛等。

4. 凌源钢铁集团有限责任公司

该公司始建于1966年，现已发展成为以钢铁为主业，矿产资源、新能源等多元产业协同发展的大型企业集团，下辖凌钢股份（上市公司）等18个子公司。该公司连续13年入围《财富》中国500强，连续19年入围"中国制造业企业500强"。先后被评为省级、国家级绿色工厂，是国家守合同重信用企业、全国质量管理先进企业、中国卓越钢铁企业、全国钢铁行业先进集体、辽宁省服务型制造示范企业、辽宁省省长质量奖金奖企业，曾获得全国五一劳动奖状、全国先进基层党组织、全国百户企业管理杰出贡献奖以及辽宁省定点扶贫先进单位等荣誉。该公司主营金属新材料，主要产品包括优特棒线材、优特中宽带、钢管系列产品等。

5. 辽宁依视康高科新仪装备有限公司

该公司是国家级专精特新"小巨人"企业。经营范围为钣金制造，金属焊接，金属制品表面喷涂、喷漆。

6. 辽宁省亿联盛新材料有限公司

该公司是国家级专精特新"小巨人"企业。经营范围为新型材料复合轧辊及辊环、机械通用零部件加工。

此外，还有辽宁华锆新材料有限公司、朝阳宏盛金属材料有限公司、朝阳联和金属材料有限公司等。

二、化工新材料部分园区及企业

1. 朝阳华兴万达新材料有限公司

该公司是国家级专精特新"小巨人"企业。主要产品为再生胶生产、销售，橡胶材料、轮胎制造、销售，橡胶制品、汽车配件、建筑材料、防水材料、有色金属、塑料制品销售。

2. 辽宁鸿鑫节能科技有限公司

该公司是国家级专精特新"小巨人"企业。主要产品为孔网钢带复合管及管件、PE-RT Ⅰ、PE-RT Ⅱ型塑料管及管件、喷涂缠绕聚乙烯保温管及管件、环保节能材料、保温材料、耐高温材料、热力管及管件、塑料管及管件、聚氨酯板、3PE防腐管材、岩棉、玻璃棉、硅酸铝板、硅酸铝管、毡毯制品。

此外，还有朝阳亿丰化工新材料有限公司、新乡市朝阳化工材料有限公司等。

三、无机非金属新材料部分园区及企业

1. 建平县非金属（膨润土）化工科技产业园

该产业园规划总面积45平方千米，园区拥有企业59家，膨润土产品年生产能力超过350万吨。

2. 朝阳新型复合材料产业园

该产业园重点建设标准化厂房及基础配套设施，引进特种玻纤及高性能玻纤深加工企业，涉及建筑新材料、防火纤维布、风机叶片、玻璃纤维管、汽车配件、船艇建造材料、玻纤枕木材料、航空军工复合材料、玻纤建材等多个领域。

3. 辽宁炜盛新型复合材料有限公司

该公司拥有国内先进的生产线、数字化管理系统及各种型号自动化生产设备，拥有先进的检测试验室，产品质量稳步提升。该公司已被凌源市政府批准为玻纤产业园区龙头企业，先后被授予AAA级信用企业单位、辽宁省企业技术中心、辽宁省五一劳动奖章、辽宁省高新技术企业等荣誉称号，并获评"2021和2022年技改投资十强工业企业"殊荣。该公司主营化工新材料，主要产品包括玻璃纤维球、玻璃纤维无捻粗纱、缠绕纱、拉挤纱、直接无捻粗纱、耐碱玻璃纤维网格布等。

4. 建平县万兴膨润土有限责任公司

该公司是国家级专精特新"小巨人"企业。经营范围为非金属矿物制品制造、选矿、矿物洗选加工、非金属矿及制品销售。

5. 朝阳矿产品有限公司

该公司主要经营产品为矿产品、硅石、硅砂、膨润土。

此外，还有朝阳燃银山陶瓷材料有限公司、辽宁省九龙山矿业集团有限公司、朝阳广达膨润土有限公司等。

四、前沿新材料部分园区及企业

1. 凌源石墨烯新材料产业园

该产业园一期总用地面积842.38亩（56.16 hm^2），总建筑面积580111 m^2，分为石墨烯新材料制备研发办公物流区、石墨烯科研中心、石墨烯新材料研发孵化培育区和石墨烯新材料孵化生产区。

2. 朝阳晶石半导体科技有限公司

该公司经营范围为光电子材料、电子产品、LED器件、光电产品、光电设备、计算机软硬件技术研发生产与销售。

3. 博宇（朝阳）半导体科技有限公司

该公司经营范围为特种陶瓷制品制造，电子专用材料制造，新型陶瓷材料、新型金属功能材料、半导体器件专用设备制造，石墨及碳素制品制造。

此外，还有朝阳利美半导体科技有限公司、朝阳亿斯特半导体新材料有限公司等。

第十四节　葫芦岛市

葫芦岛产业基础雄厚，其中，化工、有色、船舶机械、电力是全市工业的四大支柱产业。2022年，葫芦岛市围绕石油化工、有色冶金、装备制造等五大支柱产业固链、延链、补链、强链，围绕新材料、新能源、基础化工及精细化工等8个"千百亿"产业集群，精准开展招商选资。不断完善葫芦岛经济开发区、葫芦岛高新技术产业开发区、葫芦岛打渔山经济开发区三大化工园区的建设。

葫芦岛持续推进新材料产业发展，发展先进基础材料、关键战略材料和前沿新材料等产业。当前，葫芦岛市共有新材料企业40余家，总产值约180亿元。在新材料项目研究方面，葫芦岛市进一步推进氮化物改性碳化硼陶瓷产品建设，依托辽宁（东戴河）带土移植转化中心持续推进特种材料产业基地、新材料科技成果转化基地建设。

一、金属新材料领域部分企业

1.中冶葫芦岛有色金属集团有限公司

该公司是东北唯一一家集有色金属冶炼和化工产品生产于一体，并综合回收其他有价金属的国家特大型冶炼企业。公司旗下葫芦岛锌业股份有限公司拥有国家级检测中心和省级技术中心及实验室，专业配置合理，能自主完成多项科研课题的开发与试制工作。葫锌（HX）牌锌锭获产品质量国家免检证书，精锌在伦敦金属交易所注册，锌锭和电解铜在上海期货交易所注册，硫酸获国家金质奖，精锌、精镉、锌粉获国家银质奖，铟锭获辽宁名牌产品。该公司主营金属新材料和化工新材料，主要产品包括锌、铜、铅、铟、黄金、白银、镉、硒、铂、钯、硫酸等。

2.葫芦岛金属复合材料有限公司

该公司主要产品包括钛不锈钢复合板、不锈钢复合板、钛钢复合板、铜钢复合板、镍钢复合板。

3. 辽宁葫芦岛铝业有限公司

该公司经营范围包括纯铝板、铝卷，合金铝板、铝卷，彩色铝卷（聚酯、氟碳）等铝及铝合金加工材深加工制品的生产、销售。

4. 葫芦岛市鸣鑫有色金属有限公司

该公司经营范围包括黑色金属铸造、有色金属铸造、常用有色金属冶炼、化工产品生产（不含许可类化工产品）、石墨及碳素制品制造。

5. 葫芦岛恒越铁合金有限公司

该公司经营范围包括钼铁、三氧化钼焙烧、加工、销售，硅铁、钒铁、锰铁、钼精砂、钛铁、矿产品经销等。

二、化工新材料领域部分园区及企业

1. 葫芦岛高新技术产业开发区

该开发区围绕葫芦岛市四大支柱产业之一的石化产业，利用得天独厚的石化产业资源优势和充沛的人力资源优势，大力发展聚氨酯产业，重点发展ADI、MDI、TDI及其下游产品，以及泡沫材料、弹性体、氨纶、合成革、黏合剂、新型建材、涂料等。

2. 中国石油锦西石油化工有限公司

该公司拥有主要炼油化工装置，原油一次加工能力650万吨/年，资产总额73亿元。公司以加工大庆油、辽河油为主，原油直接管输进厂，另有部分进口油及海洋原油，由锦州港上岸。主要产品有汽油、航煤、柴油、石油焦等，是京Ⅳ、沪Ⅳ、粤Ⅳ汽油的主要生产企业之一。

3. 锦西天然气化工有限责任公司

该公司隶属于中国兵器集团北方华锦化学工业集团有限公司，是集采购、生产、研发、营销、运输、管理信息化于一体，具有先进的工艺监控、质量检验、设备维护、环保监测能力的大型国有企业。该公司投产以来，获市以上科技成果19项以上，引进装置进行重大技改50余项，使装置产能提高10%以上。该公司是我国第一个以海底天然气为原料的大型化肥生产企业。该公司主营化工新材料，主要产品包括汽油、液化石油气、航煤、柴油、工业回收氨等。

4. 葫芦岛鑫昌化工材料有限公司

该公司经营范围包括压缩气体和液化气体（丙烯、乙炔、环氧乙烷）、易燃液体（环氧丙烷、甲醇、碳酸二甲酯、二氯丙烷、苯乙烯、环己酮）、毒害品（三氯乙烯、二级异氯酸酯类）、腐蚀品（硫酸、盐酸、氢氧化钠）批发（无储存）。

5. 葫芦岛连石化工有限责任公司

该公司经营范围包括甲苯二异氰酸酯、氯化氢、盐酸、次氯酸钠、光气、甲苯二胺（TDA）、邻位 TDA、一氧化碳生产与销售等。

6. 葫芦岛华扬电力复合新材料有限公司

该公司经营范围包括铜铝复合排、高低压开关柜、复合管及扁线、铜制品、电工铝合金研发、生产及销售。

三、无机非金属新材料领域部分企业

辽宁伊菲科技股份有限公司

该公司经营范围包括特种陶瓷制品制造，非金属矿物制品制造，新材料技术研发，耐火材料生产，电子专用材料制造，玻璃、陶瓷和搪瓷制品生产专用设备制造，非金属矿物材料成型机械制造，有色金属合金制造。

四、前沿新材料领域部分园区及企业

1. 辽宁信息半导体新材料产业园

该产业园主要围绕其生产的砷化镓、锗、磷等半导体专用材料，发展国家战略性新兴产业重点产品及上下游产品。

2. 葫芦岛市铭浩新能源材料有限公司

该公司经营范围包括负极材料、石油焦、煅烧石油焦、增碳剂、石墨坩埚、石墨化焦、石墨制品、碳素制品加工、生产。

3. 辽宁万辉石墨烯新材料有限公司

该公司经营范围包括耐火材料生产、石墨及碳素制品制造、非金属矿物材料成型机械制造、生态环境材料制造、建筑砌块制造、稀土功能材料销售、环境保护专用设备制造。

4. 葫芦岛圣暖石墨烯科技有限公司

该公司主要产品包括石墨烯材料、石墨及碳素制品。

第十五节 沈抚示范区

沈抚改革创新示范区（简称沈抚示范区），地处辽宁省和东北亚的中心地带，是"一带一路"东通道、中蒙欧经济走廊等国际通道和产业体系的重要枢纽，是东北地区对外开放的重要门户和未来发展的重要承载空间。交通优势明显，沈阳绕城高速、四环快速路、沈吉高速、沈白客专、苏抚铁路等从境内穿过。距沈阳市中心23千米、抚顺市中心16千米，距沈阳桃仙国际机场20千米、营口港200千米、丹东港260千米、大连港380千米。沈抚示范区主要经济指标增速持续领跑全省，截至2022年，固定资产投资年均增长30.1%，一般公共预算收入年均增长18.9%，其中，税收收入年均增长13.2%，保持较快发展。2022年，沈抚示范区成为辽宁省唯一获批国家级知识产权强国建设试点园区。

新材料产业是沈抚示范区主导产业之一。沈抚示范区加快建设关键战略材料产业园，着力强化项目支撑。氢能产业是沈抚示范区打造"碳中和、碳达峰"的重要支撑。沈抚示范区先后引进了氢电中科沈抚氢燃料电池电源系统产业园、中能建沈抚氢燃料电池整车生产基地等氢能项目，不断加强与国内氢能行业企业之间的对接合作，积极谋划氢冶金工业研究院建设，正在逐步探索一条具有示范区特色的新能源发展道路。

2022年，东北大学沈抚工业技术研究院中试基地一期项目投产，辽宁东大氢冶金-零碳钢铁冶金短流程中试基地建成，沈抚示范区国宇电缆有限公司二期新材料项目开工建设，诚通贵金属逆向供应链产业园等项目已签约。

一、金属新材料部分园区及企业

1. 沈抚示范区关键战略材料产业园区

该产业园主要从事高新金属材料研发、特种金属材料制备、重大装备核心部件制造、高端部件增材制造与修复等，涉及航空、航天、航海、核电、新能源、电力、化工等战略高技术领域。沈抚示范区将结合全国、全省及沈抚周边地区竞争优势，借鉴国内优秀地区新材料产业发展经验，为关键战略材料产业园制定科学合理的新材料产业发展规划，提出有关未来新材料产业发展目标、方向、路径及任务的规划建议，通过产业、产品、目标企业的层层聚焦，形成科学可行的实施方案，着力将产业园建设成为国家重大科技成果研发基地，加快推进中国科学院金属研究所高温合金、钛合金、轴承钢国家强基工程项目，打造具有示范引领作用的百亿级新材料产业集群。

2. 辽宁红银金属有限公司

该公司是一家集先进金属材料（如高温合金等）及其制品的研发、制造、销售和服务于一体的专业化高科技企业。主营业务涵盖高新金属材料研发、特种金属材料制备、重大装备核心部件制造、高端部件增材制造与修复等，涉及航空、航天、航海、核电、新能源、电力、化工等领域。

二、化工新材料领域部分企业

辽宁三环树脂有限公司

该公司是高新技术企业、科技型中小企业、专精特新企业。主营产品圣三环牌固体丙烯酸树脂，广泛用于路标漆、防腐漆、塑胶漆、油墨、防火涂料、集装箱涂料、金属漆、建筑涂料等产品中。

三、前沿新材料领域部分企业

辽宁拓邦鸿基半导体材料股份有限公司

该公司是高新技术企业、科技型中小企业、雏鹰企业。专业生产高纯石英器件，主营产品为8寸、12寸半导体石英制品和光伏石英制品，产品可以广泛应用于半导体芯片生产、太阳能光伏、光纤、LED、电光源等领域。

第四章 辽宁省新材料科研机构情况

第一节 沈阳市

一、沈阳材料科学国家研究中心

（一）简 介

沈阳材料科学国家研究中心（SYNL），依托中国科学院金属研究所，于2017年11月21日由科技部正式批准组建，并于2018年4月14日正式通过科技部组织的国家研究中心组建实施方案专家论证会，是我国首批建设的6个国家研究中心之一。SYNL的建设得到了中国科学院、辽宁省人民政府及沈阳市人民政府的大力支持。

SYNL定位于创建国际一流的综合性材料基础研究平台，在已经形成优势学科基础上，进一步交叉融合，开展材料科技领域的前瞻性、战略性、前沿性学科交叉基础研究。目前，SYNL主要针对材料领域核心科学问题和共性关键技术问题开展基础及应用基础研究，引领材料科学发展，具有显著的国际学术影响力；促进材料技术进步和材料品质提升，催生材料新技术，满足国家重大工程和经济建设可持续发展的需求。同时，SYNL将建立高水平开放共享研究平台及运行机制，营造学科交叉融合创新的学术环境，凝聚和培育一批国际一流的材料科学家和专业技术人才，打造材料研究领域人才和技术高地。

SYNL在材料基础研究、应用基础研究等方面取得多项原创科技成果，在纳米材料、碳材料、大型铸锻件、材料微观结构表征等研究方向科研成果显著，特别是在纳米结构金属材料等方面取得一系列具有国际影响力的原创科研成果，开辟了新的研究方向，在国际上持续引领该学科发展。计划未来在纳米金属、新型纳米功能材料等方面产生有重要影响力的原创科研成果；解决特种钢铁、轻金属等国家重大任务和装备制造业及新材料等产业转型升级急需的材料共性技术难题，支撑和培育纳米碳材料、量子材料、生物基环境友好材料等新材料产业发展。力争建成国际一流、国内领先的从事材料科学前沿学科交叉基础研究，以及共性关键技术研究的国家级基础研究创新科研平台，成为国家材料重大创新基地。

（二）研究机构与人才

SYNL 注重研究队伍建设。为进一步丰富和拓展国家研究中心的学科体系，SYNL 设立技术支撑部，统筹管理公共分析测试平台运行；设立科技管理办公室，负责各类型科研项目的运行与管理等。研究中心负责人是卢柯院士。

卢柯，中国科学院院士、发展中国家科学院院士、德国国家科学院院士、美国国家工程院院士，中国科学院金属研究所沈阳材料科学国家研究中心主任，因在纳米金属材料研究方面的杰出成就荣获 2022 年度金属学院讲座奖/罗伯特·富兰克林·梅尔奖（Institute of Metals/Robert Franklin Mehl Award，简称富兰克林·梅尔奖），成为该奖项第 101 位获奖者。主要学术贡献包括：发现了金属中纳米孪晶结构、梯度纳米结构和受限晶体结构，推动了金属材料科学的发展，已在国内外学术刊物发表论文 400 余篇，获得发明专利 40 余项，在国际学术会议上作特邀报告 60 余次。

（三）主要研究进展

2021 年，SYNL 共启动三类自主部署项目：一是基础前沿及共性关键技术项目，主要支持开展长线系统性学科和前沿探索性研究，以及针对国家需求或行业发展技术瓶颈的共性关键技术深层次科学问题研究；二是青年人才项目，主要支持 38 周岁以下优秀青年研究人员进行科学探索及自由选题等研究，着重培养青年优秀学术骨干；三是仪器设备研制项目，用于鼓励和培育具有原创性、探索性的科研仪器设备研制。三类项目分别部署 42 项、66 项和 12 项，重点支持青年人才项目及仪器设备研制项目，累计投入经费合计 3550 万元，经费投入占比较上一年度略有增长。承担的竞争性项目包括：国家重点研发计划项目与课题，国家自然科学基金重大研究计划，国家自然科学基金重点项目，国家杰出青年科学基金项目，中国科学院战略性先导科技专项，国际合作、国内大型企业合作项目。

（四）研究成果及关键技术

1. 受限晶体结构铝合金的超低扩散行为

原子扩散是自然界的一种常见现象，也是材料制备加工过程中调控材料结构性能的一个基本过程。金属材料中原子扩散速率显著高于具有共价键或离子键的陶瓷和化合物。一方面，利用金属的高扩散速率可以在较低温度下大幅度调控金属材料的结构和性能，获得良好的综合性能。另一方面，高扩散速率会使金属材料在高温下结构失稳，导致许多优异性能丧失。如何有效降低金属和合金中的原子扩散，提高材料结构和性能在高温下的稳定性，一直是材料科技领域的一个重大科学难题，也是发展高性能金属材料的重要技术瓶颈之一。

研究团队利用自主研发的低温塑性变形技术，将过饱和 Al–15%Mg 合金薄片的晶粒尺寸细化至 10 nm 以下，并成功获得受限晶体结构。利用这种受限晶体结构系统研究了该合金升温过程中三种原子扩散控制的结构演化过程：金属间化合物的析出过程、晶粒长大过程和熔化过程。结果表明，在接近合金熔点的高温下，受限晶体结构可以有效抑制这三种结构演化过程，甚至使合金的熔化温度比平衡熔点提升 69 K，表现出超低的原子扩散速率。由于平均曲率为零的极小界面结构不但具有极高的高温结构稳定性，而且改变了界面原子的振动模式，从而抑制了原子的扩散。此发现不但揭示了受限晶体结构的一种全新原子扩散行为，而且表明金属材料的高温原子扩散速率可以利用这种新型亚稳结构得到大幅度降低，为发展高性能高热稳定性金属材料开辟了一条全新的途径。

2. 高强塑梯度纳米位错结构高熵合金

多主元高熵合金的问世打破了传统合金设计理念，并因近乎无限的成分区间等优势彰显出广泛的应用前景。但长期制约传统金属结构材料发展的强度–塑性倒置关系在高熵合金中依然普遍存在，根本原因是其塑性变形机制与全位错主导变形传统金属材料并无本质差别。因此，迫切需要借助新颖的微观结构构筑来揭示高熵合金是否具有独特变形机制，以丰富金属材料的有效强韧化策略。

金属所卢磊研究团队开发了一种简单、高效的小角度往复扭转梯度塑性变形技术，在保持 $Al_{0.1}CoCrFeNi$ 高熵合金棒材样品中原始晶粒尺寸和形貌不变的情况下，在其内部引入百纳米尺度小角位错胞结构。随着距样品表面深度增加，位错胞尺寸逐渐增加，位错密度随之降低，实现了位错胞结构从样品表面至芯部的梯度序构分布和可控制备。研究发现，这种梯度位错胞结构不仅显著提高材料的屈服强度，还使其保持与粗晶结构相当的塑性。梯度位错结构高熵合金的强塑积–屈服强度匹配明显优于文献报道中相同成分的均匀或梯度结构材料。结合多尺度微观结构表征技术，发现高熵合金中梯度位错结构在塑性变形过程中激活了不全位错—层错诱导塑性变形机制。变形初期，亚十纳米细小层错即从位错胞壁萌生、扩展，其密度随拉伸应变增加而增加，逐渐演变成超高密度三维层错网格，直至布满整个晶粒。超高密度细小层错/孪晶的形成有效协调塑性变形，细化初始位错结构，并阻碍其他缺陷运动而贡献强度和加工硬化。这一全新层错强韧化机制不同于传统结构材料的全位错强化，与高熵合金中空间波动的低层错能、纳米尺度位错胞结构，以及梯度序构效应引起的复杂应力场密不可分。

3. 氮化硼基复合材料的多层次设计与航天电推进腔体构筑

研究团队基于氮化硼陶瓷基复合材料成分和微结构的多层次设计与大尺寸构件制备技术研究，研发出原位构筑氧化硅、稀土硅酸盐、稀土铝硅酸盐玻璃等增强相的氮化硼基复合材料，发现了复合材料"共增强"和"双玻璃相增强"等新机制，解决了典型氮化硼材料强度低、抗热震差、耐等离子体刻蚀弱等难题。研制的复合材料首次配套完成了卫星用霍尔电推进在轨飞行演示验证任务，使我国继俄、美、欧之后第四位独立掌握该推进技术，并在后续多个重大航天计划的卫星上实现应用。为了进一步满足空间站对电推进系统的需求，在成分和微结构调配、大尺寸材料制备、材料均质化和质量稳定性控制等方面开展了大量工作，使材料核心性能大幅领先国内其他高校、院所和美国同类产品。

4. 重大科学装置异质材料焊接技术研究

磁约束核聚变是利用强磁场这一"磁容器"来约束高温等离子体，进而将其加热至上亿摄氏度以维持连续的热核反应。磁约束聚变堆使用的材料种类繁多，涉及大量异质材料焊接。高温、等离子体束流溅蚀等恶劣服役工况对聚变堆异质材料焊接提出了极其严苛的可靠性要求。成分、物化性能差异巨大的异质材料焊接一直是限制其工程化应用的最大瓶颈。

郝传勇研究团队首次完成了中性束注入系统核心部件——负离子源栅板电

极——试制并实现批量化供货，解决了纯钼自身及纯钼与不锈钢、纯钼与无氧铜等多种材料组合的焊接技术难题；成功研制出负离子源法拉第屏蔽筒，突破了无氧铜大面积扩散焊、多部件精密钎焊组装、无氧铜/不锈钢可靠焊接等多项关键技术；开发出菱形钼管等离子体加速电极超高精密钎焊技术；实现了14根菱形中空钼管、28个微型金属波纹管与不锈钢电极底座的超高精密钎焊（焊后关键尺寸公差±0.02 mm），86处钎焊缝无一泄漏（漏率指标优于1×10^{-10} Pa·m^3/s）。

研究过程中提出的异质材料焊接技术思想和工艺为我国磁约束核聚变装置建设、运行维护提供了强有力的支撑。未来10年，我国有望逐步建造核聚变电站发电，该研究成果应用前景广阔，经济价值巨大。

5. 仿调幅分解结构高强度纳米金属材料

SYNL金海军研究团队将脱合金与电沉积相结合，在完全互溶且热力学稳定不易分解的Cu-Au合金体系中构筑出类似于调幅分解产生的纳米结构，形成仿调幅分解结构合金或人工调幅合金。这一新型纳米金属材料具有接近理论值的高强度，同时表现出粗晶材料的塑性变形特征，为材料的强韧化和功能化设计提供了新思路。

研究团队利用脱合金腐蚀将固溶体Cu-Au中的Cu（或Ag-Au中的Ag）选择性溶解，促使未溶解Au原子自组装形成纳米多孔Au，再用电化学沉积将Cu回填入纳米孔，形成全致密仿调幅分解结构Cu/Au合金。新材料保留了前驱体合金的粗大晶粒，其晶内由同为面心立方结构、晶体取向一致且在纳米尺寸互相贯通的Cu和Au两相构成；两相间呈三维空间连续、弯曲的半共格界面，相界上规则地排列着高密度的失配位错；两相特征结构尺寸可在纳米至亚微米区间变化。与多层膜等纳米材料在较高临界尺寸以下即发生软化不同，仿调幅分解结构Cu/Au合金的强度随尺寸减小而持续升高，直至接近其理论强度（失配位错弓出临界应力）。更有趣的是，随着特征尺寸细化至50 nm以下，其塑性变形也从传统复合材料向单相材料变形方式转变。在此临界尺寸以下，新材料在获得纳米材料高强度的同时，具备了单相粗晶材料的变形行为特征，展现出综合力学和物理性能优化的巨大空间。

6. 基于铁电极化的量子材料构筑及其亚埃尺度结构调控

2022年2月21日，沈阳材料科学国家研究中心马秀良研究员团队"基于铁电极化的量子材料构筑及其亚埃尺度结构调控"项目荣获辽宁省自然科学奖一等奖。

铁电材料中的电极化可以在外加电场下发生翻转,可作为信息存储和逻辑器件。如何通过调控铁电极化,构筑基于铁电极化的量子材料,获得有望用于信息存储的结构单元,是铁电材料领域的重大基础性科学难题。该项目围绕钙钛矿铁电氧化物的极化与应变调控、异质界面的超高分辨显微结构、界面诱导新功能效应,以及基于铁电极化的量子材料构筑等方面开展了系统深入研究。在实现亚埃尺度下对铁电极化直接观测的基础上,发现了极化通量全闭合畴结构这一有望带来高密度信息存储的新基元,实验验证了物理学家 30 多年前的理论预测;构筑出具有巨大线性应变梯度、超低弹性能并具有特殊物理特性的铁电功能纳米结构;发现超薄铁电体可实现极化增强这一新效应,为解决 10 nm 以下厚度范围超薄铁电体的极化这一难题提供了新思路。

7. 层状限域双电层电极的构筑及其电荷储能机理研究

多孔或层状电极材料具有丰富的纳米限域环境,表现出高效的电荷储存行为,被广泛应用于电化学电容器。而这些限域环境中形成的双电层(限域双电层)结构与建立在平面电极上的经典双电层之间存在差异,导致其储能机理尚不清晰。因此,解析限域双电层结构对于理解这类材料的电化学电容存储机理和优化电化学电容器件的性能具有重要意义。

为了解决上述问题,SYNL 黄楠项目研究员团队与比利时 Hasselt 大学杨年俊教授合作,设计并制备了具有规则有序 0.7 nm 层状亚纳米通道的膨胀垂直石墨烯/金刚石复合薄膜电极,其中金刚石与垂直膨胀石墨烯纳米片共价连接,作为机械增强相对构筑层状限域结构起到支撑作用。进一步研究发现,该电极表现出离子筛分效应、离子部分脱溶等典型的限域电化学电容行为,是研究限域双电层的理想电极材料。基于该材料,科研人员利用原位电化学拉曼光谱和电化学石英晶体微天平技术分别监测充放电过程中电极材料一侧的响应行为和电解液一侧的离子通量。发现在阴极扫描过程中,电极材料一侧出现拉曼光谱 G 峰劈裂现象,溶液一侧为部分脱溶剂化阳离子主导的吸附过程。综合以上实验结果并利用三维参考相互作用位点隐式溶剂模型的第一性原理计算方法,在原子尺度上评估了限域双电层中离子–碳宿主相互作用,揭示了在限域环境中增强的离子–碳宿主相互作用会诱导电极材料表面产生高密度的局域化图像电荷。这项工作完善了限域双电层电容的电荷储存机理,为进一步理解纳米多孔或层状材料在电化学储能中的功能奠定了基础。

二、辽宁材料实验室

（一）简 介

辽宁材料实验室是辽宁省人民政府组建的省属新型研发机构，是具有独立法人资质的事业单位。实验室坐落于辽宁省沈阳市浑南新区，园区占地约56.9公顷，由32栋各类实验室组成的建筑群总建筑面积超过35万平方米，可容纳2000余名科研人员和研究生开展研究。

实验室以打造具有国际影响力的综合性材料研究机构为宗旨，以引领材料科学和技术创新、推动材料可持续发展为目标，着力构建三大创新平台、实施四类专项项目、创新运行管理体制机制，提升原始创新能力，增强系统供给能力，培育优秀人才。

（二）研究机构与人才

实验室的三大创新平台包括共性技术支撑平台、颠覆性技术创新平台、产学研与国际合作平台。共性技术支撑平台拥有一大批技术先进的材料计算、制备、分析表征设备和材料数据库。颠覆性技术创新平台由若干专项研究所组成，开展中长期基础及应用技术研究，主攻材料相关的颠覆性技术。产学研与国际合作平台下设高等研究院、产业技术创新中心和国际合作研究中心，促进产学研深度融合和国际学术交流合作。实验室将实施基础前沿、关键技术、成果转化和人才培育等项目，作为实验室汇聚一流人才和一流成果的重要载体。

实验室现有人员240人，较揭牌时新增226人。目前，共性技术支撑平台有专业技术人员23人；颠覆性技术研究所有科研人员182人，包括院士6人、其他教授/研究员83人；另有专职管理人员35人。实验室组建了材料素化技术、钢铁再生技术、燃氢防护技术、材料智能技术、结构化材料技术和材料量子调控技术6个颠覆性技术研究所，确立了各研究所的建设目标、任务及53个具体研究方向，签订了未来五年的研究任务书。各研究所全面启动专用设备平台建设工作。

实验室主任为卢柯研究员，现为中国科学院院士、发展中国家科学院院士、德国国家科学院院士、美国国家工程院院士。主要从事金属纳米材料及亚稳材料等研究。他发展了非晶完全晶化法，揭示了纳米材料的本质结构特征和性能，发现了纳米金属铜在室温下具有超塑延展性，建立了过热晶体熔化的动力学极限理论，发展了利用表面机械变形处理实现金属材料表面纳米化的新技术。曾（现）担任国际纳米材料委员会副主席，国际亚稳、机械合金化及纳米材料会议国际顾问委员会委员，国际快速凝固及亚稳材料会议国际顾问委员会委员，国际《非平衡过程杂志》编委会委员，国际 Scripta Materialia 杂志编辑，国际《纳米材料》杂志副编辑，德国《金属学报》顾问委员会委员，国际《亚稳及纳米材料》杂志编委会委员等。目前已发表学术论文 400 余篇，获得发明专利 40 余项，研究成果相继获得中国科学院自然科学奖一等奖、国家自然科学奖三等奖、中国产学研合作创新成果奖、德国洪堡研究奖、2022 年度金属学院讲座奖/罗伯特·富兰克林·梅尔奖（Institute of Metals/Robert Franklin Mehl Award，简称富兰克林·梅尔奖）、第二届纳米材料科学奖等。

（三）主要研究进展

实验室卢柯研究员与沈阳材料科学国家研究中心纳米金属科学家工作室张宝兵副研究员、武汉大学梅青松教授等人合作，在提升高温合金的抗蠕变性能方面取得进展。

研究团队利用自主研发的特种塑性变形技术，在一种商用单相高温合金 Ni-Co-Cr-Mo（MP35N）中将晶粒细化至 9 nm，晶界结构发生明显弛豫。研究发现，弛豫态晶界在热及热/力耦合下均保持稳定，大幅提升了高温合金的高温强度、高温蠕变等关键力学性能。该结构在 700 ℃，1 GPa 应力下的蠕变速率可低至 $10^{-7}\,s^{-1}$，显著优于目前常用的多晶高温合金和单晶高温合金的性能。这是由于弛豫晶界可有效抑制晶界扩散，阻碍了高温下晶界迁移、晶界滑动、晶界扩散蠕变等失稳机制的启动，从而保持了晶界的强化作用。这一结果系统演示了通过结构弛豫，晶界可以大幅度提升高温合金的抗蠕变性能，颠覆了提升蠕变性能的传统原理和技术路径。此外，这种晶界弛豫纳米晶高温合金可大幅降低对合金元素的依赖，为高性能高温合金的可持续发展开辟了一条新路。

三、轧制技术及连轧自动化国家重点实验室

（一）简　介

轧制技术及连轧自动化国家重点实验室（RAL），前身是建于 20 世纪 50

年代的东北工学院轧钢实验室。1989年得到世界银行的支持建设，1995年成为我国轧制技术及其自动化领域唯一的国家重点实验室。2014年，以RAL为核心组建的"钢铁共性技术协同创新中心"通过国家"2011计划"认定；2017年，以东北大学建设"双一流"学科群为契机，依托RAL构建我国唯一"冶金工业流程学科群"；2019年，RAL获批建设金属材料变革性制造技术省部共建协同创新中心，"高等学校学科创新引智计划"——金属材料集成计算工程创新引智基地，同时有序建成多个中试和产学研合作基地、联合创新中心、研究院。

RAL针对冶金工业发展进程中的核心共性技术问题，开展高质量、低成本绿色轧制技术，重大冶金装备研发及产业化，高品质钢铁及有色金属材料开发等相关科研工作，为轧制领域技术创新提供了原创性理论和关键技术支持，实现了从"跟跑"到"领跑"的飞跃，是世界钢铁业中"中国理念"（"绿色制造、制造绿色"）的主要倡导者和推动者。

RAL积极组织、承担各类国家重大、重点研究开发项目，主持了8项国家重点研发计划项目，并承担多项"十三五"重点研发计划项目、"863计划"项目、"973计划"项目、国家自然科学基金项目、国家攻关计划项目等。主持横向科研项目近千项，科研项目转化合同金额近34亿元。共获国家科技进步奖14项、国家技术发明奖1项、省部级科学技术奖185项，发表研究论文6100余篇，出版论著100余部。获得发明专利850余项，其中国际专利16项。

RAL现有科研、实验用房22000平方米，建有"现代轧制工艺模拟研究""材料组织性能检测和服役性能评价""轧制过程智能化控制系统模拟""计算机模拟分析"等研究平台；拥有各类大型仪器设备230余台（套），自研特色轧制试验设备40余台（套），为高水平科学研究、学科建设、人才培养和实验室仪器设备开放共享提供了有利条件和保障。

RAL遵循"开放、流动、联合、竞争"运行机制，通过设立开放课题、建立访问学者制度、与国内外知名公司及研究单位成立联合研究室，吸引国内外学者来实验室开展交流、合作、研究工作。

（二）研究机构与人才

RAL现有科研团队15支，教职员工固定人员118人，其中：专任教师99人，研究人员、实验等辅助人员15人，管理人员4人。博士后在站54人。专任教师中教授 58 人，副教授 33 人，讲师 8 人。人才队伍中，中国工程院院士 1 人，国家级领军人才计划入选者 2 人，国家杰出青年科学基金获得者 2 人，国家领军人才 3 人，"四青人才" 21 人，科技部"中青年科技创新领军人才" 1 人。2023 年，新培养国家级领军人才计划入选者 1 人、国家杰出青年科学基金获得者 1 人、国家级青年人才计划入选者 1 人、引进青年拔尖人才 1 人。实验室主要带头人为王国栋院士。

王国栋院士，系轧制技术领域的国际知名专家。长期以来从事钢铁材料轧制理论、工艺、自动化等领域的应用基础和工程技术研究，凝练出"基础研究→技术开发→工程转化→行业推广（R&DES）"全链条创新和成果转化等理论和方法，采用"工艺－装备－材料一体化"途径实施成果转化，解决了科技成果转化的瓶颈问题。先后主持和完成多项国家重点基础研究发展计划（"973 计划"）项目、国家高技术研究发展计划（"863 计划"）项目、攻关项目、自然科学基金重大项目等，取得了许多创新性的成果。获国家科学技术进步奖一等奖 2 项、二等奖 6 项，国家技术发明奖二等奖 1 项，省部级科技进步奖二等奖以上奖项 21 项，冶金科技奖二等奖以上奖项 13 项。获授权发明专利 23 项、授权实用新型专利 8 项。出版专著 6 部、译著 4 部。发表的论文被 SCI 收录 90 余篇、EI 收录 150 篇。培养的研究生中获得博士学位 100 人、硕士学位 79 人。曾获辽宁省科技功勋奖、宝钢教育奖、辽宁省特等劳动模范、辽宁省优秀教师、沈阳市劳动模范、沈阳市振兴奖、2006 辽宁教育年度人物、沈阳市科技功勋奖等荣誉。

（三）主要研究进展

1. V-N 微合金高强韧中厚板绿色制造关键技术及应用

该项目由东北大学、莱芜钢铁集团银山型钢有限公司、山东钢铁股份有限公司和兖矿东华重工有限公司等单位共同完成，并通过中国钢铁工业协会组织的科技成果评价。该项目利用奥氏体中高 N+ 形变诱导 VN 析出和 VN 诱导铁素体形核的机制，成功开发出低屈强比 V-N 微合金化高强韧中厚板绿色低碳关键制备技术，为实现相关应用领域钢铁材料的升级和产业技术进步发挥了积极作用，具有广阔的应用前景。该成果整体技术达到了国际先进水平，其中厚规格（Q550 级 80 mm 厚）产品 V-N 微合金化制造技术国际领先。

此项技术已在工业化生产线上实现批量化生产，与常规工艺相比，省去了

RH真空精炼、淬火和回火工艺，减少了能源消耗，实现了绿色化生产，社会效益显著。同时，综合生产成本大幅度降低，成材率大幅度提高，产生了显著的经济效益。Q550级高强中厚板产品性能优于国内外同类产品，在煤矿机械行业知名企业推广应用，得到了用户的高度认可。

2. 国产首套铝合金气垫炉生产线

RAL、广西先进铝加工创新中心、广西南南铝加工有限公司联合研发2400 mm气垫炉连续热处理及表面处理生产线。其中，气垫式连续热处理炉（简称气垫炉）是生产汽车、航空等用高端高精铝合金带材的核心装备，可以实现"零表面缺陷"的高质量热处理，但长期被国外少数公司垄断，其核心装备技术、工艺模型控制系统被严格封锁，产线装备价格昂贵、设备制造与安装调试周期长，严重阻碍了我国铝加工行业高端高精铝材的生产与研发。

RAL研发团队围绕重大任务，实施"基础研究—技术开发—工程转化—行业推广（R&DES）"的创新模式。李勇等人自2009年起开始铝合金气垫式快速固溶时效机理研究等。2012年和2014年分别承接南南铝加工进口气垫炉生产线全线电气控制系统研制任务和南南铝加工进口气垫炉生产线铝合金汽车板表面处理机组研制任务。2016年，首套国产铝合金汽车板表面处理机组研制成功，并顺利投入使用。2019年开始，我国首条2400 mm铝合金气垫炉连续热处理及表面处理生产线全套装备系统的国产化和工程化工作，实现了关键核心装备铝合金气垫炉及全线成套装备和全线工艺模型控制系统国产化，打破了国外垄断。

RAL项目研发团队攻克了"宽幅金属带材气垫漂浮气体动力学及动态平衡漂浮机制""强对流传热以及空气流动分配机制""大风量双出口高温循环热风机""高强耐蚀铝合金高温带材快速移动连续淬火""高强高成形性及高强高韧耐蚀铝合金快速固溶时效机理""铝合金汽车板无铬表面钝化""大型带材连续热处理及表面处理整线CPS控制系统"等关键技术，研制出我国首套铝合金航空板、汽车板材料国产化的"卡脖子"装备和系统，为项目发展奠定了坚实可靠的技术基础。

国家重大短板装备项目2400 mm气垫炉连续热处理及表面处理生产线是我国第一条自主研发、设计、制造的高品质铝合金带材连续热处理和表面处理生产线，立足国内产业链、供应链、创新链，实现了包括气垫加热系统、冷却系统、风机、烧嘴、干式静电涂油机、表检、纠偏检测原件、工艺自动控制系统等核心部件自主研发配套，突破了我国在核心装备气垫式连续热处理炉研发和制造技术方面的"卡脖子"难题，从根本上解决了国内高品质铝板带材热处理生产线成套装备短板问题，实现了自主创新。国产铝合金气垫炉生产线的成功研制将加速高精高性能铝合金板带材产品研发成果自主转化，有力提升我国在航空航天、新能源汽车、3C及泛半导体等重点领域的关键铝合金材料供应保障能力。

3. 新型高强韧复杂成型耐磨钢板研究开发与应用

耐磨钢板是大型工程机械、矿山机械、农业机械和水泥化工装备制造的关键原材料。为了保证耐磨性能，耐磨钢板的强度和硬度极高，NM600钢抗拉强度 ≥ 2000 MPa，布氏硬度 ≥ 570HBW。因此，耐磨钢中通常需要添加较高质量分数的碳元素和合金，致使碳当量高，焊接成型困难。超高的强度和硬度使得钢板的韧塑性极低，无法折弯成型。在装备制造过程中，部分要求良好的低温韧性、焊接和折弯成型性的耐磨零部件，不得不采用性能更低的低合金高强钢板甚至普通碳锰钢板来替代，致使寿命大幅度降低、零件失效加速，导致维修和更换频繁，设备工作效率降低，消耗了大量的能源和材料。大型特种装备的制造，迫切需要研发和应用高强韧复杂成型耐磨钢板。项目通过河钢邯钢、东北大学和河钢集团钢研总院三方产、学、研深入合作，突破了系列超高强韧耐磨钢板的低温韧性、焊接性、复杂成型性和耐磨性等多个关键指标，使得工业化产品在最高级别、低温韧性、成型性和耐磨性等多个方面达到或超过世界最高水平。项目主要创新：一是突破了耐磨钢板焊后复杂成型和成型后焊接接头抗载荷疲劳磨损的难题，实现了耐磨钢板在大型压路机振轮上整体焊接成型的应用；二是解决了高级别耐磨钢板的整体成型和切割开裂的难题，首次实现了高级别耐磨钢板NM500在大型自卸矿车上的应用；三是实现了最高强度超过2000 MPa的耐磨钢NM600在90°折弯成型时不开裂，可应用于高端农机装备制造。

4. 热轧双相钢开发和研究

热轧双相钢因具有良好的强塑性匹配、高初始加工硬化率、低屈强比、优异的疲劳性能等优点，在汽车用钢中的应用比例越来越高，是轻量化车轮的理想选材。然而，车轮用热轧双相钢生产工艺复杂，生产技术难度大。高强双相钢制备难、表面质量差、板形差、性能波动大等共性难题制约着车轮用热轧双相钢的发展。该项目通过产、学、研深入合作，创新性地开发出系列强度级别、厚度规格全覆盖的低成本、高表面质量、低残余应力热轧双相钢，并实现了规模化工业应用。

（四）研究成果及关键技术

1. 主要成果

（1）助力港珠澳大桥顺利落成

2017年12月29日，港珠澳大桥主体工程全线贯通。港珠澳大桥是世界上总体跨度最长、钢结构桥体最长、海底沉管隧道最长的跨海大桥，也是世界公路建设史上技术最复杂、施工难度最大、工程规模最庞大的桥梁。港珠澳大桥大量应用东北大学王昭东教授带领团队研发的基于新一代控轧控冷工艺的高性能绿色桥梁钢。跨海大桥用钢主要集中于管桩钢、通航主桥的桥梁钢、桥面护栏，以及带肋钢筋，其中管桩钢、通航主桥的桥梁钢占钢材总量的60%，仅管桩钢就占钢材总量的50%左右。管桩钢的材质大部分为热轧板卷，通航主桥的桥梁钢的材质主要规格为10~50 mm，主要为平板产品，而东北大学新一代控轧控冷技术正是热轧板带钢绿色制造的代表性工艺。

在2017年度国家科学技术奖励大会上，东北大学"热轧板带钢新一代控轧控冷技术及应用"项目获评国家科学技术进步奖二等奖。王昭东教授及其团队研发的新一代控轧控冷工艺，建立了以超快速冷却为核心的细晶强化、析出强化和相变强化的综合强韧化理论，使钢材组织细化35%以上，析出尺寸减小25%以上，有效满足了桥梁钢高强度和高韧性的要求。

通过优化的成分设计、控制轧制、轧后超快冷冷却组合，团队获得了良好的组织配比，在提高强韧性能的基础上，降低了屈强比，满足了桥梁的抗震和抗应变设计。依托超快冷装备，采用在线热处理替代离线正火热处理，大幅度降低了碳当量，提高了焊接性能和韧性，解决了传统正火桥梁钢板焊后分层、韧性和表面质量差等系列问题，促进了高性能桥梁钢标准的升级换代。成果构建起我国独有的节约型钢材生产理论体系，减少了贵重金属的使用，被相继列入科技部、工信部、发改委等5部委16项产业政策指南文件，有力地推动了我国钢铁工业节能减排和绿色化转型升级，实现了我国钢铁材料性能的全面提升，促进了重大冶金装备国产化进程，满足了国家用钢急需，提升了国家重大装备的自主保障能力。与此同时，该科研课题还为企业和社会培养高级人才和专业工程技术人员近百人，提升了我国钢材制造及产品开发的专业技术水平。

（2）"大线能量焊接桥隧用钢开发及重大工程应用"项目成果达到国际先进水平

项目由东北大学、鞍钢股份有限公司和广船国际有限公司等单位完成，并通过了中国钢铁工业协会组织的科技成果评价会。RAL王超老师参与完成了该项目研究。评价委员会认为，该成果整体上达到国际先进水平，其中钢板的减量化成分设计、焊接线能量在同类产品中达到国际领先水平。主要创新点如下。

① 阐明了FCB（多丝埋弧焊，无水冷）大线能量焊接桥隧用钢焊接热影响区晶粒、晶界、晶内的多重组织细化机制，开发了冶－铸－轧－焊全流程中不同阶段下的微－纳米氮/氧化物协同析出控制技术，实现了FCB大线能量焊接桥隧用钢的研发和大批量生产。

② 开发出对焊接性能具有重要影响的Ti，Mg，N，O等关键元素及其化合物的精确控制技术，实现了大线能量焊接桥隧用钢的高效、精准、稳定冶炼生产。

③ 开发出大线能量焊接用钢低成本减量化成分设计（无Ni，Cu，Cr，Mo，V等元素添加）和低应力控轧控冷技术，实现了厚向"表层针状铁素体→心部细晶等轴铁素体"的有利梯度组织调控和高质量板形控制，提高了大型桥隧用钢焊接过程中的形状稳定性，钢板不平度小于3 mm/m。

④ 在国际上首次实现了FCB大线能量焊接技术在桥梁隧道钢结构建造中的应用，屈服强度达到420 MPa级别，厚度规格达到40 mm，在300 kJ/cm大线能量焊接条件下热影响区冲击韧性达到200 J以上，产品性能稳定，大幅度提高了焊接效率。

（3）超高强钢领域实现新突破

同时提升强度和塑性，是钢铁材料领域长期以来的重大理论难题，也是从基础研究到技术创新和应用实践的瓶颈。尤其当强度达到2000 MPa级别时，塑性出现断崖式下降，均匀延伸率普遍低于10%。其根本原因在于传统马氏体的初始高密度位错难以继续增殖，且无序排列的几何取向结构微观塑性变形极不均匀，容易产生局部应力/应变集中。因此，探索新的增塑机制，以节约型合金设计和简单高效的制备工艺获得低成本高塑性的2000 MPa超高强钢，仍然是巨大的挑战。

王国栋院士/袁国教授研究团队创新性地提出"马氏体拓扑学结构设计＋亚稳相调控"协同增塑新机制，成功制备出系列低成本C-Mn系新型超高强钢，打破了超高强钢对复杂制备工艺和昂贵合金成分的依赖，也突破了现有

2000 MPa 级马氏体高强钢抗拉强度－均匀延伸率的性能边界。同时，提出简单高效的制备工艺路线，构筑出一种全新的拓扑学双重有序排列的马氏体和多尺度亚稳奥氏体的纳米级多层次组织结构。该组织结构通过在变形过程中诱发板条界面（in-lath-plane slip）位错滑移、界面塑性和相变诱发塑性（TRIP）等多种增强增塑机制，促使材料具有持续较高的加工硬化能力，大幅度提升了其强度和塑性，实现了 1600~1900 MPa 屈服强度、2000~2400 MPa 抗拉强度和 18%~25% 均匀延伸率的极致性能。

突破金属材料性能极限是近年来材料领域研究的热点与难点。该研究提出了马氏体/奥氏体多层次结构设计新理念，充分挖掘材料潜力，加深了对马氏体结构调控及变形机理的理解和认识，对于推动低成本、大尺寸超高强塑性钢铁材料的制备和应用具有重大现实意义。该研究不仅为钢铁材料，也为其他超高强塑性金属材料的开发制备提供了新的研究思路。

RAL 长期开展先进钢铁材料及其加工工艺技术的研究工作，注重高水平科研平台建设，聚焦本领域科技前沿，推进国际化合作与交流，强化高水平人才培养，同时注重应用需求牵引，持续深化基础研究工作。近年来，相继在高质高端钢铁材料、绿色加工工艺、数字化钢铁技术等基础理论研究与关键技术创新方面不断取得新突破。

2. 关键技术

① 建立涵盖常用进口主流铁矿粉、非主流铁矿粉、国产常用铁精粉、辽宁地区普通铁精粉、辽宁地区低成本铁矿粉等铁矿资源的铁前常用铁矿粉烧结基础特性数据库。

② 研发铁矿石采购和合理使用铁矿粉的多维决策模型，从铁矿石化学成分、粒度组成、烧结基础特性、对高炉冶炼的影响等多维度对铁矿粉价值进行在线评估，为钢铁企业合理降低采购成本提供指导。

③ 建立基于烧结基础特性的烧结智能化配矿模型和高炉炉料结构优化模型，实现了非主流进口矿粉和经济地方矿粉的增量化利用。

④ 研发适应多变量的高炉低碳冶炼炉渣黏度预测模型和渣系优化技术，实现了模型实时在线运行，在高铝铁矿粉比例较高的情况下，高炉渣镁铝比由 0.69 降低至 0.59~0.61，实现高炉稳定顺行，燃料比降低，通过使用高铝铁矿粉铁水成本降低 18 元/吨。

四、材料电磁过程研究教育部重点实验室

（一）简　介

材料电磁过程研究教育部重点实验室（EPM），2000年8月经教育部批准成立，前身是1999年初与上海宝山钢铁集团公司共建的"宝钢－东大材料电磁过程联合研究中心"。2002年6月，经辽宁省科技厅批准成为"辽宁省材料电磁过程研究重点实验室"；2003年1月，经科技部批准成为省部共建国家重点实验室培育基地；2007年，被批准为电磁冶金辽宁工程实验室；2012年，被国家发展和改革委员会批准为电磁冶金技术及装备国家地方联合工程实验室。EPM是东北大学"211工程"和"985工程"的重点建设单位之一。

EPM以国际新兴的前沿学科材料电磁过程为研究方向，重点突出超导强磁场这一最新研究手段，围绕强磁场和电磁场下钢铁材料冶金过程、轻合金组织调控、材料微观结构设计与控制、特种材料合成等方面开展基础研究和应用基础研究。目前，EPM已经形成一支高水平的研究队伍，具备一流的基础设施和装备，并且在科学研究中取得重大进展，成为在本领域具有国际影响的科研机构之一。

（二）研究机构与人才

EPM现有人员51人。其中，教授15人，博士生导师8人，副教授18人，专任教师44人全部为博士。国家级高水平人才4人次，其中国家杰出青年科学基金获得者1人次；教育部跨（新）世纪人才6人。辽宁省各级领军人才计划入选者22人。EPM主要负责人为王强教授。

王强教授，东北大学二级教授，博士生导师，校学术委员会委员，日本名古屋大学工学博士。国家杰出青年科学基金获得者、国家级高水平人才第一批中青年科技创新领军人才、国务院政府特殊津贴获得者，辽宁省优秀专家。现任东北大学科学技术研究院院长兼材料电磁过程研究教育部重点实验室主任，曾任美国加州大学伯克利分校高级研究学者。主要研究方向为：电磁流体力学及其应用技术、强磁场材料科学、能量转换材料与技术。

（三）主要研究进展

EPM承担和完成了一系列材料电磁过程方面的国家重大科研课题。其中，国家"973计划"项目10项，国家"863计划"项目15项，国家自然科学基金项目46项。荣获国家科学技术进步奖一等奖1项；获省部级奖励7项，其中一等奖2项、二等奖4项、三等奖1项；获行业奖项10项，其中一等奖3项、二等奖4项、三等奖3项；获市级奖励1项。获批发明专利77项，实用新型专利16项，软件著作权1项。在钢的电磁软接触连铸、钢的强磁场固态相变和轻合金低频电磁连铸的理论与技术开发方面达到国际先进水平。

EPM重视学术交流，尤其注重与国际著名大学、研究机构和企业的合作。已与国内外50余家科研院所、企业建立了实质性合作关系；每年接待100余名国外学者，共同开展研究，成为国际学术界交流的窗口和材料电磁过程人才的培养基地。研究工作走向世界，同时开拓了工业应用前景。主要研究方向有：钢电磁连铸、有色合金电磁连铸、强磁场材料科学、材料电磁过程仿真与控制等。

（四）研究成果及关键技术

崔伟斌课题组首次合成了一系列新型稀土有序占位的层状化合物——$(Cr_{2/3}R_{1/3})_2AlC$（R=镧系稀土原子）i-MAX相。$(Cr_{2/3}R_{1/3})_2AlC$化合物的晶体结构为正交结构，Cmcm空间群，稀土原子R和Cr原子在R-Cr层内有序交替排列，并突出于R-Cr层朝向Al层原子。合成的新型$(Cr_{2/3}R_{1/3})_2AlC$化合物在低温下表现出特定的磁性相转变行为，在室温和高温环境下具有高的硬度和耐压强度及优异的耐磨损性能。并且进一步研究了块体$(Cr_{2/3}R_{1/3})_2AlC$样品经高温压缩后，正交结构向单斜结构转变的机制。

李磊教授团队在不同的强磁场下对二元Sn-Co合金进行了凝固实验。结果表明，无论高磁场强度如何，合金均形成亚稳包晶$CoSn_4$相，而非平衡$CoSn_3$相。从下至上，$CoSn_2/CoSn_4$复合颗粒、单相$CoSn_4$颗粒和βSn基体均呈细小、粗大分布。在三维中，复合颗粒中的起始中心$CoSn_2$晶体沿着[001]方向择优生长，并且具有四方棱柱状结构。外部$CoSn_4$晶体以螺旋方式生长，并呈多层板状结构。对于单个板，刻面大面积表面和侧表面分别对应于（001）和{111}平面。此外，还存在（OR）(100)$CoSn_2$//（100）$CoSn_4$，[001]$CoSn_2$//[001]$CoSn_4$的取向关系，这归因于两相的原子排列相似。另外，

HMF 倾向于"悬浮"金属间颗粒，并规则地排列精细复合颗粒。此外，复合微粒中的 $CoSn_2$ 和 $CoSn_4$ 晶体都倾向于以平行于 HMF 方向的 [001] 轴取向。金属间化合物颗粒的"悬浮"起因于 HMF 诱导的磁黏滞阻力。$CoSn_2$ 晶体的择优取向和规则排列与其磁晶各向异性有关。

乐启炽教授主持的项目"镁合金大规格锭坯半连续铸造关键技术（发明）"在"973 计划""863 计划""国家科技支撑计划""国家重点研发计划"等国家级项目及校企课题支持下，针对生产大规格变形镁合金所需的大规格高质量镁合金锭坯，形成了镁合金大规格锭坯半连续铸造关键技术，成功解决了大规格高质量镁合金锭坯工业化稳定制备这一技术难题。该项技术推进了镁合金在轨道交通、航空航天和武器装备等领域的应用，为我国实现"双碳"目标提供了重要支撑。

五、辽宁省航空轻合金及加工技术重点实验室

（一）简　介

辽宁省航空轻合金及加工技术重点实验室是由辽宁省教育厅依托沈阳航空航天大学材料科学与工程学科建设管理的实验室，实行校院两级管理体制。实验室针对航空材料及其加工技术的发展特点，以晶体取向分布及形成机理、变形机制、合金化理论、强韧化机制、微观结构控制理论、疲劳与断裂机理、凝固理论与焊接冶金技术等为研究基础，重点围绕高比强、超高强合金及其复合材料，研究合金轻量化的基本原理、基本方法，优化材料设计、制备与加工（包括塑性成形加工、铸造、焊接及焊接材料）新工艺，提高传统合金的工艺性能、使用性能。研究领域以工艺研究跟随新材料、新结构、高性能研究为特征，基于材料科学的理论方法，强化成分、微观组织结构设计与控制技术，以发展高比强、高比刚度、高韧、高可靠性、耐高温、耐蚀、低成本材料及其加工技术为主要目标，充分体现航空技术及民用工业技术对高性能金属材料需求的特点。

（二）研究机构与人才

实验室目前有专兼职人员 30 余人，现有教授、副教授 21 人，研究队伍结构合理，科研经验丰富。研究队伍中，具有博士学位人员占 90% 以上，相关

研究方向与南京航空航天大学、大连理工大学、沈阳航空航天大学航空宇航学院联合培养博士研究生。

实验室具体包括轻合金熔炼制备、变形加工、热处理等工艺实验室及金相显微分析室、扫描电镜室、织构应力分析室及力学性能实验室等测试表征实验室。实验室主要负责人为武保林教授。

武保林教授，博士生导师，校材料学科创始人、带头人。中国航空学会材料工程分委会委员，辽宁省航空宇航学会材料分委会副主任委员，辽宁省航空宇航学会学术委员会委员，中国体视学学会金相与显微分析分会理事，国家科技奖励评审专家，国家自然科学基金同行评议人，《航空材料学报》，《材料工程》，*Materials Science and Engineering A*，*Materials Characterization*，*JMST* 等国内国际学术期刊审稿人。主要研究领域为高比强、超高强合金及晶体取向、变形机制。主持完成3项国家自然科学基金面上项目，承担20余项中央军委科技委创新特区、航空基础科学基金、国防攻关试点、辽宁省自然科学基金、航空预研子项目及辽宁省教育厅科技攻关计划等项目；在国内外重要学术期刊发表论文120余篇，其中国际主流学术期刊高水平论文（SCI收录）60余篇，相关论文SCI引用近千篇次；在镁合金动态力学行为各向异性机理、取向演变机制、增塑机理、LCF变形机制、孪晶变体选择定量模型、超高强韧多主元合金开发、三维Schmid因子分析及促进理论应用研究方面取得重要进展，处于国际领域前沿；基于热变形模拟助力研制的钛合金大型框锻件成功用于某型号歼击机；申请国家发明专利近20项，实用新型专利3项，授权12项；获教育部科技进步奖二等奖、工信部科技进步奖三等奖、航空工业总公司科技进步奖三等奖、中国航空学会科技（理论）三等奖各1项。

（三）主要研究进展

实验室一直追踪国内外的研究动态，进行了大量的基础性与应用性研究工作。长期以来，通过与法国Lorraine大学LEM3国家实验室、东北大学、台湾中山大学、大连理工大学、北京航空材料研究院、金属研究所、沈阳飞机工业（集团）公司、辽宁忠旺公司等国内外高校、研究机构、企业合作，在一些研究领域取得了重要进展，形成了较强的研究基础。

实验室成立以来，完成了国家自然科学基金、辽宁省自然科学基金、航空科学基金、省教育厅基础科研、辽宁省攻关计划、沈阳市攻关计划、国防科工局试点攻关，以及军工、地方合作等项目百余项，取得了丰硕成果，包括镁合金变形机制与低周疲劳研究、高塑性加工镁合金研究、晶界特征分布增强铝合金耐蚀性与抗蠕变研究、普通条件下超细晶铝合金研究、Al-Mg-Si 低密度合金研究、铸态铝合金组织细化研究、高强度铝合金焊丝研究等。与沈飞等合作的钛合金大型锻件的研制项目为我国的新机研制与生产作出了重要贡献。研制的焊接材料及特种焊接工艺在西气东输二线部分工程、船舶工程、机车车辆厂等得到大量应用。发表高水平论文 300 余篇。

（四）研究成果及关键技术

近年来，实验室承担的主要项目如下。

① 镁合金循环变形过程中的孪生机制及其作用研究（51371121），国家自然科学基金面上项目，2014 年 1 月—2017 年 12 月。

② 高比强多主元合金研究与开发（JH2020001），国防科技创新项目，2019 年 11 月—2022 年 10 月。

③ NiMnGa 合金应力诱发连续正、逆中间马氏体相变机制与再取向路径优化研究（52001218），国家自然科学基金青年科学基金项目，2021 年 1 月—2023 年 12 月。

④ 超高强度 CoCrNi 基三主元合金板材、棒材的制备工艺与开发研究（2020JH2/10700006），辽宁省重点研发计划，2022 年 1 月—2022 年 12 月。

⑤ 大型钢构件电弧熔丝增材制造装备与工艺关键技术攻关（20-202-1-11），重大关键核心技术攻关专项，2022 年 8 月—2023 年 7 月。

六、辽宁省镁合金及其成形技术重点实验室

（一）简　介

辽宁省镁合金及其成形技术重点实验室于 2005 年获辽宁省科技厅批准成立。实验室立足辽宁，面向全国，围绕国家和辽宁省轻量化制造的重大战略需求开展了众多基础和应用方面研究，为辽宁省轻量化制造方面的科学研究、技术开发、学科建设和人才培养作出巨大贡献。实验室根据国家科技发展方针，围绕国家发展战略目标，针对学科发展前沿和国民经济、社会发展及国家安全的重大科技问题，围绕镁合金材料开展了很多创新性研究。实验室通过积极承揽国家、地方和企业的科技项目，解决了辽宁省经济建设和企业发展的实际问

题；通过合作、开放和创新的发展战略，建设成为推动辽宁经济发展和社会进步的重要技术服务平台。

（二）研究机构与人才

实验室依托沈阳工业大学建设，拥有一支实力强劲的学术队伍。实验室现有人员64人，其中固定人员21人、研究生40人、国外兼职教授3人；固定人员中教授及副教授17人、讲师3人、助教1人，梯队合理，阵容整齐。有8人曾到国外留学或合作研究，实验室与德国HZG（赫尔姆兹-吉斯达赫特）研究所的镁研究中心建立了稳定的合作关系。现实验室主任为沈阳工业大学毛萍莉教授。

毛萍莉，辽宁省特聘教授。曾获辽宁省技术发明奖二等奖1项，辽宁省科学技术进步奖二等奖、三等奖各1项，中国机械工业科技进步奖二等奖、三等奖各1项，中国有色金属工业科学技术奖二等奖1项，辽宁省教学改革成果一等奖1项。作为负责人承担国家科技支撑计划子课题2项，参与"973计划"等国家级项目15项。主持"辽宁省自然科学基金""辽宁省创新团队"等省级项目5项，参与省级项目2项。在国内外重要学术期刊上发表论文100余篇，主编教材2部、参编教材2部。获得中国授权发明专利30项、美国发明专利1项。任中国机械工程学会材料分会委员，镁合金加工与应用技术创新战略联盟理事，《机械工程》编委会委员。沈阳工业大学第二批青年学科带头人，沈阳市优秀科技工作者，辽宁省第四批特聘教授，沈阳市第七届优秀专家，培养博士研究生10余名、硕士研究生30余名、本科生300余名。

（三）主要研究进展

实验室基于自身建设和发展的需要，主要围绕"镁合金高速变形行为及机理""高性能低热裂倾向镁合金制备技术""高致密压铸技术的开发""基于应用的薄壁、复杂结构零件同步开发技术"四个方面开展研究。自2010年验收以来，实验室已完成国家项目20项，省部级项目20余项，企业委托项目30余项。发表高水平论文350余篇，出版著作10部，获授权专利40余项，获得辽宁省科学技术进步奖、中国有色金属工业科学技术奖、中国机械工业科学技术奖、沈阳市专利奖等，其中省部级二等奖6项、三等奖5项。该团队在国内占领一定的制高点，具备了较高的学术影响力和较大的竞争力。

实验室近年来开发的技术已经在辽宁帝德科技、沈阳明瑞汽车部件、沈阳山博汽车部件等三家省内企业及威海万丰镁业科技发展有限公司等省外企业多个产品上得到应用,取得了显著的减重效果及社会效益和经济效益。

(四)研究成果及关键技术

1. 微量多元成分优化

AZ91 和 AM50 合金是目前应用最为广泛的 Mg-Al 系压铸镁合金。AZ91 合金强度较高但塑性较低,而 AM50 合金具有中等强度与较高塑性,两种合金已经广泛地应用于汽车壳体等低承力结构件上。该项目发现,在 AZ91 合金的基础上添加微量的 Ca、Y,或者在 AM50 合金的基础上添加微量的 Al、Ca、Sn,并对各合金含量进一步优化,其强韧性水平就可以明显提高。通过合金元素之间的交互作用,挖掘合金的细晶强化、固溶强化和第二相强化的潜力,最大限度地提高合金的力学性能,同时兼顾合金热裂敏感等铸造工艺性能,来开发新型镁合金。该项目通过理论计算发现,当比 Mg 原子半径大的合金元素和比 Mg 原子半径小的合金元素同时存在时,合金往往具有最好的强韧性,以及较低的热裂敏感性。为此,在 AZ91 合金基础上设计了含有 1%Y 和 0.5%Ca、1%Ca、1.5%Ca 三种成分的合金,即 AZ91-1Y-0.5Ca、AZ91-1Y-1Ca 和 AZ91-1Y-1.5Ca;在 AM50 合金基础上添加 2%Al 和 Ca、Sn 元素,设计了 Mg-7Al-1Ca-0.5Sn、Mg-7Al-1Ca-1Sn 和 Mg-7Al-1Ca-2Sn 三种成分的合金(以上合金元素在合金中的含量均是质量分数)。

2. 亚临界压射协同下真空压铸技术

国内压铸企业目前配置的大多是卧式冷室压铸机,压射时压室内金属液的上部空间被气体所占据,在慢压射阶段中气体或通过模具排出,或卷入金属液内进入型腔,成为铸件产生内部气孔的主要原因之一。因此,对压射阶段的动态行为进行控制是减少铸件孔洞缺陷、提高铸件性能和质量的关键。为此,该项目提出了"亚临界压射协同下真空压铸技术",显著提高了压铸件的致密度,满足了汽车承力结构件对镁合金压铸态力学性能的需求。采用亚临界压射协同下真空压铸技术后,镁合金压铸件在焊接、热处理等加热条件下不再发生卷入气体引起的变形和表面鼓泡等问题,因此镁合金真空压铸件可以通过热处理进一步强化。应用该技术已成功开发出镁合金转向管柱及镁合金发动机转向支架两个部件。

七、材料各向异性与织构教育部重点实验室

（一）简 介

材料各向异性与织构教育部重点实验室（ATM），2005年12月由教育部批准立项建设，于2008年5月、2012年7月和2018年11月通过教育部验收。实验室依托东北大学国家重点学科材料学，是"211工程""985工程"重点建设的科技创新基地之一。秦高梧教授担任实验室主任，卢柯院士任学术委员会主任。实验室以材料各向异性与织构的表征、设计、控制及相关高新材料研制为主要特色，紧密结合国际相关学科发展趋势及国家和区域经济社会发展需求，确立了以材料织构与各向异性表征、材料织构与微结构演变、各向异性材料设计与制备、材料表面/界面设计与调控为主干的研究方向，涵盖了材料各向异性与织构领域的前沿基础科学问题和关键共性技术。

实验室拥有超过7000平方米的实验基地，建成了完整配套的材料制备－表征－检测实验平台，包括最新的高分辨PPMS，SQUID，XPS等仪器设备，总价值9500万元以上。为了科研环境不断优化，实验室每年均对实验技术人员进行相关培训。实验室坚持前沿性、前瞻性和战略性相结合的建设原则，以材料领域各向异性研究的国际发展趋势为导向，以国民经济建设和国家安全的重大需求为驱动力，发展与强化具有优势的主攻学术方向，建立了特色鲜明的实验研究平台。实验室是以承担国家重点科技计划项目、国家自然科学基金重点项目为代表的科学研究基地，以培育国家优秀人才和优秀科研工作者为代表的人才培养基地，能够开展具有实质性高层次国际学术交流的科研合作基地。

（二）研究机构和人才

实验室重点围绕各研究方向集聚和培养了一批高素质专业研究人才，形成了一支年龄、知识结构合理，且富有团结创新精神与国际视野的科研教学团队。实验室目前拥有固定人员66人，包括教授42人、副教授14人，其中国家级人才项目入选者9人、国家级青年人才项目入选者5人、省级教学名师1人。实验室注重加强与国内外高校、科研机构及知名企业的交流与合作，努力扩大实验室在国内外的学术影响。实验室与日本东北大学、法国梅兹大学、美国橡树岭国家实验室和阿贡国家实验室、美国田纳西大学等国外知名高校、研

究机构建立了良好的国际合作关系；实验室与中国科学院金属研究所、清华大学、北京科技大学、中南大学，以及宝钢、本钢、东北轻合金、西南铝等开展了密切的科研合作，共同承担多项重大科研任务。实验室负责人为秦高梧教授。

秦高梧，东北大学材料科学与工程学院教授、博士生导师、院长。兼任中国材料研究学会常务理事、中国体视学学会金相与显微分析分会副理事长。国家杰出青年科学基金获得者，国家中青年科技创新领军人才，教育部新世纪优秀人才，辽宁省高等学校优秀人才。主要研究方向是基于计算材料学的金属材料结构功能一体化，包括轻合金、医用金属和金属基结构催化剂。近年来，秦高梧教授承担国家基金重点项目等10余项科研项目。在 *Physical Review Letters*，*Energy and Environmental Science*，*Acta Materialia* 等学术期刊上发表SCI论文260余篇，获得30余项发明专利，荣获国际发明专利金奖2项和中国冶金青年科技奖等，3项科研成果被推广应用。

（三）主要研究进展

实验室大力加强基础性研究，同时着眼于高新技术开发与应用研究，积极参与国际科技前沿竞争，取得了一批具有前瞻性的理论成果及拥有自主知识产权的新技术。近3年，实验室承担纵向、横向科研项目共320余项，科研进款共计8000余万元，其中纵向到账经费5500万元，约占总经费的70%。实验室发表学术论文600余篇，SCI收录论文530篇。实验室取得了一批具有原创性的科研成果，获得国家级科研奖励1项、省部级科研奖励5项。编写科技专著3部。获授权发明专利116项，专利转让3项。

（四）研究成果及关键技术

1. 新型铁磁形状记忆合金相变晶体学与织构调控

新型铁磁形状记忆合金具有多功能、高效率、绿色环保的综合优势，是智能驱动与磁制冷应用的理想候选材料。研究团队在取向相关的功能特性和相变特性等方面取得了重要进展，基于相变调控择优取向开发出高性能多晶磁控功能材料，为设计和研制新型铁功能材料提供了理论支撑。建构调制马氏体相超结构模型，准确表征铁磁形状记忆合金相变晶体学。首次精确解析了NiMnIn合金调制结构及马氏体相晶体结构并构建了超结构模型，系统表征了马氏体孪晶关系及界面特征，明确了马氏体相变及中间马氏体相变过程中的取向关系，完善了马氏体相变晶体学理论。

2. 超低铁损硅钢织构控制理论与产业化关键技术

超低铁损取向硅钢是高压输电、高效配电，以及低噪声、小型化、高速化高端装备的关键材料。采用极低铁损取向硅钢改造现有配电网，节能减排意义重大。超低铁损取向硅钢薄带制造技术复杂，被称为钢铁产品中的"艺术品""皇冠上的明珠"。实验室发展了基于广义复合抑制体系的高锐度二次再结晶织构控制、面向多样化应用环境的硅钢磁畴行为控制等先进制造理论，突破了以织构控制为核心的高端硅钢全流程关键技术原理，解决了高磁感、低铁损和高强度相互制约的世界性技术难题。以此为基础，中国宝武钢铁集团有限公司联合东北大学等单位，建立了完备的创新性生产技术体系，全系列薄规格硅钢产品达到最高等级，并领先国际同类产品 1~2 个牌号，实现了硅钢领域技术术由跟跑型向领跑型转变。

3. 高强铝合金厚板形变织构梯度与各向异性控制

超高强铝合金厚板是当前全球飞机制造的主干骨架结构材料，也是航空航天、武器装备及其他军用领域不可或缺的关键结构材料。对于这类关键战略材料，国外对中国不仅在技术上进行严密封锁，而且禁止合金材料出口中国，因此，我国飞机用超高强 7××× 系铝合金厚板只能依靠自主研发。研究组围绕超高强铝合金中多种合金相粒子的组态和织构调控关键问题，提出通过铸锭分级均匀化退火及厚板分级固溶处理，分阶段控制不同类型合金相粒子的组态，从而实现复杂凝固结晶相、弥散相和析出相粒子的协同调控研究思想。同时突破了 7B04，7B50 等铝合金半连续铸锭均匀化和固溶处理温度必须低于 470 ℃的常规要求，攻克了工业化制备 7×50 型铝合金厚板强度、塑性、韧性和耐蚀性不能同时达标的难题，成功生产出 7B04，7B50 等铝合金预拉伸厚板，满足了我国新型战机制造用主干骨架结构材料的需求。

八、辽宁省金属材料微结构设计与控制重点实验室

（一）简　介

辽宁省金属材料微结构设计与控制重点实验室成立于 2005 年。实验室依

托东北大学材料科学与工程一级学科，材料科学与工程硕士点、博士点及博士后流动站。为满足辽宁省区域经济发展需求，实验室以钢铁材料组织控制与性能、有色合金型线材制备及过程组织均匀性、金属构件粉末冶金及3D打印、特种陶瓷材料、金属催化材料作为主要研究方向，各方向内容紧密衔接、相互支持，涵盖了材料各向异性与织构领域的前沿基础性科学问题和关键性技术。

（二）研究机构与人才

实验室目前拥有固定人员57人，包括教授36人、副教授14人、讲师2人、技术人员4人、管理人员1人。其中，博士生导师33人、国家级人才计划入选者8人。研究人员中40岁以下者占33.3%。实验室主任是秦高梧教授。

秦高梧教授作为项目负责人承担11项科研项目，其中国家级项目5项、省部级项目4项。最近3年取得的主要学术成果有：提出了合成贵金属Au/Pt纳米粒子和世界最高比表面积的三维贯通式纳米多孔海绵的简便、"绿色"制备方法，有望开发出新型高效催化剂和生物过滤器等；首次建立了纳米粒子外表面指数的TEM表征通用数学模型与表征方法，为揭示催化剂外表面与催化特性的关系奠定了基础；实验证实了纳米/微米软磁粒子复合体能有效提高其在GHz波段的导磁率，突破了Snoek极限，可应用于高效/节能DC-DC转换器和抑制GHz波段电磁噪声；解决了镁合金在实验相图测定过程中的活性问题，最近几年在国际文献上发表了9个体系镁基合金相图，其中6个体系是其领导的研究组完成的。秦高梧教授不仅在较短时间内组建了自己的研究室和学术梯队，而且与日本东北大学、美国橡树岭国家实验室、美国内华达大学和印度Calicut大学等国际知名大学、研究机构建立了稳定的合作关系。

（三）主要研究进展

实验室大力加强基础研究、高新技术开发与应用研究，积极参与国际科技前沿竞争，取得了一批具有远景性和重要价值的理论成果及自主知识产权的新技术。近年来，实验室承担国家级、省部级、横向及其他科研项目共350余项，新增科研进款共计9572万元。其中，纵向到账经费7669万元，占总经费的80%。承担的国家重要项目包括：国家"973计划"项目课题5项、国家"863计划"项目课题3项、国家科技支撑计划项目课题4项、国家"863计划"重大专项课题2项、国家重点研发计划课题13项和国家级青年人才计划1项。还有国家自然科学基金项目77项，其中包括：杰出青年科学基金项目2

项、优秀青年科学基金项目 2 项、重大项目 2 项、重点项目 7 项、联合基金项目 2 项、面上项目 41 项、青年科学基金项目 19 项、外国青年学者研究基金项目 2 项。另有重大国际合作项目 1 项、一般国际合作项目 2 项。发表学术论文 900 余篇，其中 SCI 收录论文 602 篇，EI 收录论文 703 篇。获得国家级科研奖励 1 项、省部级科研奖励 16 项。编写中文专著 3 部，参编外文专著 1 部，出版科普专著 2 部，其中一部荣获中国优秀科普图书奖。获授权发明专利 84 项。

（四）研究成果及关键技术

近年来，实验室取得了一系列科研成果，努力成为国内外一流的科研基地、人才培养基地、先进材料技术创新基地、学术交流基地，为辽宁省材料装备制造业的可持续发展提供技术支持。实验室注重学生的创新实践教育，注重复合型人才的培养。积极参加基础科学研究和国家科研项目，有助于学生了解国际科学前沿和国家发展需要，增强责任感和使命感。通过现代科学仪器设备的使用和掌握，培养学生的科研技能。科技创新团队的参与将培养科技合作精神。实验室与美国洛斯阿拉莫斯国家实验室、牛津大学、伦敦玛丽女王大学、日本东北大学、美国橡树岭国家实验室等多所国际知名大学和研究机构开展了国际科技合作与项目交流。

九、能源与化工产业技术研究院

（一）简　介

为落实"复苏辽宁、振兴东北"的战略需求，结合沈阳化工大学"双一流大学"和"高峰学科"的重点建设目标，中国科学院优秀领军人才计划入选者许光文教授，带领先进技术、科研项目和科研/工程骨干，与沈阳化工大学化工、应化、热能等学科的优秀研究人员整合，成立能源与化工产业技术研究院（简称"产研院"），着力打造化工产业化技术创新、研发、工程化和推广的高地。

（二）研究机构与人才

产研院已有员工 40 人，其中教授 15 人、副教授 19 人、工程师及讲师 4 人，包括从中国科学院过程研究所带入产研院的领军人才计划入选者苏发兵教授等 5 人、从国外引进的加拿大工程院院士郑莹教授等 3 人。

研究院院长许光文，博士生导师，国家"973计划"项目首席科学家、国家"863计划"先进能源技术领域洁净煤技术主题专家、中国科学院优秀领军人才计划入选者。主要从事能源转换过程中的多相流、热物理、碳化学与环境保护方面的基础研究和技术开发工作。发表各种学术论文280多篇，其中SCI索引230多篇，被他人SCI论文引用4600多次；出版《解耦热化学转化基础与技术》等专著。申请专利近100项，获得10多项国际专利授权。曾两次获得中国国际科学仪器与实验装备展览会自主创新金奖、中国科学院领军人才计划终期评估优秀奖、中国分析测试协会科学技术奖（CAIA奖）一等奖、中国发明专利优秀奖及中国科学院发明奖一等奖。

（三）主要研究进展

近年来，研究院特聘专家张战国教授在他的研究领域不断产出最新的科研成果，其中具有代表性的有：成功开发了可应用于流化床操作的无黏结剂、高活性钼基HZSM-5分子筛催化剂；成功开发了该催化剂的再生技术（已取得日本专利）。这两项技术均属世界创新，是实现天然气取代石油生产芳香族化工原料的关键技术，获得了知名化学公司的高额资助，并得到了Shell, SABIC等跨国公司和同行专家的高度评价、关注。此外，他设计的两塔循环流化床小试装置运转良好、稳定，在世界上首次实现了单程产率高达12%的甲烷向苯的直接连续转化。

研究院优秀青年人才石磊教授近年来也攻克了多项行业难题，形成了多项专有技术，在国内外都有非常大的影响力，其中主要有：开创燃烧法制备高分散、面还原、高活性金属催化剂，已在加氢或费托合成反应中得到应用；开发的高效固体碱催化剂及连续催化精馏工艺用于动力锂电池电解液合成反应，代替传统均相强碱催化剂，解决了传统可溶强碱参与反应、极易失活、难以分离导致的碳酸酯产品纯度较低、收率低、产生大量强碱性固废，以及间歇反应造成VOC排放污染等问题，已完成千吨级/年工业示范，该技术属国内外首创，达到国际领先水平。

（四）研究成果及关键技术

1. 低焦油流态化两段气化技术

低焦油流态化两段气化技术采用反应解耦原理，创新性地将燃料干燥/热解/部分气化和半焦气化/焦油重整两个子过程进行分离，并分别采用流化床热解器和输送床气化器，以同时利用输送床气化炉内的高温半焦催化裂解和热裂解作用，有效地脱除焦油，大幅度降低燃气中焦油含量（标准状态下小于100 mg/m^3）。该技术可以利用粒径小于15 mm的碎煤清洁生产工业煤气，相对于传统的固定床两段气化炉，可以显著降低原料成本，大幅度减少焦油和酚水产生量。该技术已成功研发并实现产业化，分别在河南与山东建成年处理万吨及5万吨中药渣的应用工程，实现了中药生产过程的固体废物减排，并通过节约天然气燃料，年产效益1500万~1800万元。该技术正在辽宁海城菱镁矿加工过程的煤清洁制气中应用，以替代传统技术，实现升级换代。

2. 内构件移动床定向热解技术

虽然煤炭热解技术的研发经历了100多年，但长久未能突破重质组分生成多、粉尘夹带严重、连续运行稳定性差等技术难题。该实验室研究团队发现热解反应器内产物流动与温度场间的匹配关系是决定最终热解产物收率与品质的关键因素，进而发展了利用内构件强化对煤颗粒加热、定向优化反应器内热解产物流动与温度场梯度间匹配关系的反应调控方法，创新了内构件移动床反应器和热解工艺。在中国科学院战略先导专项、国家"973计划"等项目的支持下，通过系统的小试、模式和1000吨级中试研究，验证了新技术的优势，实现了先进的煤热解技术指标，展示了突破煤炭热解技术难题的重大前景，申请了美国、欧盟、俄罗斯、澳大利亚等10个国家和地区的专利，目前正在实施10万吨级工业示范。

十、材料先进制备技术教育部工程研究中心

（一）简　介

材料先进制备技术教育部工程研究中心（以下简称"中心"）2001年由教育部批准成立。

中心自成立以来，承担了多项国家重点基金、面上基金等科技攻关和基础研究课题，自主进行了泡沫金属材料、泡沫金属夹芯板、铝镁合金、取向硅钢、超导带材、防腐自润滑材料、先进防护涂层等10余种先进材料的研究开发。中心一直以工程化技术开发和中试研究为目的，主要从事材料方面的工程

化技术孵化和科技成果转化。

中心以国家需求为前提，以人才驱动为条件，以多方联合、多渠道筹集资金和多学科交叉为保障，建立广泛的工程化研究和试验平台，大力推行自主创新和集成创新，形成项目研发、推广和储备之间的良性循环，取得不断创新的工业化研究成果，推动先进材料制备技术产业的科技进步。以落实中国制造2025提出的"加快基础材料升级换代"为牵引，服务于国家经济建设、社会进步和国家安全的发展战略，以提升材料先进制备技术的科技创新能力和整体竞争力为出发点，从基础前沿研究、共性关键技术攻关到工程化验证三个方面精心进行项目的选择和实施，围绕铝镁合金制备技术、织构材料制备技术、粉末冶金制备技术、泡沫金属制备技术和先进涂层制备技术五个方面开展工作。

（二）研究机构与人才

本中心具有一支由正高级技术职称31人、副高级技术职称17人、其他科研及工程技术人员11人组成的研究队伍，40岁以下科研人员占50%，专业涵盖钢铁冶金、工业自动化、计算机应用、控制理论与应用、机械工程等。多年来中心的技术骨干一直从事国家重大基础理论研究和国家重点科技项目攻关，曾获国家、冶金部和辽宁省科学技术进步奖20多项。

中心负责人姜周华教授是我国特殊钢冶金领域的知名专家、学科带头人。共主持完成60多项科研项目。发表学术论文100余篇，出版教材1部、专著1部。获省部级科学技术进步奖6项，是中国首位获"IEC1906奖"国际大奖的专家。获10项国家专利，其中发明专利5项。享受国务院政府特殊津贴，入选辽宁省领军人才计划。

（三）主要研究进展

本中心围绕基础材料产业升级换代的国家战略需求，取得具有重大突破的产业化技术成果，建成校企结合的工程化试验基地，为我国材料工业发展提供可持续的创新动力，为振兴东北老工业基地提供科技支撑。

目前拥有的成熟技术包括：铝镁合金制备与成型技术、取向硅钢、超导带材、氧化物弥散强化高温合金、防腐自润滑材料、泡沫铝夹芯板、泡沫金属材料、铝镁合金微弧氧化技术、舰船用重防腐化学键合涂料、金属复合搪瓷涂层等10余项。

(四)研究成果及关键技术

1. 织构材料制备技术

在硅钢磁畴行为、薄规格取向硅钢中偏析元素与抑制剂交互作用及二次再结晶行为、高端无取向硅钢有利面织构控制等关键技术上取得重要突破,并成功应用于高效输配电用超低铁损取向硅钢和超高磁感取向硅钢、清洁发电和新能源汽车用高端无取向硅钢等高端硅钢产品研制。

2. 粉末冶金制备技术

采用激光/电子束增材制造技术,成功制造出结构–功能一体化的纳米颗粒增强高温钛基复合材料涡轮和点阵结构。在新获批总装预研基金"极低温钛合金低温变形机理"的支持下,开发出超高强度、高模量和理想塑形兼备的新型极低温双相钛合金,顺利通过了液氮和液氢温度力学性能测试。研制出超高纯净度的超低温钛合金球形粉末,为下一步钛合金液氢涡轮泵部件的粉末冶金近净成形制作奠定了基础。

3. 先进涂层制备技术

在防腐涂料水性化方面,开展了水性树脂的有机–无机杂化技术推广。中试和试生产结果表明,有机–无机杂化水性树脂可将涂料的耐水性提高3倍以上,已用于车辆的钢构件涂装;视窗涂料技术,采用树脂与纳米填料的化学键合工艺,可在室内外的透明物体上显示清晰且色彩艳丽的静态和动态图像,已完成室内外环境的测试工作;冷喷锌涂料技术,针对96%锌粉含量涂料易脱落、机械性能不佳的问题,采用化学键合技术提高了涂料的附着力和机械强韧性,已用于寒带地区的桥梁涂装;船舶涂料技术,结合重防腐和防污两方面推广,3个品种已获得船级社认证,用于福建和广东海域船舶涂装。

十一、中国科学院金属研究所材料腐蚀与防护中心

(一)简 介

中国科学院金属研究所材料腐蚀与防护中心(以下简称"腐蚀中心")下设腐蚀基础与前沿、自然环境腐蚀(国家野外站)和腐蚀控制技术与工程3个

研究部；拥有国家金属腐蚀控制工程技术研究中心、辽宁沈阳土壤大气环境材料腐蚀国家野外科学观测研究站、中国科学院腐蚀控制工程实验室、中国科学院核用材料与安全评价重点实验室、辽宁省核电材料安全与评价技术重点实验室等国家级与省部级平台；在腐蚀电化学、高温腐蚀、环境敏感断裂、耐蚀材料、自然环境腐蚀及腐蚀防护等学科领域的基础研究和工程应用方面成绩显著，获得多项国家和省部级奖励。

腐蚀基础与前沿研究部发展电化学、力学、化学等耦合测试技术，结合原位与在线测量、局域微区表征、多尺度计算与模拟仿真等研究方法，探索局部腐蚀研究的新原理与技术、材料/环境/应力多因素交互作用下的腐蚀损伤机制及工程构件的使役行为与性能退化机理，发展材料性能的定量评价技术与寿命预测模型，以保障国家重大工程结构或关键装备的服役安全。主要研究内容包括：电化学腐蚀基础与前沿理论；材料在极端苛刻服役环境中的多尺度损伤行为与模拟仿真；材料腐蚀损伤的精准诊断与在线监检测；材料服役安全的定量评价与寿命预测原理、模型和标准；材料从生产到服役全流程中腐蚀失效的控制因素及提升其使役性能的智能、环保、多功能一体化防护技术。

自然环境腐蚀研究部（国家野外站）作为辽宁沈阳土壤大气环境材料腐蚀国家野外科学观测研究站的依托部门，主要开展大气、土壤和水环境等自然环境条件下的长期腐蚀数据观测和采集、基础研究、工程化应用和公共技术服务。主要研究方向有：材料自然环境腐蚀规律及机理、腐蚀性能测试与表征、材料环境适应性研究、环境模拟加速腐蚀实验、室内外腐蚀相关性及标准化研究、腐蚀仿真与寿命预测、腐蚀监检测和防护技术研发等。

腐蚀控制技术与工程研究部以解决国家重大工程中所用材料的腐蚀防护问题为导向，研究基础设施及装备在特定腐蚀环境中的腐蚀失效行为，获得相应材料的腐蚀损伤模式，并发展相应的腐蚀控制技术，提高材料的使用寿命，为国家重大工程和装备的安全服役提供保障。目前涉及的主要研究内容包括：轻合金（铝、镁、钛）的腐蚀失效机制及表面处理技术（微弧氧化、阳极氧化、转化膜、化学镀等）；高性能、功能型和智能型防腐涂料的设计和制备，涂层防护机制研究及服役寿命评价；构建新型缓蚀剂化合物，揭示其在金属固/液（气）界面作用的科学本质；大规模电化学储能关键材料与储能工程技术、长效防护技术及特种电化学技术与装备研究；确定提高材料耐久性的有效途径，研发重防腐产品，实现苛刻环境下材料耐久性腐蚀防护技术的工程化应用。

（二）研究机构与人才

腐蚀中心拥有先进科研机构、科研设备与人才配比，不同研究部设有不同的负责人，管理体制明确。现有固定人员 20 余人，其中，中国科学院和中国工程院院士各 1 人、国家杰出青年科学基金获得者 2 人、中国科学院领军人才计划入选者 5 人；在实验室工作的流动人员（客座、博士后、研究生）近 60 人。由实验室学术带头人主持的主要项目有：国家重点基础研究发展计划（"973 计划"）项目 1 项、"863 计划"项目 1 项、国家自然科学基金重大项目 1 项、国家自然科学基金重点项目 1 项和国家杰出青年科学基金项目 2 项等。腐蚀中心主要负责人是左良教授。

左良教授，长期从事高性能金属结构材料与先进金属功能材料的研究开发工作，主持完成国家"973 计划"项目、国家"863 计划"项目、国家科技支撑计划项目，以及国家自然科学基金重点项目、重大国际合作研究项目等科研课题 40 余项；发表学术论文 600 余篇，获授权和公开国内外发明专利 60 余件，获得省部级及以上学术奖励 14 项。入选国家级领军人才计划，荣获全国留学回国人员成就奖、全国优秀博士学位论文指导教师、全国优秀科技工作者等称号。曾（现）兼任国家"863 计划"新材料领域专家委员会成员，中国高速列车自主创新行动计划总体专家组成员，国家高品质特殊钢重点科技专项总体专家组组长，国家自然科学基金委员会工程与材料学部专家评审组成员，国家科技奖励金属材料学科评审组专家，教育部科学技术委员会材料学部常务副主任；国际材料织构委员会常任委员，中国体视学会副理事长，中国材料研究学会常务理事；《材料与冶金学报》主编，TSM 副主编，以及 *Mater. Trans.*，*Rare Metals*，*Front. Phys. China*，《金属学报》，《中国有色金属学报》，《中国材料进展》，《中国冶金》，《钢铁》编委。

（三）主要研究进展

1. 腐蚀基础与前沿研究部

近期主要围绕常温电化学腐蚀、熔盐热腐蚀、电化学储能体系等电化学学科的热点问题，以及国家重大需求开展相关研究。在两项国家自然科学基金的支持下，构建了多孔、多相、多层的封严涂层体系腐蚀行为的仿真模拟系统，实现了封严涂层腐蚀行为的定量化和可视化，研发了高效低成本防腐抗菌水性防护涂层。与德国马普钢铁所合作以解决先进高强钢皮下沿晶氧化问题，提出了兼顾力学性能和抗氧化性能的 AHSS 合金设计新思路，并与鞍钢集团就"氢能炼铁"、与宝钢集团就"高质量汽车用先进镀锌钢板（AHSS）研制"达成技术合作。

研究团队研发了可规模化应用于全钒液流电池的多孔碳电极臭氧加速氧化处理技术，实现了碳纤维表面含氧官能团的定性定量调控，处理后的全电池在 $300\ mA/cm^2$ 的高电流密度下高能量转换效率不仅满足应用要求，而且效率比同行业高出 40%。

材料力学 – 化学交互作用课题组在表征材料和构件表面的微观局部化特征、微区局部应力和电化学等方面的基础上，研究材料与环境在应力下的力学 – 化学交互作用机制，科学地提出从材料生产到结构失效整个流程中导致失效的关键因素。

材料环境损伤行为与服役评价课题组通过原位实验表征、等效加速实验、计算模拟、数据挖掘构建工况环境下性能主控机制与微结构的内在关联，揭示材料在复杂服役环境中多因素耦合交互作用下的非线性损伤动力学过程，探索材料微观 – 介观 – 宏观多尺度损伤行为及机理；开展高性能新材料设计及研制，研究先进的加工处理方法，提升材料的服役性能，完善材料环境损伤测试平台，形成材料环境损伤定量安全评价和寿命预测方法，实现工程结构性能评估和损伤精准诊断。

核电材料腐蚀课题组发展模拟轻水堆、液态金属快堆等服役条件的试验原理与原位测试技术，重点关注反应堆结构材料与冷却剂之间的界面，研究关键材料腐蚀损伤的热力学与动力学、失效机理与控制因素、损伤退化与寿命预测模型等基础问题，开发在线监检测技术、安全评价方法及防护技术，以保障核电装备服役安全、促进我国核电技术自主化。

2. 自然环境腐蚀研究部（国家野外站）

大气腐蚀课题组先后承担"七五"国家自然科学基金重大项目子课题"大气暴露与室内加速试验的相关性研究"、"八五"国家自然科学基金重大项目子课题"材料在沈阳工业大气区腐蚀数据积累及规律性研究"、"九五"国家自然科学基金重大项目子课题"材料在沈阳工业污染大气中的腐蚀数据积累及规律性研究"、"十五"国家自然科学基金重大项目子课题"大气主要环境因素的腐蚀作用机制研究"和"碳钢在户外干湿交替试验条件下初期腐蚀行为"、"973

计划"项目"材料的环境行为与失效机理"子课题"金属加速腐蚀与大气暴露腐蚀的相关性研究"和"长白山大气本底站的建设与试验研究"、国家科技基础性研究专项课题"户外加速腐蚀试验方法及其标准化研究"等20余项课题。

研究团队承担了英国罗罗公司、法国腐蚀所、中广核工程有限公司、辽宁省高速公路管理局和国家电网北京电力建设院等资助的国际、国内合作课题30余项。完成了沈阳工业大气腐蚀试验站建设。

研究团队建立了西双版纳、长白山、鞍山、格尔木和红沿河等试验点。土壤环境腐蚀课题组在近40年的研究过程中承担国家自然科学基金重大项目3项、重点项目1项、面上项目8项,"973计划"项目1项,其他国家和企事业单位项目近百项。在国内外期刊发表文章数百篇,编写专著10余部,获授权专利60余项。

3. 腐蚀控制技术与工程研究部

研究团队已完成港珠澳大桥、杭州湾跨海大桥、金塘大桥、上海青草沙原水输运工程等的腐蚀防护设计与现场实施,并将继续为新环境和新形势下国家重大工程项目提供耐久性保障技术。材料耐久性防护与工程化课题组开发和生产了SEBF熔融结合环氧粉末涂料与SLF高分子复合涂料两个系列重防腐涂料。结合阴极保护技术与腐蚀监测技术,完成了多个国家重大工程腐蚀防护方案设计及工程化应用。表面防护技术与应用课题组研究表面防护材料服役性能和环境因素的关系,优化防护材料的设计制备,发展高性能的表面防护材料,提供全链条的表面防护材料和技术,保障国家关键领域材料的安全可靠服役。

(四)研究成果及关键技术

1. 液流电池新体系新材料开发

"双碳"背景下液流电池储能技术可以有效解决可再生能源并网过程中的诸多问题。目前,新体系与新材料开发是降低液流电池成本、推动液流电池产业化的关键。近两年,腐蚀电化学课题组相继开展了全铁、锌铁、锌碘、锌锰和有机等新型液流电池体系的开发,相比传统的全钒和铁铬体系,新体系活性物质成本更低,中性电解液体系更加安全环保,并且电池具备优异的循环可逆性和稳定性。此外,课题组还开发制备了高性能全钒液流电池电极材料,可实现高功率密度下稳定的循环效率。

2. 先进高强钢生产中的皮下内氧化控制关键技术

在热轧及轧后冷却过程中先进高强钢（AHSS）中的 Mn，Si 等活泼性元素会在氧化铁皮下发生内氧化，特别是当氧化沿晶界发生时，极易引发表面质量缺陷，成为制约 AHSS 表面质量控制的重要因素。相关问题难以有效解决的理论原因在于皮下内氧化行为机理解析不明，有关晶界氧化速率的关键控制因素认识不清。腐蚀基础与前沿研究部的腐蚀电化学研究团队同德国马普钢铁所 Rohwerder 教授团队合作，首次提出 AHSS 皮下内氧化的反应速率由氧向界面晶格的摄入控制。此外，指出 Si 显著促进沿晶氧化的原因在于其优先氧化诱导了 Mn 氧化物的附着形核与生长，为解决先进高强钢皮下沿晶氧化问题找到了突破口。

3. 搭建国内首个电化学－电感耦合等离子体原子发射光谱联用技术

腐蚀电化学课题组搭建（EC-ICP-OES），深入开展铝合金的负差数效应研究，实验证实了负差数效应的三价铝机制，澄清了困扰腐蚀界近 50 年的难题，阐明了 $AlOHCl_2$ 盐膜的形成是出现负差数效应的根本原因，介质的酸碱度、电极电位和析氢反应活化能是决定负差数效应的关键参数。该理论对于理解和控制金属的点蚀有重要意义。

4. 稀土微合金化对 GCr15 轴承钢腐蚀敏感性影响的研究取得新进展

轴承是工业装备的重要基础零部件，其质量水平直接决定着工业装备的性能和可靠性。GCr15 高碳铬轴承钢因综合性能良好、生产工艺简单和成本低廉等优点，每年的生产量约占轴承材料总产量的 80%。中国科学院金属研究所李殿中研究员团队报道只有在低氧情况下微量稀土合金化才可以显著且稳定地改善钢的疲劳等力学性能，从而研发了"双低氧"稀土微合金化 GCr15 轴承钢（RE-GCr15 轴承钢），但关于稀土微合金化在改善 GCr15 轴承钢耐蚀性方面所起的作用仍不够充分。材料力学－化学交互作用课题组在"中国科学院战略性先导科技 C 专项"课题的支持下，研究了稀土微合金化对 RE-GCr15 轴承钢腐蚀敏感性的影响。结果表明：稀土微合金化对 GCr15 钢基体组织的影响较小，但可以显著降低 GCr15 钢的点蚀敏感性。究其原因在于，稀土微合金化大大变质了钢基体中夹杂物的数量和尺寸，尤其是尺寸大于 5 μm 的夹杂物数量,从而显著弱化了夹杂物和钢基体之间的微电偶效应,降低了 RE-GCr15 轴承钢的腐蚀敏感性。

5. 大气暴露条件下紫外光照对纯锡表面氧化膜层耐蚀性影响研究

当纯锡暴露在大气环境中,表面会自然形成稳定的具有耐蚀性的氧化物膜层,膜层中存在的两种价态的氧化物均具有半导体性质,因此在大气环境中的腐蚀过程可能会被具有足够能量的紫外光照影响。20 世纪以来,针对紫外光照对具有半导体性质的氧化物膜层影响的研究很多,而且已有关于紫外光照下纯锡焊料在电解质溶液中腐蚀演化行为的研究成果,但是关于紫外光照对大气腐蚀环境中的纯锡焊料的腐蚀产物膜层结构演化的影响还没有相关研究报道。近期,材料力学-化学交互作用课题组开展了大气暴露条件下紫外光照对纯锡焊料表面氧化膜耐蚀性影响的研究。研究结果发现:纯锡暴露在紫外光照下一段时间后,表面膜层的耐蚀性提升超过 50%,膜层结构更加致密,层次更加分明。这主要归因于紫外光照促进了低价的氧化亚锡向高价氧化锡氧化的过程。以上发现将为提高纯锡和锡基合金等表面膜层耐蚀性提供一种全新的处理方法。

6. 轻质金属材料使役行为对微结构的响应规律

伴随着交通运输、航空航天和国防军工等领域重大装备运行速度和工作效率逐渐提升的需求,迫切需要对机械结构进行减重,同时保证轻质结构的使役安全和可靠性,故深入理解结构件在使役过程中性能对微结构的响应规律尤为重要。然而,早期关于新型轻质结构材料性能的研究比较局限,相关机理性认识还很不完善,且大多侧重某一特殊性能(如强度、塑性和耐蚀性等),难以指导适用于提升结构件综合使役性能的加工处理工艺制定和优化,很大程度上限制了新型轻质结构的应用和损伤与断裂理论的进一步发展。

围绕上述难题,材料环境损伤行为与服役评价课题组的研究人员深入开展了轻质金属材料使役行为与微结构演变之间的关联性研究。在轻质金属材料单一性能对微结构的响应规律方面,课题组研究人员发现双相镁锂合金的抗腐蚀性能随着轧制比的增加而降低,主要归因于 $\alpha\text{-Mg}/\beta\text{-Li}$ 基体相界面处发生的电偶腐蚀与 $\beta\text{-Li}$ 表面形成基体相 Li_2CO_3 膜的防护作用之间的竞争机制;揭示出镁锂合金的负差数效应随着锂质量分数的增加而减弱,主要归因于锂质量分数增加造成 $\beta\text{-Li}$ 基体相表面所形成 Li_2CO_3 膜层具有较强的腐蚀防护效果;

揭示出氢化物的形成不仅会引起双相钛合金出现氢脆现象，还会增加合金对点蚀发生的敏感程度，主要归因于氢化物的形成会降低基体相对腐蚀抗力，并显著破坏产物膜对基体的腐蚀防护能力。在轻质金属材料综合性能对微结构的响应规律方面，揭示出锂质量分数的增加不仅有利于镁锂合金塑性的提高，而且促进了合金表面高效防护膜层的形成，可显著提升合金的耐蚀性，弱化腐蚀各向异性及负差数效应。另外，阐明胞状准晶相结构的形成可有效抑制镁锂合金的塑性失稳现象，其机制主要是胞状结构准晶界面可作为壁垒对位错运动起到有效的钉扎作用，并能阻碍锂的扩散。最终，成功研制出密度仅为 1.50~1.65 g/cm^3、抗拉强度可达 380 MPa（其值为传统镁锂合金的 2 倍以上）的新型准晶强化高性能镁锂合金材料。

7. 表面粗糙度对主管道不锈钢腐蚀疲劳性能影响研究

压水堆（PWR）核电厂一回路压力边界长期服役于高温高压水环境中，腐蚀疲劳（CF）是承压设备材料服役过程中潜在的失效形式之一，也是设计、安全审查、运行监测、寿命评估关注的重点。已有研究结果表明，表面粗糙度对金属材料腐蚀行为和力学性能均有影响，真实构件的表面粗糙度与标准试样存在差别，而现有的疲劳寿命模型未考虑表面粗糙度的影响。因此，系统研究表面粗糙度对 PWR 一回路主管道不锈钢 CF 性能的影响对于核电厂安全可靠服役有重要意义。

中国科学院金属研究所核电材料腐蚀课题组在国家自然科学基金和国家科技重大专项专题的支持下，研究了表面粗糙度对核电厂主管道用 316LN 不锈钢在高温高压水中 CF 行为的影响。研究结果发现，表面粗糙度对 316LN 不锈钢环境疲劳效应的影响与应变速率相关，高应变速率下不同表面粗糙度样品的环境效应接近，低应变速率下环境效应随表面粗糙度的增加而降低。主要原因是，粗糙样品近表面塑性变形层的存在促进了 Cr 的扩散，低应变速率下富 Cr 氧化层的形成弱化了环境损伤，抑制了变形层内裂纹的生长。

十二、辽宁省先进复合材料制备技术重点实验室

（一）简　介

辽宁省先进复合材料制备技术重点实验室依托沈阳航空航天大学，联合大连理工大学和中航工业沈阳飞机设计研究所组建，拥有数控纤维缠绕机、ICP

等离子发生器、RTM 成型装置、真空冷热循环机、示差扫描量热仪、热失重分析仪、红外光谱仪、动态力学分析仪、光纤光栅解调仪等仪器设备。

（二）研究机构与人才

实验室拥有辽宁省"兴辽英才计划"青年拔尖人才 2 人，入选辽宁省领军人才计划 5 人，入选"辽宁省高等学校优秀人才支持计划" 4 人。实验室拥有高精尖实验团队，实验室代表为卢少微教授。

卢少微教授，材料科学与工程学院院长、材料科学与工程学科学科带头人、航空宇航科学与技术学科学术带头人。辽宁省光纤传感创新中心主任、辽宁省航空航天复合材料创新团队负责人，国家级领军人才计划入选者、国家突出贡献中青年专家、享受国务院政府特殊津贴专家、辽宁省优秀专家、辽宁省特聘教授，辽宁省高等学校材料类教学指导委员会委员、中国复合材料学会智能复合材料专业委员会委员，国家科技奖、教育部科技奖评审专家，辽宁省高层次人才评审专家。主要开展碳微纳米传感器、复合材料智能制造及健康监测、多功能纳米复合材料、复合材料智能气瓶、可穿戴传感器研究。主持国防科技创新特区、国家自然科学基金、国防基础科研等课题 30 余项，发表 SCI 期刊论文 60 余篇，获授权国家发明专利 30 项。获辽宁省科学技术进步奖一等奖 2 项、中国产学研合作创新奖 1 项。

（三）主要研究进展

实验室共承担各类国家、省部级科研项目 20 余项，其中国防基础科研项目 3 项、国家自然科学基金项目 3 项，发表三大检索论文 60 余篇，申报发明专利 40 余项，获省部级及行业学会奖励 3 项。现主要开展以下三方面的研究：先进聚合物基复合材料制备与成型、聚合物基复合材料结构与性能、高性能树脂合成与改性等。

（四）研究成果及关键技术

① 含芳杂环结构双马树脂设计合成及其复合材料界面性能调控，获中国材料研究学会科学技术奖一等奖。

② 航空航天用高性能复合材料及结构件的关键技术研发与产业化，获江苏省科学技术进步奖一等奖。

③ 多功能航空纳米复合材料设计制备关键技术，获中国航空学会科学技术奖三等奖。

④ 军委科技委国防科技创新项目：特种复合材料压力容器的微纳米传感器智能监测系统（No.18-163-TS-001-001-41）。

⑤ 国家自然科学基金面上项目：基于氢键自组装芳杂环螺旋结构形状记忆树脂的构筑及作用机制（No.51873109），高性能树脂基复合材料典型空天环境下的动态力学行为及损伤机理（No.51373102）。

⑥ 国家自然科学基金青年基金项目：基于激光拉曼技术的芳纶/环氧复合材料界面结构表征及黏结机理研究（No.51403129），高温自修复双马来酰亚胺树脂体系的构筑及修复机理研究（No.51303107），基于层状化电磁改性碳/双马树脂基复合材料的性能及机制研究（No.51303106）。

十三、辽宁省增材制造与再制造用材料重点实验室

（一）简 介

辽宁省增材制造与再制造用材料重点实验室依托东北大学，2014年获辽宁省科技厅批准建设，2017年通过验收。实验室现有科研、办公、实验用房3000平方米，建有东北大学鞍山激光应用技术研究院、东北大学激光增材制造实验室等产学研平台，现有VIGA/EIGA真空感应熔炼气雾化制备金属粉末设备、700W YAG激光3D打印机、1000 W激光直接沉积系统、1000 W激光选区熔化打印机系统、激光超声应力测试系统、场发射透射电子显微镜、配备EBSD的扫描电子显微镜、X射线衍射仪、万能材料实验机、真空熔炼炉及合金热力学计算设计软件、COMSOL多场模拟软件等30台仪器设备与软件，能够满足高水平激光增材制造与再制造材料科学、工艺、产品、产业化技术等研究的需求。

（二）研究机构与人才

实验室现有固定人员16人，其中教授/博士生导师8人，流动人员20人。实验室主任为刘常升教授。

刘常升教授，博士生导师，辽宁省机械工程学会材料工程分会理事长。研究方向：① 激光应用技术领域：激光熔覆、激光超声、激光增材制造等。② 材

料表面科学与技术领域：电沉积毛化、电镀锡、电镀锌、无铬钝化、智能涂层等。③ 低维材料领域：纳米材料、石墨烯纳米复合材料制备等。④ 金属材料领域：合金疲劳与断裂、屏蔽钢、抗冲蚀钢开发等。近5年来，主持国家自然科学基金重点项目1项、面上项目2项、省部级项目3项。

（三）主要研究进展

实验室的主要研究方向：激光增材制造与再制造高性能合金粉末材料设计与制备、激光增材制造与再制造高性能合金组织演化行为与性能调控技术、高性能金属零件智能激光3D打印成套装备设计与制造、高性能合金成形缺陷在线测试与监控技术。实验室先后承担国家重点研发计划项目、国家自然科学基金重点项目、中央高校基本科研业务费重大创新项目、省部计划项目及企业科研项目30余项，科研经费达到2000余万元；在国内外学术刊物发表高水平论文80余篇，其中SCI收录50余篇，出版教材专著2部；获得授权国家发明专利12项。实验室紧密结合我国"3D打印与激光制造"科技战略，契合激光增材制造与再制造用高性能金属材料重大需求，以产学研用协同发展为指导思想，有效整合东北大学材料、物理、机械和自动化等相关学科优势资源，力争在科学研究、人才培养、学科建设、科技创新、成果转化等方面，建设具有国际先进水平的重点实验室，在学科发展、科技进步与经济建设等方面发挥重要作用。

（四）研究成果及关键技术

实验室组建以来攻克了多项核心技术，构建了基于激光增材制造与再制造用高性能合金成分的热力学与基因设计新方法，成功研制具有自主知识产权的激光3D打印高性能钛合金、高温合金、合金钢等的VIGA/EIGA真空感应熔炼气雾化制备金属粉末设备系统与激光直接沉积3D打印机系统，制备出激光3D打印用高性能TC4、TA15、TC21钛合金，718高温合金球形粉末，CrNi系合金钢等球形粉末，具有良好的激光增材制造与再制造强韧性零件的特征指标，性能达到国际先进水平。

十四、辽宁省能源化学与纳米催化重点实验室

（一）简 介

辽宁省能源化学与纳米催化重点实验室筹建于 2003 年，2019 年批准为辽宁省重点实验室。实验室聚焦于采用纳米材料作为催化剂研究清洁能源中的化学问题，注重产学研结合，强调基础研究、应用开发并重，具备研、用、产一站式研发条件。实验室依托辽宁工业大学，可进一步集中优势力量加强科研条件建设，扩大国内外开放交流，吸引和培养高端研究人才，促进学科交叉融合，推动原创性成果产出，提升辽宁省在该领域的整体研究水平和国际影响力。

实验室现有物理/化学吸附分析仪、差热/热重分析仪、气相色谱质谱仪、傅里叶红外光谱仪、电感耦合等离子光谱发生仪等多种现代测试分析仪器，以及多套固定床催化反应评价装置，具备良好的科研条件。实验室确立了具有鲜明特色的应用基础研究方向，包括 C1 资源的转化利用（甲烷–二氧化碳重整反应、二甲醚部分氧化重整制氢、二甲醚蒸汽重整制氢催化剂体系的研究与应用）、光热协同催化策略（光热协同催化甲烷–二氧化碳重整反应、光热协同催化丙烷脱氢反应），以及氢的储运与洁净氢的生产等。这些研究方向均以"能源化学与纳米催化"为研究重心，以夯实基础、培养人才、研究开发、重在应用为宗旨。

（二）研究机构与人才

目前，实验室现有成员 20 余人，包括"兴辽英才计划"特聘教授、辽宁省领军人才计划入选者 2 人，国外留学博士后 1 人，具有博士学位者 8 人，硕士研究生 10 余人。

张启俭，2007 年入选"辽宁省普通高等学校优秀人才支持计划"、辽宁省领军人才计划，2012 年获辽宁省优秀科技工作者称号，2019 年入选"兴辽英才计划"特聘教授。现为中国能源学会理事，日本触媒学会会员，锦州市化学会理事，中联盟专家委员会高级专家委员。先后主持完成国家自然科学基金项目 1 项、教育部留学回国人员科研启动基金项目 1 项、辽宁省高等学校优秀人才支持计划项目 1 项、辽宁省博士启动基金项目 1 项、教育部科学技术研究重

点项目 1 项、辽宁省领军人才计划入选科技活动择优资助项目 1 项。发表学术论文 50 余篇（SCI 收录 27 篇、EI 收录 15 篇），科研论文被多次引用。作为主要完成人参与完成多项重大工程技术项目，获辽宁省科技成果转化奖三等奖 1 项，锦州市科学技术攻关奖二等奖 1 项、科技进步奖二等奖 1 项。

（三）主要研究进展

实验室目前取得了多方面的成果，其中在研国家基金面上项目 1 项，国家自然科学基金青年科学基金项目 1 项，"兴辽英才计划"项目 1 项，省自然科学基金（博士启动基金）、省高校基本科研项目等若干项。

关键项目包括：二甲醚蒸汽重整制氢蒙脱土基双功能催化剂构筑及协同作用机制研究、通过原位特性调控设计高效光热协同二氧化碳甲烷重整催化剂等。

（四）研究成果及关键技术

1. C1 资源的转化利用

实验室开展了甲烷 – 二氧化碳重整反应、二甲醚部分氧化重整制氢、二甲醚蒸汽重整制氢催化剂体系的研究与应用。

实验室率先开展了二甲醚部分氧化重整制氢的研究，在双床层催化剂上，二甲醚（DME）实现了完全转化，目标产物 H_2 收率达 90% 以上，而 DME 分解产物 CH_4 被抑制在 5% 以下。后续对催化剂的影响因素进行了深入研究，提高了反应的氢收率，降低了副产物 CH_4 的选择性。

实验室采用酸活化、碱活化、离子交换、Al_2O_3 等氧化物柱撑及模板导向柱撑等方法，对蒙脱土的层板组成、结构、织构、酸性等进行了多尺度调变，制备了具有选择性调变产物分布的钴基 FT 合成催化剂，从微观水平上阐明了催化剂的结构、酸性、还原行为及不同催化功能之间的协同作用等影响其 FT 活性及产物分布的作用机制，获得了与典型 FT 催化剂活性和 CH_4 选择性相近、一步高选择性合成液体燃料的高效催化剂。

实验室对纳米金催化剂在 CO 优选氧化中的应用进行了研究，发现载体与金之间的相互作用对金的活性有很大影响，负载的金要带一定的正电荷才能表现出很好的活性。

2. 光热协同催化反应

该方面的工作主要涉及光热协同催化甲烷-二氧化碳重整反应、光热协同催化丙烷脱氢反应。近年来实验室一直从事高效光热催化剂的研发工作,在催化剂合成与表征、反应测试及机理研究方面积累了丰富的研究工作经验。在光热协同催化领域进行开拓性的研究,在光热协同催化体系尤其是光热协同 CO_2 催化转化体系(CRM)中取得了良好进展。

通过调控等离子体金属 Au 与第Ⅷ族金属(如 Rh,Pt)之间的耦合效应调节催化剂在可见光照射下光生热电子的电磁场强度,提高了 CO_2 的活化转化速率,从而改善了催化剂在 CRM 中的光热催化性能。

采用等离子体金属 Au 与第Ⅷ族金属的合金为催化剂,通过调控合金中各组分的质量分数来调节第Ⅷ族金属(热催化活性位点)的电子结构及合金在可见光照射下光生热电子的电磁场强度,从而改善了催化剂在光热中的活性及稳定性。

通过调变 Ni 催化剂的形貌、Ni 金属颗粒的大小等,研究了 Ni 在紫外可见光区域的吸光性能,探讨了金属组分的形貌、分散状态、颗粒大小等对光热协同催化 CRM 的影响。

在光热催化异丙醇降解反应中,研究了金属 Au 的特性、催化剂的酸碱性及载体氧化还原特性的匹配,明确了载体的氧化还原特性对异丙醇脱氢氧化性能的影响。

十五、辽宁省高性能聚合物基复合材料重点实验室

(一)简 介

辽宁省高性能聚合物基复合材料重点实验室依托沈阳航空航天大学,于 2007 年经辽宁省科技厅批准组建。实验室围绕航空航天器结构轻量化的发展趋势,紧密联系沈飞、601 所、606 所的实际需求,开展复合材料的相关理论与应用研究,致力于解决先进聚合物基复合材料共性关键技术难题,取得了多项成果,在国内外航空航天复合材料领域产生了广泛影响。

（二）研究机构与人才

实验室目前拥有教职工 48 人，其中享受国务院政府特殊津贴专家 2 人，国家级领军人才计划入选者 1 人，入选辽宁省领军人才计划 3 人，博士生导师 3 人，硕士生导师 24 人，年均在学研究生 120 余人，共引进博士 2 人，培养硕士 176 人。实验室根据研究内容形成了高效数控加工、增材制造、数字化钣金成型、航空材料与结构强度、成形与耐久性试验、数字化装配工艺、数字化制造与仿真、数字化工艺理论等 8 个科研团队，专兼职科研人员共 53 人。实验室先后获得中国航空学会技术发明奖一等奖 1 项、国防科技进步奖二等奖 4 项、辽宁省科学技术进步奖二等奖 2 项、其他各级奖励 10 余项。

实验室主要负责人之一为熊需海教授，现任沈阳航空航天大学材料科学与工程学院复合材料与工程系主任、辽宁省高性能聚合物基复合材料重点实验室常务副主任；入选辽宁省领军人才计划、沈阳市首批"高层次人才"拔尖人才；多次荣获沈阳航空航天大学"优秀科技工作者"称号；辽宁省"先进复合材料"创新团队、辽宁省"兴辽英才计划"创新团队（工业级多旋翼无人机）及沈阳市"油驱调速控制多旋翼无人机"创新创业团队核心骨干成员；兼任国家自然科学基金及 $Polymer$，$Reactive\ and\ Functional\ Polymer$，$Composites\ Part\ A$，《固体火箭技术》等国内外优秀期刊的同行评议专家；兼任江苏新扬新材料有限公司（航空材料）、青岛铁通达新材料有限公司（高铁阻尼材料）、辽宁壮龙无人机科技有限公司（大载重无人机轻质结构及旋翼）的技术专家。长期专注于航空航天领域先进材料方向的相关研究。

先后主持 2 项国家自然科学基金项目，1 项博士后基金（一等资助）项目，1 项航空科学基金项目，1 项辽宁省自然科学基金项目，1 项辽宁省教育厅基本科研项目和 1 项辽宁省人社厅领军人才计划项目；作为分项负责人承担了军口"863 计划"、国防基础预研、总装备部空装预研、民机专项、总装预研航天科技联合基金、辽宁省重点科技攻关、沈阳科技创新"双百工程"（重大专项）等项目的复合材料相关研制任务。在国内外权威学术期刊发表论文 70 余篇，出版学术专著 1 部；申请专利 20 余项，其中 12 项已获授权。

研究成果相继获得中国专利优秀奖、辽宁省技术发明奖一等奖、大连市技术发明奖一等奖、中国材料研究学会科学技术奖一等奖、中国航空学会科学技术奖二等奖、中国石油化工联合会技术发明奖二等奖等多项奖励，在航空航天、石油钻探、电力传输、高铁等领域获得转化应用，取得显著的社会效益和经济效益。

（三）主要研究进展

实验室共承担各类国家、省部级科研项目50余项，其中国家自然科学基金项目9项、国防类项目6项，科研经费总额2000余万元；在国内外权威期刊发表论文140余篇，其中SCI检索论文90篇、EI检索论文110篇；申请国家发明专利70项，获批50项；获省部级奖项16项。

主要研究成果："含Cardo结构高性能树脂基复合材料关键技术及应用"获辽宁省科学技术进步奖一等奖；"航空航天用含Cardo结构耐高温双马树脂基复合材料制备关键技术"获中国航空学会科学技术奖二等奖；"含1，3，4-噁二唑结构双马来酰亚胺及其制备法"获中国专利奖。

（四）研究成果及关键技术

1. 高性能聚合物合成与改性

双马来酰亚胺（BMI）树脂是一种典型的耐热型热固性树脂，其优越性能（如加工性能、黏结性、电绝缘性、耐疲劳性、高强度和耐湿热能力）使其作为基体树脂或黏胶剂广泛应用于先进复合材料领域、多层印刷电路板和电绝缘器件等电子电器行业。BMI树脂的性能及应用不仅与其结构、组成有关，而且深受固化方式、工艺及反应路径的影响。实验室主要进行了BMI树脂在热、微波辐射、电子束辐射和紫外光等作用下固化成型技术及固化机理等方面的研究。

2. 复合材料功能化设计制备

实验室采用在线溶液浸渍/原位固结的缠绕成型方法制备连续炭纤维增强PEK-C复合材料。同时考察了影响炭预浸带质量的工艺因素，分析了加工温度及纳米TiO_2质量分数对复合材料NOL环层间剪切强度的影响，对其界面破坏机理进行了探讨。研究结果表明，在一定加工温度范围内，NOL环的力学性能良好，且适量的纳米TiO_2可有效改善树脂和纤维的界面黏结效果，提高复合材料的层间剪切强度。

第二节 大连市

一、三束材料改性教育部重点实验室

（一）简 介

实验室依托大连理工大学材料科学与工程（辽宁省重点学科）和等离子体物理（国家重点学科）两个主要学科建立，发挥学科交叉优势，主要致力于以下研究工作：材料科学基础，侧重开展团簇尺度上的材料计算与设计；等离子体科学基础，侧重研究等离子体与物质作用及等离子体产生基本过程；载能束及等离子体技术及其在材料科学上的应用，重点发展载能束材料加工产业化新技术与先进等离子体源技术，研究载能粒子作用下的材料表面、界面问题及相关材料制备与改性工艺。

（二）研究机构与人才

实验室拥有国家级领军人才计划入选者1人，国家级领军人才计划入选者特聘教授4人，国家级领军人才计划入选者讲座教授1人，辽宁省创新团队1个，国家杰出青年科学基金获得者4人，国家优秀青年科学基金获得者1人，其他国家、省部级人才计划入选者10人。实验室现有教授38人，副教授、讲师及实验技术人员30余人。

实验室负责人为赵纪军，大连理工大学教授，国务院学位委员会第八届学科评议组成员，国家级领军人才计划入选者，获国务院政府特殊津贴、辽宁五一劳动奖章。长期从事低维凝聚态物理、计算材料学等领域研究。在高水平学术期刊发表SCI论文680余篇，总引用26000余次，入选爱思唯尔中国高被引学者，全球顶尖科学家终身影响力榜单前18000名（应用物理学398名、纳米科技426名）。

先后主持7项国家自然科学基金项目（包括1项重点项目）、2项科技部ITER计划专项课题、1项"973计划"前期研究专项课题、1项国防基础科研挑战专题。作为第三完成人获国家自然科学奖二等奖，作为第一完成人获教育部自然科学奖二等奖和辽宁省自然科学奖二等奖。指导的研究生1人获全国百篇优博论文提名奖，6人获辽宁省优秀博士学位论文奖，2人获辽宁省优秀硕士学位论文奖。

(三)主要研究进展

三束材料改性教育部重点实验室在纳米粒子及复合粒子制备、表征及应用,激光加工及再制造,电接插件表面涂层等方面取得了重要进展。

在纳米粒子及复合粒子制备、表征及应用方面,该实验室具备纳米粉体宏量制备技术、表面改性处理技术,以及纳米粉体规模化生产能力;设计制造了多源等离子体纳米粉体连续生产装备,并获得了自主知识产权。

在激光加工及再制造方面,该项目以大连理工大学常州研究院激光加工中心雄厚的技术研发实力为依托,在常州搭建了多功能激光加工应用研发平台,该平台集激光切割、激光焊接、激光相变硬化、激光合金化、激光熔覆、激光烧结和激光快速成型等多项功能于一体,可对金属材料、复合材料和梯度材料进行精密切割、焊接、表面改性和无模快速成型。

在电接插件表面涂层方面,该项目依附于大连理工大学三束实验室几十年基于多弧离子镀技术的研究开发技术,采用 MMLab-Arc 系列离子镀镀膜系统并使用该研发团队独创开发的复合导电涂层技术,可在降低成本的同时有效提升基材的导电、耐磨损、耐腐蚀性能。

(四)研究成果及关键技术

1. 金属小团簇磁各向异性调控

赵纪军教授与苏州大学胡军教授、美国内布拉斯加大学林肯分校曾晓成教授合作,基于第一性原理计算和磁性理论分析,首次提出采用非金属元素改变过渡金属铱二聚体的分子轨道,从而调控磁各向异性的新思路,将小团簇的 MAE 从 77 meV 大幅提高到 294 meV,为目前国际上报道的最高值。这种具有强磁各向异性的小团簇,将为高密度永磁存储和微型自旋电子器件提供理想的构造单元。

2. 自旋流的传输与反铁磁磁矩间的关联性

邱志勇教授团队针对当前自旋电子学研究中自旋流调控这一核心科学问题,以反铁磁材料体系为核心对象积极寻求自旋流调控的解决方案并取得了重大进展。率先发现反铁磁局域磁矩取向能够对自旋流的传输进行有效控制,在一维反铁磁绝缘体中首次观测到对自旋流传输的金属-绝缘体相变,并首次实现对自旋流传输过程直接有效的磁场调控。该效应被命名为自旋庞磁阻效应，颠覆了现存的所有自旋流调控方案，可被直接应用于实现新一代基于自旋流的磁存储器件。

该项目从实验上系统研究和证实了自旋流的传输与反铁磁磁矩间的关联性，更进一步刷新了反铁磁材料中自旋流传输的物理图像，为自旋流调控提供了一个崭新的思路，使反铁磁材料成为替代铁磁材料解决基于自旋的磁存储器（STT-MRAM）低效率高成本技术瓶颈的一个全新突破口。

3. 铬锆铜合金接触线制备技术

李廷举教授团队与企业合作研究的"铬锆铜合金接触线制备技术"荣获国家技术发明奖二等奖。该项技术是决定列车持续高速运行的关键因素之一。采用该项技术，我国京沪高铁跑出了最高速度 486.1 km/h，刷新了高铁试验运营的世界纪录。该铬锆铜合金接触线已经被应用于京沪铁路、大西铁路、武广铁路、朔黄重载铁路等铁路沿线。

二、辽宁省凝固控制与数字化制备技术重点实验室

（一）简　介

辽宁省凝固控制与数字化制备技术重点实验室依托大连理工大学，于 2015 年 10 月正式获得辽宁省科技厅批准建设。辽宁省凝固控制与数字化制备技术重点实验室主任为王同敏教授，学术委员会主任为王国栋院士，学术委员会副主任为塞锡高院士。实验室初步形成了金属结构/功能材料凝固理论与组织控制、磁性功能材料设计与制备、材料特种制备与成形技术、材料数字化制备和计算机模拟技术 4 个研究领域。实验室在国家重点研发计划、国家"973 计划"、国家"863 计划"、国家科技攻关、科技支撑、国家自然科学基金、省市科技计划项目等的资助下，开发出多项具有国际领先水平的科研成果，获国家技术发明奖二等奖 1 项及省部级一等奖 2 项，多项成果实现了产业化，为振兴东北老工业基地作出积极贡献。

辽宁省凝固控制与数字化制备技术重点实验室的目标是：建成国内一流的凝固控制与数字化制备技术的创新基地，打造辽宁省新型材料制备技术成果孵化基地；以基础研究促进应用研究，为振兴东北老工业基地提供技术支持；形成一批知识和年龄结构合理、创新意识突出、学术水平高的研究团队，造就在国内外有影响力的中青年学术带头人，成为高层次人才的培养基地；建成有特

色的开放性、国际化人才培养基地。

（二）研究机构与人才

辽宁省凝固控制与数字化制备技术重点实验室现有固定科研人员25人，其中国家级领军人才计划入选者特聘教授1人，国家杰出青年科学基金获得者1人，国家优秀青年基金获得者2人，科技部中青年科技创新领军人才1人，教育部跨世纪优秀人才基金获得者1人，教育部新世纪优秀人才4人，辽宁省领军人才计划入选者3人。

实验室主要负责人之一为蹇锡高教授，有机高分子材料专家，中国工程院院士，亚太材料科学院院士，大连理工大学教授，高分子材料研究所所长，辽宁省高性能树脂工程技术研究中心主任。蹇锡高长期从事有机高分子材料创新与产业化研究。

（三）主要研究进展

辽宁省凝固控制与数字化制备技术重点实验室共获得科研经费8000多万元，其中纵向课题经费6000多万元、横向课题经费2000多万元，获国家级、省部级发明奖和科技奖10多项。近年来共发表学术论文150余篇，其中被SCI检索100余篇、EI检索50余篇。在凝固控制及数字化制备研发等领域获授权国家发明专利50多项，已有多项发明专利成果实现产业化，充分发挥了高校科研机构作为技术源头为国家经济建设服务的作用。

1. 金属功能材料凝固理论与组织控制

以高耐蚀、高导电、高耐磨等功能需求为导向，开展新型多元合金材料的成分设计与优化，研究金属功能材料的凝固理论与组织控制方法。开展外场控制下金属功能材料的凝固行为与组织控制研究，研发金属功能材料的连续铸造技术与工艺。开展金属功能材料凝固过程的先进表征方法研究（如中子衍射、同步辐射等原位与三维表征分析等），研究金属功能材料凝固过程晶体生长与缺陷形成的动力学机制。

2. 磁性功能材料设计与制备

开展非晶及纳米晶合金的材料设计与磁性理论研究。开展具有高饱和磁感应强度、高磁导率、低铁损的新型铁基软磁非晶合金研究。研发非晶与纳米晶合金的连续制备技术与对应工艺。开展高吸收、宽频段以及频段可调可控的新型电磁波吸收粉体的制备技术研究，开展国防隐身材料结构优化设计，推进相关技术的产业化应用。

3. 材料特种加工与成形

开展高、低温条件下材料制备和变形过程的基础理论研究。开展高温陶瓷构件的超塑成形技术研究，开展低温变形材料的耐蚀性能研究，推进相关技术在航空航天、海洋工程等领域的产业化应用。开展高应变速率、大变形条件下材料加工过程的基础理论研究，开展材料表面新型强化技术与微动损伤理论研究。开展孔性超轻材料、轻质金属复合材料、树脂基复合材料、层状复合材料等新型结构功能一体化材料的加工与成形技术研究，推进相关技术在航空航天、国防和深海工程技术领域的应用。

4. 材料数字化制备和计算机模拟

基于第一性原理、分子动力学等计算材料学方法，以功能需求为导向，对材料的成分、结构等从头进行设计。开展计算机辅助工程设计与仿真、计算机辅助材料制备过程的控制研究。开展多尺度、多相、多场计算机数值模拟技术研究，开展PIV等物理模拟研究。开展功能材料连续制备过程模型化与质量控制技术研究，开发适应高效连续制备技术发展的智能化可视化在线监控集成技术。

（四）研究成果及关键技术

1. 热电材料电声输运调控

热电器件根据载流子输运特性能够直接将热能和电能进行相互转化，并且具有无噪声、无移动部件、体积小和长寿命等优点。基于热电效应，目前热电材料广泛应用于热电偶测温相关领域，并在深空探测、便携式冰箱、恒温水浴槽、工业废热和汽车尾气废热回收等领域也有一定的应用。MNiSn（M=Ti, Zr）基Half-Heusler（HH）合金是一种热电性能和力学性能优异的热电材料，然而该体系热电材料晶格热导率偏高，限制了其热电性能的大幅提升。

材料学院王同敏教授团队前期以ZrNiSn基HH合金为研究对象，采用磁悬浮熔炼结合放电等离子体烧结技术制备出高品质的ZrNiSn试样。通过细化晶粒引入晶界散射源使ZrNiSn基体热电优值（ZT）在923 K达到0.6。利用"斜对角掺杂"策略在Zr位进行Ta掺杂制备不同组分的$Zr_{1-x}Ta_xNiSn$

（x=0~0.06）试样，在提升电导率的同时降低了晶格热导率。针对 ZrNiSn 合金中本征原子无序的定性分析难题及其对热电性能的影响机制，采用高分辨扫描透射电子显微镜证实了 ZrNiSn 合金中本征原子无序的存在，实验结果结合第一性原理计算分析表明，掺杂及退火处理能够有效调控 ZrNiSn 合金中的本征原子无序度，实现热导率和电导率解耦，有效提升其热电性能。通过球磨从源头调控 TiNi$_2$Sn 第二相的大小，成功解决了 TiNi$_{1+x}$Sn 试样中 TiNi$_2$Sn 第二相大小和分布不均匀等问题，使其热电性能得到了较大幅度的提升。

2.CaTiO$_3$ 热电材料电热输运

CaTiO$_3$ 作为钙钛矿的代表，因其介电、生物相容性、光催化及储能密度特性，已广泛应用于高频陶瓷电容器、医药、降解有机物及移动通信系统微波频率设备等方面。然而，由于其导电性差，CaTiO$_3$ 作为热电材料一直未被关注。为解决这一问题，该团队利用高温高真空微压烧结技术，在纯 CaTiO$_3$ 中制备出大量氧空位，氧空位为 CaTiO$_3$ 提供了热电转换的必要条件——载流子，实现了 CaTiO$_3$ 材料热电性能的从无到有。

三、大连理工大学炭素材料研究室

（一）简　介

大连理工大学炭素材料研究室创建于 1997 年，是大连理工大学精细化工国家重点实验室的有机组成部分。研究室曾获批"辽宁省能源材料化工重点实验室"，曾入选辽宁省高等学校"能源材料化工"创新学术团队。团队的研究工作面向能源材料化工的学科发展前沿及国家在能源材料化工技术领域的重大需求。全体同人秉承"追求卓越、止于至善"的理念，坚持"做前人未做之事"的创新精神，在材料化工、能源化工、环境化工、等离子体化学与化工、催化等多个领域开展了系统深入的创新研究。研究工作涉及：功能炭素材料的制备及其应用、新结构高性能催化剂和新型催化反应、等离子体化学化工、生物基纳米功能材料、煤炭的高效洁净转化基础研究、无机膜材料及膜分离技术、太阳能电池/超级电容器/锂硫电池/钠离子电池等技术领域。

（二）研究机构与人才

研究队伍以国家杰出青年科学基金获得者、国家级领军人才计划入选者特聘教授邱介山为核心，骨干成员包括教授9人、副教授4人。团队成员精诚合作、协力攻坚，包括国家杰出青年科学基金获得者1人、国家级领军人才计划入选者特聘教授1人、国家级领军人才计划入选者讲座教授2人、国家优秀青年科学基金获得者2人、教育部新世纪优秀人才3人、国家级青年人才计划入选者1人。

炭素材料研究室主要负责人为邱介山教授，博士生导师，国家杰出青年科学基金获得者，国家级领军人才计划入选者特聘教授。作为大连理工大学"材料化工"学科方向创始人和"能源材料化工"技术领域学术带头人，长期从事材料化工（功能碳材料）、能源化工（煤化工/储能材料与技术）等领域研究，完成或正在实施各类课题70余项，包括国家杰出青年科学基金项目、国家自然科学基金重点项目。

（三）主要研究进展

炭素材料研究室已承担国家及省市级各类基金项目80余项，团队成员在国内外学术刊物发表论文800余篇，SCI/EI/ISTP收录1400余篇次，团队成员发表论文被SCI他引28000余次，申请及授权发明专利100余件。在炭分子筛、煤基纳微米碳材料、等离子体煤化工、能量储存与转换用功能炭材料等方面取得了一批创新性成果，受到国内外专家学者的广泛关注和好评。承担国际合作和企业技术研发及技术转让等各类课题多项。炭素材料研究室与国内外学术界和工业界广泛交流、密切合作、资源共享、共同进步。

（四）研究成果及关键技术

1. 高能量无负极电池

炭素材料研究室的王治宇、邱介山教授团队面向实用化电池制造，利用无黏结剂冷压技术实现了超高负载量与高面容量硫化锂正极的创制。发展了锂沉积友好、耐火阻燃的新型含氟侧链共聚物凝胶电解质，突破了金属锂在负极侧集流体上不可逆沉积和枝晶生长而降低电池库仑效率与循环寿命的瓶颈难题，同时弥补了传统聚合物电解质高温易熔化、易燃烧的短板。融合高负载量、高面容量的硫化锂正极与此类不泄漏、高安全性的聚合物凝胶电解质，开发了在过热、短路、火烧等滥用条件下具有高可靠性，质量比能量大于340 Wh/kg，体积比能量大于1323 Wh/L的Ah级准固态无负极软包电池。利用原位X射线衍射、原位紫外可见光谱、原位阻抗、原位光学金相显微镜等先进分析技术，揭示了工况条件下无负极电池中的正极氧化还原反应机制、凝胶电解质的化学环境演变规律与负极集流体侧的动态锂沉积行为。

2. 一种等离子体强化的、绿色高效电催化合成氨的新技术

于畅、邱介山教授构建了一种等离子体辅助的 N_2 活化与电还原集成系统助力电化学合成氨。与常规的电化学合成氨不同，该集成系统能够有效地活化惰性的 N_2 分子，并高效地将其转化为 NH_3。以纳米 Cu 颗粒为催化剂，探究了等离子体驱动的 N_2、O_2 分子的活化与重组过程，从纳/微观尺度上解耦了 NO_x^- 的还原机理。该集成系统最终实现了接近 40 nmol/（$cm^2 \cdot s$）的氨产率及接近 90% 的法拉第效率。

室温条件下的电化学合成氨技术具有操作条件温和、直接以水为质子源等突出优势，已成为国内外广泛关注的热点之一。然而，受限于 N_2 分子本身的化学惰性，该方法目前的氨产率和法拉第效率均比较低。因此，如何独辟蹊径地开发一种新的技术方法/途径，降低 N_2 分子活化能垒，实现氨的绿色高效电合成，对推进电化学合成氨技术的发展和实际应用至关重要。

四、辽宁省能源材料及器件重点实验室

（一）简　介

辽宁省能源材料及器件重点实验室成立于 2018 年 9 月。实验室面向能源领域国家重大需求，探索纳米材料宏量制备、纳米结构控制、电极高密度储能等关键技术。实验室利用微波气相沉积、热丝气相沉积、磁控溅射、直流电弧、高能电子束等多种等离子体物理制备方法，结合化学控制改性完成了复杂结构纳米电极设计制造，为活性材料高效储能及长效服役提供了解决方案。研究成果为提升纳米能源材料及器件工程化应用提供了理论基础和技术支撑。

（二）研究机构与人才

辽宁省能源材料及器件重点实验室有一支梯队合理、年富力强、能承接重大研究任务的科研队伍。科研队伍共有固定人员 20 人，其中教授 9 人，副教授 5 人，45 岁及以下教授、副教授 9 人。

该实验室主要负责人为黄昊教授，大连理工大学材料科学与工程学院教授、博士生导师，实验室主任，大连黄海实验室负责人，大连市创新团队带头

人。他长期致力于纳米储能材料基础科学与应用技术研究，在新能源材料领域实现了新的突破，主要包括：自主设计制造了电弧等离子体纳米粉体量产设备，掌握完整的自主可控技术，实现了多类型纳米粒子的宏量制造，阐明了纳米粒子在等离子体环境中的生长机理，解决了该类材料的低成本、大规模、结构可控生长中的关键技术问题；利用等离子体物理方法，结合化学控制改性完成复杂结构纳米电极设计制造，为活性材料高效储能及长效服役提供了解决方案；将第一性原理计算与实验有效结合，研究纳米粒子缺陷/表面结构特性与电化学反应之间的关联性，为电极新材料的高效设计和筛选提供了准确的科学依据和有效的数据信息。

承担及参与国家自然科学基金项目、国家"973计划"合作课题、"十三五"国家重点研发计划等10余项国家及省部级科研项目。出版著作3部，其中包括主编《高性能电池关键材料》。在国内外高水平学术期刊发表学术论文166篇，其中SCI收录论文113篇，SCI他引4292次。申报国内专利36项，已授权17项，并将纳米电极材料及纳米材料量产技术在辽宁大连、鞍山、铁岭等多地进行推广，推动3项电极材料产品中试及建立多条纳米材料生产线，成立新能源动力电池检测评价中心，促进了辽宁省新能源产业发展。

（三）主要研究进展

首先是电化储能关键材料，包括正极-低钴/无钴富锂锰基材料、负极-高性能硅基纳米材料、负极-磷化物纳米材料、高性能固态薄膜电池关键材料、能源材料设计与性能预测、电池安全性测试与评价。其次是氢能燃料电池关键材料，包括质子交换膜燃料电池金属双极板表面改性、氧还原无铂催化剂。再次是电-磁能源转换材料，包括功能结构一体化隐身复合材料设计及制造、微/纳复配软磁粉末及其应用。最后为生物能源关键材料，主要是生物内置芯片供能体系设计及关键材料。

（四）研究成果及关键技术

1. 等离子体蒸发纳米粉体量产工艺及装备

针对国内纳米粉体品质低、成本高、生产效率低的行业痛点，辽宁省能源材料及器件重点实验室从装备和工艺两方面入手，通过一系列的技术改进成功研发了具有自主知识产权的高品质、低成本、高效率等离子体蒸发纳米粉体量产装备及工艺。其工艺流程实现了从原料到成品的自动化生产。目前，纳米粒子连续量产中的一系列关键技术（如弧源控制、电流电压设置、集粉技术、钝化工艺、粒子粒度及形貌控制等）已被攻克。通过设计气相或液相反应，实现了纳米粒子结构的动态调整及成分再造，解决了纳米粒子的低成本、大规模、结构可控生长中的关键工程问题，满足了大批量、高品质、低价格纳米粉体供应的市场需求。

2. 电弧离子镀导电耐蚀涂层产业技术及装备

成本与寿命是制约燃料电池大规模商业化的主要因素。其中双极板是燃料电池重要组成部分之一，成本占燃料电池总体的40%~50%，严重制约燃料电池的大规模应用。不锈钢双极板在成本和加工成形方面具有优势，但其易腐蚀的特点严重影响燃料电池的导电性和耐久性。面向我国氢能新能源汽车技术重大需求，辽宁省能源材料及器件重点实验室专注于燃料电池双极板改性专用导电耐蚀精密涂层的材料、工艺及装备开发，利用脉冲偏压电弧离子镀技术涂镀碳铬纳米复合薄膜进行不锈钢双极板表面改性处理，其在导电、耐蚀及疏水等性能指标上均达到国际领先水平，为我国氢能新能源汽车从原创到产业化全过程自主创新起到关键的技术支撑作用。

3. 高耐蚀强散热涂层技术

高效散热、耐盐雾腐蚀是电子信息、航空航天、安全储能等领域面临的核心问题。铝合金因具有优异的物理特性与低廉的成本，成为高发热率部件最佳的壳体材料。但铝合金的辐射散热能力很差，无法满足工程散热需求。针对上述问题，辽宁省能源材料及器件重点实验室采用电弧离子镀技术设计了一种双层结构涂层，利用钛合金较强的耐盐雾腐蚀性能，结合非晶碳与纳米金属复合高导热率、高辐射率及超疏水性能，将高温器件的表面热量传入涂层中，并以红外线的方式向外界辐射，加快器件与外界的热量交换，降低器件表面和内部温度，从而达到提高器件的稳定性和使用寿命的目的，实现了非高温下、辐射冷却理论应用领域的创新突破。

辽宁省能源材料及器件重点实验室目前在改性涂层材料和制备工艺方面取得重要进展，可针对不同规格的散热基片需求设计加工专用涂层生产加工线，实现不同种类高耐蚀强散热涂层的量产加工，以满足各领域面临的普遍散热需求。

五、大连理工大学精细化工国家重点实验室

（一）简　介

精细化工国家重点实验室于1989年经国家计划委员会批准，依托大连理工大学筹建而成，1995年9月通过国家验收并正式对外开放，在2009年和2014年国家重点实验室评估中连续两次获评优秀。现任实验室学术委员会主任为段雪院士，实验室主任为贺高红教授。实验室的研究方向为高端精细化学品分子科学基础、精细化工新材料结构与性能调控和精细化工过程强化与本质安全。

实验室实施"人才强室"战略，培养汇聚领军人才。实验室经过三代的传承与发展，具有一流的研究队伍，成为引领我国精细化工创新研究的重要基地。

实验室具有2.5万平方米的集中空间，拥有X射线光电子能谱仪、完全无液氦综合物性测量系统、飞秒时间分辨光谱测量平台等50万元以上的先进仪器设备131台套。建有精细化工公共测试平台、生物分子荧光探针与分子检测可视化平台、太阳能燃料及太阳能电池平台、精细化工绿色合成与催化平台、有机光电材料与高性能树脂平台、精细化工产业共性技术创新平台、抗病毒小分子药物工程平台，特别注重染料激发态调控、新型精细化学品分子结构、光电功能测试、微观和瞬态的表征技术及精细化工过程的绿色化和安全性评价等特色领域技术支撑。实验室对大型仪器实行集中统一管理，专管公用，并制定了一系列规章制度，实行统一的收费标准，提供培训服务，仪器网上预约开放使用，大大提高了仪器的利用率。一些贵重仪器（如600M核磁共振波谱仪、X射线光电子能谱仪、高分辨飞行时间串联质谱联用仪、物性测量仪、液相色谱/质谱联用仪、气相色谱/质谱联用仪、X射线粉末衍射仪、X射线单晶衍射仪）都是24小时开机，使用率在100%以上。实验室为辽宁省药品检验检测院、辽宁省高校分析测试共享平台、大连市检验检疫局、大连化物所和大连海关等单位提供仪器共享服务。

（二）研究机构与人才

该实验室现有固定人员111人，其中研究人员94人、实验技术人员15

人、管理人员2人；40岁以下青年研究骨干30人，占27%；中国科学院院士彭孝军、孙立成，中国工程院院士寨锡高，土耳其科学院院士AKKAYA（全职）；国家杰出青年科学基金获得者8人，"国家高层次人才特殊支持计划"科技创新领军人才7人，优秀青年科学基金获得者11人，"国家高层次人才特殊支持计划"青年拔尖人才3人；在读研究生1000余人。建有"染料分子功能调控""气体分离和新能源膜与膜工程"2个国家自然科学基金委创新研究群体，"仿生识别与荧光传感创新团队""新型高效过程耦合强化创新团队""耐高温高性能工程塑料创新团队"3个科技部重点领域创新团队，"功能超分子与纳米材料高等学校学科创新引智基地""精细化工学科创新引智基地"2个教育部高等学校学科创新引智基地，"超分子化学与催化国际联合研究中心"科技部国际联合研究中心，"化学工程与技术教师团队"教育部首批全国高校黄大年式教师团队，"光转化功能分子设计合成及应用""仿生识别与荧光传感""小分子活化与仿生催化"3个教育部创新团队，"辽宁省绿色化学化工省部共建协调创新中心"，"辽宁省精细化工共性技术创新中心"，"能源材料化工""高性能树脂及其应用新技术""新型高效分离过程""低碳资源的高附加值转化利用"4个辽宁省科技创新团队，以及"煤炭资源高效洁净利用创新团队""耐高温高性能工程塑料创新团队""能源催化材料与过程创新团队"3个"兴辽英才计划"高水平创新创业团队。

实验室主要负责人为彭孝军教授，精细化工专家，中国科学院院士，大连理工大学化工学院院长、教授、博士生导师。彭孝军教授主要从事精细化工领域功能分子结构设计、清洁制造工艺研究。

（三）主要研究进展

1. 染料及其光化学

研究团队重点开展染料激发态的释能调控、分子结构创新，在荧光染料探针、数码喷墨染料、染料敏化太阳能电池、人工光合作用、光电材料、生态纺织染料等领域，揭示染料分子结构与性能关系的规律，实现染料分子功能强化。

2. 精细化工新材料

研究团队开展精细高分子等特殊功能材料研究，从分子设计、结构创新、性能调控出发,着力研发高立构规整性二氧化碳共聚物、高性能化特种阻尼橡胶和炭素材料等高新技术用精细化学品。

3. 精细化工清洁制备技术

研究团队聚焦精细化工中的分子活化和界面作用调控,通过模拟酶活性中心和酶作用微环境,研究复杂分子在温和条件下的选择性催化合成、高效分离纯化、能量质量梯级利用及过程耦合,实现精细化工清洁制备和节能降耗。

(四)研究成果及关键技术

1. 轻质烷烃等惰性C—H键的活化转化对高附加值精细化学品的高效低耗合成

大连理工大学精细化工国家重点实验室段春迎教授团队的赵亮副教授提出将天然酶高活性催化中心引入光功能金属-有机框架(MOFs)材料,结合酶催化的高活性及MOFs材料的非均相催化特性,构建系列仿生光催化体系,实现了甲烷等轻质烷烃的活化与功能化。

该项目针对精细化工中C—H键活化与氧化单元反应,提出利用晶体工程策略将自然界中双核金属单加氧酶活性中心引入MOFs材料,构建MOF基人工单加氧酶模型,在可见光激发下以绿色清洁的氧气为氧源,实现了轻质烷烃的高效高选择性活化氧化。

2. 三重激发态及电荷分离态研究

大连理工大学精细化工国家重点实验室赵建章教授课题组在三重激发态及电荷分离态领域取得了新进展。具有大p-共轭体系的有机分子,其三重电子激发态波函数的空间分布规律,如同分子的芳香性一样,是分子的重要基本性质之一。调控激发态波函数空间分布,对于能量转移、电子转移、电子自旋输运及其在光催化、光伏、量子信息学等领域的研究,都具有重要的意义。但三重激发态波函数的离域程度难以直接进行实验观测,并且以往研究获得的规律和结论可能不具备普适性。另外,基于电子给受体的光敏剂及所涉及的电荷分离(CS)过程,在光催化、光动力治疗(PDT)、光伏等领域具有重要的研究价值。通过调控分子构型或电子给受体间的距离,可以获得长寿命的CS态或具有热激活延迟荧光(TADF)性质的化合物;但是这类化合物光物理过程复杂、光谱表征困难,相关机理尚有争议,一些理论模型还有待通过实验观测进行验证。

六、辽宁省微纳米技术及系统重点实验室

（一）简　介

辽宁省微纳米技术及系统重点实验室是集微机电系统、纳米技术、信息光电子技术等于一体的研究机构，也是东三省微机电系统研发联合体牵头单位。实验室正式成立于 2004 年，其前身是 2000 年成立的大连理工大学微系统研究中心。重点实验室由中国科学院院士、大连理工大学王立鼎教授发起和组建，现任重点实验室学术委员会主任为南京航空航天大学郭万林院士，实验室主任为刘军山研究员。

（二）研究机构与人才

2006 年以来，实验室共资助 3 批开放课题。同时完善访问学者制度，邀请国内外著名教授访问实验室，并把实验室年轻科研人员送到国外著名大学及研究所进行学术访问，提升了实验室的学术知名度。实验室有"微机电工程"和"精密仪器及机械"两个二级学科博士点，近 5 年培养博士研究生 10 余人、硕士研究生约 150 人。实验室积极开展对外学术交流，为科技工作人员提供自由发展的空间，重视与企业的产学研合作，与国内 20 多家研究机构和企业建立了合作关系。实验室研究队伍老、中、青相结合，结构比较合理。现有固定人员 36 人，其中中国科学院院士 1 人、国家杰出青年科学基金获得者 2 人、教授 16 人、副教授 8 人、其他 9 人。

实验室主要负责人是刘军山教授，研究员，博士生导师。中国微米纳米技术学会理事及青年工作委员会副主任委员，中国机械工程学会高级会员，全国微机电技术标准化技术委员会观察员。主要从事聚合物微纳米制造理论、方法及应用研究。作为项目负责人，主持 2 项国家自然科学基金面上项目、1 项国家自然科学基金青年基金项目、1 项国家科技支撑计划课题、1 项教育部"新世纪优秀人才支持计划"项目、1 项大连市科学技术基金项目、1 项国家重点实验室开放课题、2 项大连理工大学"生命 +X"交叉培育项目；作为项目主要参加人，参加 1 项国家"十二五""863 计划"课题、1 项国家自然科学基金重大项目、1 项国家自然科学基金重大研究计划的重点支持项目、1 项国家科

技支撑计划项目和1项"863计划"MEMS重大专项等。

（三）主要研究进展

实验室自2001年起，历经近20年，在聚合物微流控芯片制造关键技术与装备方面取得了一系列创新性成果，开发出多种用于重大疾病早期诊断和个性化治疗等新型聚合物微流控芯片产品，已在北京博奥晶典生物技术有限公司等40余家单位成功应用。

（四）研究成果及关键技术

① 对天空偏振光分布规律和多通道式仿生偏振导航传感器进行开创性研究，采用纳米级加工手段制作了高精度仿生偏振光导航原理样机，实现了移动机器人精确轨迹规划实验，证明了微纳传感器可以充分应用于移动设备导航。该项研究为揭开自然界生物的定位能力提供了一种崭新的研究思路，也为机器人及无人机等提供了新的自主导航定位手段。

② 针对航空航天领域微小型器件产品精度要求高、装调效率低的瓶颈问题，开展微小型器件高精度自动装配技术研究，形成了基于精密运动控制和显微机器视觉的位置检测与在线对准装配技术。为企业研制了10余种精密设备，获得国家机械工业科学技术奖二等奖2项和航空工业集团科技奖2项。

③ 面向高性能生化微系统的重大需求，开展聚合物微纳制造方法、技术与装备研究，解决了生化微系统中尺度耦合、聚合物表面的异质材料微结构制造、微纳模具制造等关键难题，以科研成果为基础，积极推进产学研合作，与企业合作研制开发了病原菌检测芯片、心肌损伤标记物检测芯片、血糖连续监测芯片。

④ 研发基于碳纳米管的原位生长和自组装构筑形貌规整的微米级功能炭材料的新技术，创造性地把微通道的限域反应特性与碳纳米管原位生长和自组装过程有机融合，成功制备出具有规整外观形貌的、微米尺度的碳纳米管多级组装结构。成果为拓展碳纳米管的自组装途径提供了新思路。基于这一新技术制备得到的碳纳米管多面体在超滤、微纳反应器、催化等领域有潜在的应用前景。

⑤ 研发了用于 ZnO 薄膜生长的 MOCVD 系统、用于制备 ZnO 和各种氧化物薄膜的激光 MBE 设备，其性能接近国际先进水平。发现了新的超大环铜酞菁分子结构有机半导体材料，研制出工作在 1.5 mm 的有机发光器件和光伏器

件的原型器件。

七、模塑制品教育部工程研究中心

（一）简　介

模塑制品教育部工程研究中心以 1986 年成立的大连理工大学模具研究所为基础，于 2000 年获得教育部批准组建，2005 年通过教育部验收正式运行。中心依托的学科为机械制造及其自动化，主要研究方向包括模具 CAD/CAE/CAPP/CAM 技术、模具高速高效及特种加工技术、模具表面工程技术、微成型与微型模具技术、先进复合材料成型技术等，拥有硕士学位和博士学位授予权，是国家批准的博士后科研流动站。

（二）研究机构与人才

中心现有员工 45 人，包括教授 2 人、副教授 5 人、高级工程师 2 人、中级技术职称 3 人、初级技术职称 8 人、技师及工人 25 人，在读博士和硕士研究生 50 余人。中心设有技术部、模具部、制品部等：技术部主要负责应用技术的研究开发；模具部主要面向社会需求承担模具设计与制造、精密机械加工、金属材料热处理等产业化工作；制品部主要承担模塑制品成型、新型号新产品试制等任务。

中心主任王敏杰，博士生导师，大连国际模具研究教育中心主任；在模具 CAD/CAE/CAM 技术、微成型与微型模具技术、切削理论与先进制造技术、高分子材料成型技术等方面有深入研究，著有《模具制造技术》《冷冲模设计及制造》《切削力学新篇》等。

（三）主要研究进展

中心现有研发和成果转化场地建筑面积 2500 平方米，配备的先进仪器设备主要有日本大隈、美国辛辛那提等公司的加工中心 6 台，日本三菱电机等公司的精密电加工机床 3 台，国产双室真空油淬气冷炉 2 台，德国 BOY 等公司精密注塑机 2 台，美国戴维斯标准公司微型挤出系统 1 套，日本东邦工业等公司聚氨酯弹性体浇注机 3 台，日本东京精密公司三坐标测量机 1 台，英国 BOHLIN 双头高压高速毛细管流变仪 1 台，国产微机控制电子万能试验机、冲击试验机、高低温湿热交变试验箱、紫外光耐候试验箱、盐雾试验箱等，以及各种模具CAD/CAE/CAM软件。建成模具设计与制造、精密微细模塑制品成型、军品模塑成型及测试三个系统的研发平台。

中心注重与国内外知名企业及研究机构的交流与合作，为中国机械工程学会生产工程分会模具制造专业委员会主任委员单位，并设有模塑制品教育部工程研究中心常州分中心、辽宁省工业模具技术服务中心、大连国际模具研究教育中心、三菱电机大连理工大学技术中心、戴维斯－标准大连理工大学技术中心等。

（四）研究成果及关键技术

近年来，中心承担多项重点项目，包括国家重点基础研究发展计划（"973计划"）项目、国家科技支撑计划重点项目、国家高技术研究发展计划（"863计划"）项目、国家自然科学基金项目、教育部科学技术研究重大项目等；获授权国家发明专利多项。

八、催化基础国家重点实验室

（一）简　介

催化基础国家重点实验室于1984年由国家计委批准筹建，1987年通过国家验收并正式对外开放。经过30多年的学术积累和人才培养，实验室形成了老中青相结合，以中青年研究队伍为主体，并配有精干的技术和管理人员的研究队伍。实验室以催化基础研究为立足点、应用基础研究为结合点，瞄准国际前沿方向和我国重大应用过程的关键基础科学问题，开展深入系统的研究工作。实验室曾被中国科学院评为先进工作集体，在科技部组织的国家重点实验室评估中曾连续三次被评为优秀实验室（A类）。

实验室现为物理化学的硕士点、博士点和博士后流动站，已形成具有规模的催化研究人才培养基地。实验室培养的毕业生已遍及国内外许多著名大学和科研院所，多人获得国家杰出青年科学基金和中国科学院领军人才计划的资助。实验室贯彻"开放、流动、联合、竞争"的方针，与比利时、德国、法国、荷兰、英国、日本、西班牙、美国、韩国等国的研究人员在催化研究领域进行广泛合作，成立"中法催化联合实验室"、中德"催化纳米技术"伙伴小组和"CAS-BP面向未来清洁能源研究中心",开展"中荷战略合作计划项目""中美电子化学和表面催化研究""日本JST先进科学技术项目"。

(二)研究机构与人才

实验室现有固定人员130人,其中中国科学院院士3人、中国工程院院士1人、研究员51人、副研究员36人、助理研究员11人、高级工程师15人、工程师13人,另有博士后84人、博士研究生和硕士研究生238人。其中,国家自然科学基金委杰出青年科学基金获得者16人、国家自然科学基金委优秀青年科学基金获得者4人,3人当选发展中国家科学院院士、1人当选欧洲人文和自然科学院外籍院士、1人当选英国皇家化学会荣誉会士、2人当选英国皇家化学会会士,15名研究员在10余个国际期刊任副主编、编委、国际顾问。

实验室主任为申文杰研究员,现任中国科学院大连化学物理研究所研究员、博士生导师。国家自然科学基金委杰出青年科学基金获得者、中国催化青年奖获得者,科技部重大科学研究计划首席科学家、国家重点研发计划项目负责人,国家级领军人才计划入选者,曾任中国化学会催化专业委员会委员秘书长、国际催化学会理事会秘书长。

主要开展催化材料制备科学和催化反应过程的应用基础研究,针对能源和环境的重要反应过程涉及的催化剂的高活性、高选择性、高稳定性,开展催化材料制备化学、原位动态结构表征、反应机理及动力学研究,在原子层次调控催化活性位结构,在分子层次理解催化反应机制,定量描述多相催化构-效关系,研制高效催化剂并用于工业催化新过程。发表研究论文239篇,SCI他引13884次,单篇最高引用2198次。

(三)主要研究进展

研究室主要研究方向如下。
①甲烷及低碳烃催化转化、太阳能光催化分解水制氢等催化反应。
②紫外共振拉曼光谱、原位固态核磁技术等催化表征技术。
③亚纳米孔和纳米孔催化材料、燃料电池催化材料等催化材料的设计和制备。
④纳米和单原子催化、催化氧化反应机理研究等理论催化基础研究。
近一年主要研究成果如下。

① 水系锌离子电池负极研究。采用可循环的动态 MOF 纳米片作为锌离子的运输载体，在电池充放电循环过程中持续诱导 Zn（002）生成，使锌负极表面呈现出有利的（002）晶面取向，同时有效地抑制了枝晶和副产物的生成，实现对称电池稳定循环超过 6900 小时。

② 氧化物-氧化物界面作用研究。将 Co_3O_4 沉积到 ZnO 粉末载体表面上，构建具有化学键合作用的氧化物/氧化物界面（Co_3O_4/ZnO），揭示了 Co_3O_4 层和 ZnO 载体之间存在明显的局域界面限域效应（local interface confinement）。将 Co_3O_4 和 ZnO 粉末机械混合，形成物理接触的氧化物-氧化物界面（Co_3O_4-ZnO）。原位表征结果表明，ZnO 的引入可以显著增强 Co_3O_4 还原到金属 Co。这种界面效应归因于在 ZnO 表面上 H_2 解离形成的活性氢从 ZnO 纳米粒子远程溢流到邻近的 Co_3O_4 纳米粒子（Remote H-Spillover）。

（四）研究成果及关键技术

1. 热解法制备钒酸铋光阳极技术中制约水氧化性能的机理研究

实验室章福祥研究员团队在钒酸铋（$BiVO_4$）光阳极水氧化方面进行研究，揭示了一步热解法制备 $BiVO_4$ 光阳极中制约水氧化活性的关键因素，即钒元素具有比铋元素更快的流失动力学，导致产物中会包含极少量电荷传输能力差的四方相 $BiVO_4$，且在单斜相和四方相 $BiVO_4$ 间形成 I 型异质结构，进而抑制电荷传输分离效率和水氧化性能。进一步，团队通过系统优化前驱体含量和制备条件等，最终在 1.23 V vs. RHE 和 AM1.5 光源照射下取得了 4.2 mA/cm^2 的光电水氧化性能，且与广泛采用的二步法合成的 $BiVO_4$ 性能相当。此外，团队利用优化后的一步热解法，实现了 25 cm^2 大面积 $BiVO_4$ 光阳极的可控制备和性能维持。以上研究成果为规模化高效钒酸铋光阳极制备和产业化应用奠定了基础。

2. 锂氧电池双功能氧催化剂

实验室吴忠帅研究员团队与包信和院士团队合作，开发高效、稳定的双功能氧催化剂，利用空间限域效应，在石墨烯表面集成了先进的氧还原（ORR）催化剂 Pt 和氧析出（OER）催化剂 RuO_2（Pt/RuO_2/G），成功实现了优异的 OER/ORR 及锂氧气电池性能。在本研究工作中，该团队开发出一种具有显著活性和耐用性的二维多孔 Pt/RuO_2/G 双功能电催化剂，获得的 Pt/RuO_2/G 具有优异的双功能氧催化活性，OER/ORR 电势差 ΔE 仅为 0.633 V；以其作为正极催化剂构筑的锂氧气电池实现了超过 220 次（超过 2200 小时）的循环性能。理论计算结果表明，$Pt/RuO_2/G$ 基锂氧电池中导电性的提高和对反应中间体吸附能的减弱，使电池具有较低的充电电压和长期可循环性。在高性能锂氧电池研究中，这种构筑二维超薄复合纳米片的策略将为合理设计高活性和耐用的双功能电催化剂提供新思路。

九、低碳催化与工程研究部

（一）简　介

低碳催化与工程研究部以新催化反应、新催化材料、催化反应机理和工程科学问题为核心，以基础研究、应用研究和工程化研究及应用全链条贯通为特色，面向化石能源综合高效利用生产大宗化学品等国家重大需求开展催化应用基础研究和工程化研究。所属研究团队之间紧密合作、统一管理，以组群方式探索快速形成可工业化应用创新成果的新模式。

研究部成功研制了多项具有自主知识产权的新技术并实现产业化。其中，甲醇制取低碳烯烃（DMTO）技术完成了世界首次万吨级工业性试验及首次工业化。截至目前，DMTO 系列技术已签订 32 套装置的专利技术实施许可合同，烯烃产能达 2160 万吨 / 年（约占全国的 1/3）。其中，已投产的工业装置达到 17 套，烯烃产能超过 1000 万吨 / 年，新增产值超过 1000 亿元 / 年，促进了我国煤制烯烃新兴战略产业的快速发展。2014 年，甲醇制取低碳烯烃（DMTO）技术获得国家技术发明奖一等奖。煤经二甲醚羰基化制乙醇技术成功完成全球首套 10 万吨 / 年工业示范项目的投产。截至目前，已成功签订技术实施许可合同 13 套（其中出口 2 套），乙醇产能 395 万吨 / 年，对于保障我国能源安全、煤炭清洁化利用，以及缓解大气污染等具有重要的战略意义。其他已实现产业化的技术包括：固体酸催化中压丙烯水合制异丙醇技术（已投产 3 套装置，合计产能 13 万吨 / 年），正丁烯与醋酸直接加成生产醋酸仲丁酯技术（已投产 1 套装置，产能 5 万吨 / 年），甲醇制二甲醚技术（已投产 3 套装置，合计产能 40 万吨 / 年）。

低碳催化与工程研究部获得省部级以上重要科技奖励 10 余项，包括中国科学院杰出成就奖、国家创新人才推进计划重点领域创新团队、中国科学院

"十二五"突出贡献团队、中国科学院科技促进发展奖等。

（二）研究机构与人才

低碳催化与工程研究部，现有人员176人，其中，中国工程院院士1名，正高级职称16名，副高级职称45名；在读博士研究生、硕士研究生70人，博士后及项目聘用人员等35人。2008年6月由国家发展改革委批准建设甲醇制烯烃国家工程实验室（2021年12月纳入国家工程研究中心序列进行管理，更名为"低碳催化技术国家工程研究中心"），2011年9月由国家能源局批准建设国家能源低碳催化与工程研发中心。

研究部主要负责人为刘中民教授，理学博士，研究员，博士生导师，中国工程院院士，全国政协常委，辽宁省政协副主席，民盟中央常委、民盟辽宁省委会主委、民盟大连市委会主委。现任中国科学院大连化学物理研究所所长、低碳催化技术国家工程研究中心主任、国家能源低碳催化与工程研发中心主任。

刘中民教授面向国家能源战略需求，长期从事能源化工领域应用催化研究与技术开发，完成了多项创新成果并实现产业化。在分子筛结构酸性位的精确调控机制、甲醇反应化学动力学，以及催化反应工程等方面取得了重要研究成果。组织开发了甲醇制取低碳烯烃（DMTO）技术，并率先在世界上实现工业化。培养研究生60多名，发表研究论文520余篇，出版学术专著2部，获授权国内发明专利301件、国外发明专利287件。

（三）主要研究进展

面向国家重大需求，围绕化石资源高效清洁转化，以合成气和甲醇转化为平台，突破相关催化转化原理、催化剂合成方法和反应器技术，促进煤制烯烃、芳烃，以及乙醇等含氧化合物的技术持续创新，推动新过程的工业化应用。主要研究方向包括催化基础与催化新反应、分子筛合成、甲醇及其衍生物转化、合成气制化学品、烃类转化研究、催化新过程放大与开发、工程化研究。

（四）研究成果及关键技术

1. 甲醇制取低碳烯烃（DMTO）技术

研究团队从20世纪80年代开始进行DMTO技术的研究。2006年6月，完成世界首次万吨级工业性试验。2010年8月，世界首套煤制烯烃生产线核心工段180万吨/年甲醇制烯烃装置在神华包头投料试车一次成功。2011年1月开始进入商业化运营阶段。2013年初，第二套DMTO装置在宁波禾元成功开车。

为保持DMTO技术的竞争力，又研制了DMTO-Ⅱ技术。DMTO-Ⅱ技术是在DMTO技术基础上将甲醇制烯烃产物中的C4+组分回炼，实现多产烯烃的新一代甲醇制烯烃工艺技术。2014年12月，世界首套DMTO-Ⅱ工业装置成功投产。

2. 甲醇甲苯制取对二甲苯联产低碳烯烃技术

甲醇甲苯制取对二甲苯联产低碳烯烃技术可在一个催化剂上实现甲醇甲苯高选择性制取对二甲苯的同时，实现甲醇高选择性制取低碳烯烃，且对二甲苯/低碳烯烃的比例灵活可调。该技术可为聚酯的生产同时提供两种基本原料（对二甲苯和乙烯），有利于实现煤－甲醇、甲苯－对二甲苯－聚酯全产业链。与传统的芳烃联合装置耦合，可实现对二甲苯增产，有助于形成煤化工和石油化工技术互补、协调发展的新格局。

3. 固体酸催化中压丙烯水合制异丙醇技术

异丙醇是重要的基本有机化工原料和性能优良的溶剂。针对国内外异丙醇生产技术落后、能耗高等问题，研究团队开发出新一代丙烯直接水合生产异丙醇技术。

采用先进的催化剂合成流程和技术，开发出适用于丙烯直接水合过程，具有优良的耐水性能、耐温性能、高抗碎性能和高催化活性的催化剂。开发的丙烯水合新工艺，采用新型丙烯水合工业反应器及分段进料、冷激控温、物料再分配等新技术。利用多段进料方式调节各催化剂床层的丙烯转化率，从而控制各段床层反应深度和放热量，解决了丙烯水合工业反应器存在的超温及催化剂烧结问题，使水合催化剂床层温度均衡分布。

研究团队开发的丙烯水合直接制异丙醇新技术具有低温、中压、丙烯转化率高、单耗低、原料适应性强、副产品附加值高、环境友好等特点，且能耗仅为国内同类生产技术的50%。

十、催化与新材料研究中心

（一）简 介

催化与新材料研究中心是我国唯一具有肼分解催化剂研究、生产和评价试车综合能力的科研基地，研制的多种型号催化剂已成功应用于卫星、运载火箭、宇宙飞船的姿态控制系统，使我国成为世界上少数掌握航天姿控肼分解催化剂技术的国家之一。研究中心结合航空航天需求，在吸波材料、相变材料、耗氧材料和热防护材料等领域也进行了广泛深入的研究，多种特种功能材料在航空和航天等领域获得实际应用。研究中心以建设具有科技创新能力和辐射带动作用的航天材料工程中心为目标，不断开发新型航空航天催化剂，拓宽肼催化分解技术应用领域，重点发展无毒推进剂催化分解技术、凝胶推进剂催化分解技术和航天特种功能材料，大力加强学科基础建设，实现应用研究和基础研究并举。

（二）研究机构与人才

研究中心现有研发人员 80 余人，其中，国家杰出青年科学基金获得者 2 人。在读研究生 50 余人。发表论文 400 余篇，申请专利 100 余件。

研究中心主任为张涛研究员。张涛长期从事化学化工领域的研究，主要致力于无毒推进剂催化分解技术、生物质催化转化、单原子催化和纳米催化等方面的研究。在基础研究方面，张涛团队 2008 年在国际上首次发现纤维素一步法催化转化制乙二醇的新反应，开辟了生物质转化新路线。2011 年提出"单原子催化"新概念，现已成为学术界研究前沿。在应用研究方面，负责研制的新型催化剂广泛应用于我国石油化工等领域。张涛曾三次以第一完成人获国家技术发明奖二等奖，曾获中国科学院"突出贡献者"称号，是国家级领军人才计划入选者。

（三）主要研究进展

催化与新材料研究中心围绕新型肼分解催化剂的开发应用、无毒推进剂催化分解技术、凝胶推进剂催化分解技术、新型特种材料及相关的基础研究开展研究开发工作，逐步形成一个代表国家级水平，应用与研究并重，以航空航天领域为主，面向多种行业，具有较强科技创新能力和辐射带动作用的催化剂及新材料科研基地。其研究方向包括液体推进剂催化分解、纳米及亚纳米催化材料的设计合成、生物质催化转化、环保催化。

（四）研究成果及关键技术

1. 基于MOFs基单原子催化剂的双位协同机制实现甲烷高效转化

催化与新材料研究中心的王晓东研究员、林坚研究员等和福州大学林森教授等合作，在单原子催化增强甲烷直接氧化研究中取得新进展。合作团队研制出一种MOFs锆氧簇节点装配的单原子Ru催化剂，实现CH_4近100%选择性羟基化为含氧化合物（CH_3OH，CH_3OOH，$HOCH_2OOH$，$HCOOH$）。

随着页岩气的大量开采，将其主要产物甲烷在温和条件下直接选择性转化为高附加值的含氧化合物（如甲醇），引起了研究人员的广泛关注。然而，甲烷分子具有高度对称的正四面体结构，所含C—H键难以极化，通过调变催化剂活性中心结构以实现甲烷的高效活化和定向转化被誉为催化领域的"圣杯式课题"。现今主要采用的金属单/双原子催化剂结合添加或合成H_2O_2氧化剂的策略，虽然能在一定程度上促进甲烷活化，但仍存在目标产物过度氧化的问题。

研究人员基于前期发现的UiO-66基MOFs独特的几何和电子性质，开发出高性能Ru1/UiO-66单原子催化剂，可实现温和条件下以近100%的选择性和185.4 h^{-1}的转化频率将甲烷羟基化为含氧化合物。与纳米Ru催化剂及传统载体负载的Ru单原子相比，Ru1/UiO-66具有更高的含氧化合物产率，且无过度氧化产物CO_2。由此可见，单原子Ru与UiO-66的双位协同是提高甲烷羟基化活性和含氧化合物选择性的内在因素。

2. Cu-N-C单原子催化剂在电催化氧还原过程中的动态演变

催化与新材料研究中心的张涛院士、王爱琴研究员、杨小峰研究员设计并构筑了均匀分散的铜单原子催化剂，将其应用于碱性电催化氧还原反应中，并通过原位X射线吸收光谱技术揭示其在反应过程中的可逆动态演变。

然而，基于静态结构解析的"构效关系"并不能完全反映出反应过程中的真实催化机理。基于此，该合作团队构筑了均匀分散的静态$Cu-N_4$单原子催化剂,其在电催化碱性氧还原反应中表现出与贵金属 Pt 可比的催化活性;利用对金属中心配位环境敏感的 XANES 技术,观测到静态 $Cu-N_4$ 位点在反应过程中存在结构可逆演变;进一步通过 FDMNES 计算方法,确定 $Cu-N_4$ 在反应过程中首先被外加电位驱动生成新的催化活性位点 $Cu-N_3$,然后进一步在氧还原反应过程中重构为 $HO-Cu-N_2$ 结构。该研究为后续单原子催化剂的动态研究及催化剂设计提供了新思路。

第三节 鞍山市

一、海洋装备用金属材料及其应用国家重点实验室

(一)简 介

海洋装备用金属材料及其应用国家重点实验室是科技部于 2015 年 9 月批准建设的第三批企业国家重点实验室之一,是我国首个在海洋装备用金属材料及其应用领域设立的国家重点实验室。实验室的建设有力地推动了海洋装备用金属材料领域前沿技术和共性技术的研究,促进了海洋装备用金属材料的基础研究成果转化和科研成果产业化,提高了行业技术水平和企业自主创新能力,成为引领和推动海洋装备用金属材料领域"产、学、研、检、用"相结合的重要平台。

实验室根据国际和行业的发展需求,针对海洋装备用金属材料急需解决的技术瓶颈与关键装备材料,设置了海洋装备用金属材料冶金技术、海军装备用金属材料制备技术、海洋工程用金属材料制备技术、海洋装备用特种金属材料制备技术和海洋装备用金属材料应用技术五个研究方向,主要从事海洋装备用金属材料的应用基础研究、关键技术和共性技术研究,构建"重大基础理论—关键工艺技术—工业化生产—应用评价—标准规范建立"等完备的研究开发体系,打造具有国际先进水平的海洋装备用金属材料及其应用的研发与示范应用基地,为突破我国海洋装备制造与发展应用的瓶颈提供成套解决方案,推动产学研用相结合,促进基础研究成果的转化和高端海洋装备用金属材料的国产化,助推我国海洋工程装备的研发与制造技术达到国际领先水平。

（二）研究机构与人才

实验室现有固定人员113人，研究人员106人，科研用房面积4.3万平方米，拥有基础及共性技术、应用技术和工业制备生产三个试验平台，中试生产线4条，各类大型科研仪器设备近百台（套）。实验室聘请国内15名知名院士、专家为学术委员，中国工程院翁宇庆院士担任实验室学术委员会主任，侯保荣院士和曾恒一院士担任实验室学术委员会副主任。

严玲，教授级高级工程师，现任鞍钢集团钢铁研究院海工用钢研究所船用钢研究室主任，海洋装备用金属材料及其应用国家重点实验室学科带头人，中国船级社材料与焊接技术委员会专家，中国造船工程学会船舶材料学术委员会委员。从事科研工作25年来，先后承担国家"863计划"、"十三五"国家重点研发计划等重大科研攻关项目40多项。主持研发九大系列200多个船板海工品种，形成20项独有关键技术。曾荣获全国五一巾帼奖、中央企业优秀共产党员等荣誉。

赵坦，海洋装备用金属材料及其应用国家重点实验室学科带头人，先后承担国资委攻关项目、科技部重点研发计划等政府项目10项，企业各类科技项目29项。主持开发了极端环境海工钢、高端模具钢八大系列40余个牌号新产品。3项技术达到国际领先水平，8项产品实现国际首发，获授权专利52项，发表论文33篇，获省部级等各类奖项15项。研究突破了深海装备用钢及配套焊材技术，打破国外技术垄断，应用于我国自主研制的万米深潜器，支撑了"复兴号"动车组及大飞机薄壁型材研制、世界最大极地液化天然气模块和全球最大风电安装平台等建造，为提高我国高端钢铁材料自主保障能力和国际影响力作出了巨大贡献。

（三）主要研究进展

实验室以鞍钢为依托，围绕我国"海洋强国"建设、《中国制造2025》"海洋工程装备及高技术船舶"在突破性发展中所涉及的海洋装备金属材料的重大需求与瓶颈，深入开展研究，先后承担完成了一系列重大基础性科学研究项目、国家级重大科技攻关课题、国家科技支撑课题，使鞍钢在耐腐蚀船舶用钢、军工舰船与潜艇及深海管线等高端产品的基础理论和应用技术研究方面积累了丰富研究经验并保持国内领先水平，使鞍钢在海洋工程用金属材料方面取得了强度级别最高、品种规格最齐全、市场占有率最高、连续创造多项全国第一的辉煌业绩。

近年来，实验室突破了耐低温大厚度钢板生产、基于高止裂韧性的多相组织调控、耐海洋大气腐蚀高性能桥梁结构钢生产等多项关键技术难题。56项系统性原创科研成果已在鞍钢多条生产线上转化应用，并在全球首座第七代超深水钻井平台"蓝鲸一号"、全球最大24000箱超大型集装箱船、全球首艘双燃料30万吨级超大型VLCC油船、全球首艘双燃料全压式LPG运输船、全球最大的极地液化天然气工程模块、亚洲最大管径海底输油管线等诸多重大工程中获得应用，现已成为国内外最具综合实力的研发应用平台与示范基地。

（四）研究成果及关键技术

实验室取得了以高性能舰船用钢、高强韧海工钢、高耐蚀船舶用钢、深海管线钢等新材料为代表的一批系统性原创成果，并快速推进成果产业化。

1. 船舶和海工低温用钢产品

经过努力，实验室开创了破冰船用钢国产化的先河，5000吨钢板应用于我国首次自主设计、自主建造的破冰船项目，为鞍钢船板产品进军高端船舶海工制造领域打下了坚实的基础。

2. 油船货油舱用耐腐蚀钢板

在油船货油舱用船板开发方面，实验室系统掌握了耐蚀钢的成分、组织及工艺因素等对其耐腐蚀性能的影响规律，开发了油船货油舱用耐腐蚀钢板，独家供货我国首艘耐蚀钢示范油轮"大庆435号"，打破了日本在该项产品上的技术封锁。鞍钢由此成为国内首家在该产品上通过7国船级社认可的钢企。

3. 满足不同标准的多规格系列化海洋平台用钢

近年来，实验室针对极地、深远海、南海等极端环境下海洋装备用钢需求，研制出满足不同标准的多规格系列化海洋平台用钢，其中-80 ℃服役性能S420助力世界最大天然气合作项目北极亚马尔二期，S355G10+N海工钢应用于我国首个深水高温高压气田"深海二号"，低屈强比EQ51应用于满足美国船级社最高设计标准自升式平台项目，高服役安全性690 MPa级海工钢应用于全球最大自升式桩腿风电安装平台，支撑了国内外重大海洋装备建造，多项技术及产品打破国外垄断。

二、辽宁省能源材料与电化学重点实验室

（一）简　介

辽宁省能源材料与电化学重点实验室基于能源－材料－电化学等多学科交叉，开展能量储存和转换系统（电池、超级电容器、燃料电池、CO_2电催化转化、清洁高能材料等）中相关材料的结构、物化性质与其电化学能量储存及转换特性间联系的基本科学和应用技术创新性研究，开发能量的高效、清洁、低成本和长寿命转化与储存技术和系统。实验室主要在锂离子电池与超级电容器材料与技术、高效 ORR（oxidation-reduction reaction）催化剂与质子膜燃料电池技术，以及清洁高含能材料多氮化合物合成与应用等方向开展研究工作。近年来，实验室先后承担国家自然科学基金项目、教育部留学回国基金项目、辽宁省自然科学基金项目、辽宁省优秀人才支持计划及地方政府和企业委托课题 30 余项，总计 600 余万元。发表学术论文 60 余篇，其中 SCI 收录 40 多篇，获授权发明专利 6 项。

（二）研究机构与人才

实验室现有研究人员 68 人，其中固定工作人员 27 人，硕士研究生、博士研究生 41 人。固定工作人员中，国家级领军人才计划入选者 1 人，辽宁省科技领军创新人才 1 人，青年拔尖人才 1 人，博士生导师 6 人，教授 9 人，具有博士学位研究人员 20 人，固定研究人员平均年龄 40 岁。团队凝聚了一批中青年学术骨干，已逐渐形成一支稳定的、具有较强基础和应用研究和开发能力的学术队伍。

辽宁省能源材料与电化学重点实验室主任安百钢，博士生导师，辽宁省特聘教授、辽宁省高校创新团队负责人。主要研究方向：碳基纳米材料及其能量电化学储存与转换、金属材料腐蚀电化学机理及其防护涂层研究、锂离子电池硅－碳负极材料研究、燃料电池阴极催化剂制备及其机理研究、超级电容器电极材料研究等。近 5 年来，承担国家自然科学基金项目 3 项、省部级及企业委托项目 15 项。获冶金矿山协会科技进步奖一等奖 1 项、辽宁省科学技术进步奖二等奖 1 项，发表论文 80 余篇。

（三）主要研究进展

实验室在多个研究方向都取得一定的进展，包括以下方面：固态锂硫电池正极导离子/电子网络的构筑及电化学机理研究、全固态锂硫正极高效离子/电子网络的构筑及界面优化研究、多相体系与界面构筑及其锂离子储运特性研究、基于碳基催化剂孔结构与表面化学的 ORR 机制研究、熔盐电化学低温合成微/纳米 SiC 及其机理研究等。

（四）研究成果及关键技术

1. 锂离子电池与超级电容器材料与技术

① 高效低成本硅碳锂离子负极材料制备与应用。硅理论储锂容量为 4200 mAh/g，在充放电过程中硅发生严重体积效应，导致电极粉化影响电池稳定性。多孔硅结构可缓解硅的体积变化，其孔道结构能为离子快速传输提供通道，进一步对多孔硅进行碳包覆可提高材料导电性，这些都有利于电池倍率性能。实验室主要研究构建高孔隙率的纳米硅碳复合材料方法与技术工艺，实现高容量、高循环稳定性、高功率密度的硅碳负极材料制备与应用。

② 实验室利用在多孔碳纳米材料方向的研发优势，基于双电层和法拉第反应的储能机理，研究制备适宜电荷堆积和利于离子传输的具有高比表面积的有序多孔碳纳米材料，设计高比容量和比功率的超级电容器。通过研究调控纳米碳材料组织结构和表面化学特性，开发双电层和法拉第混合型超级电容器。

③ 该研究方向主要从事锂离子电池电解质方面的研究，构建新型的有机聚合物复合的全固态电解质体系。重点解决锂离子电池的安全性及锂枝晶生长等关键问题，研究锂离子快速传导机制和界面形成过程，实现全固态锂离子电池发展和应用。

2. 高效 ORR 催化剂与质子膜燃料电池技术

在该研究方向，实验室主要开展高效低成本的 ORR 催化剂合成与应用研究。

① 金属碳基催化剂合成及其 ORR 催化机理。以多孔碳的孔结构与表面化学官能团为研究对象，研究碳基催化剂孔结构对反应物传输、表面官能团对 ORR 催化及其孔结构与表面化学对 ORR 的共同影响机理。基于 ORR 机理研

究，研究开发单元素和多元素掺杂的多孔碳高效 ORR 催化剂。

② 基于多层次结构的多重 ORR 催化非贵金属催化剂合成与应用。研究合成由过渡金属位、（N/P/S）原子掺杂位、金属—氮键（Me—N_x）构筑的多层次结构的燃料电池阴极催化剂。通过研究多重 ORR 活性位催化及可能存在的协同催化效应，制备高效 ORR 催化剂，研究其在质子膜燃料电池中的应用特性。

3. 清洁高含能材料多氮化合物合成与应用

含能材料是发射药（火药）、炸药、推进剂等的主要成分，是实现推进、抛射、爆炸摧毁等目标的能量来源。多氮或聚合氮物质因氮氮单键或双键向氮氮三键转化释放大量的能量，一直以来是研究者追求的最佳候选者。通常来说，多氮化合物通常是指分子结构中含有多个氮原子直接相连的化合物。由于其高氮低碳氢含量及结构高张力，此类物质普遍具有高的生成热，且易于实现氧平衡。同时由于其分解产物为清洁的氮气，因此也是未来作为高密度能量材料在火药、推进剂等领域应用的重点发展对象。但是多氮化合物普遍存在制备方法复杂和稳定性差等不足。实验室主要基于五唑（五元氮环）的结构，开展新型化合物的结构设计和探索试验，重点研究结构和性能之间的协同作用机理。

三、辽宁省镁质材料工程技术研究中心

（一）简 介

辽宁省镁质材料工程技术研究中心（以下简称"工程研究中心"）成立于 2009 年，隶属于辽宁科技大学，是辽宁省镁质材料产业技术创新战略联盟落户依托单位，以及辽宁省镁产业研究院依托单位。工程研究中心对接海城菱镁新材料产业集群和大石桥镁产品及深加工产业集群，建立辽宁省工业产业集群镁质材料公共研发平台，为辽宁经济社会重点菱镁资源产业集群提供新产品开发和技术进步支撑，加速了镁质材料行业整体创新能力提升，推动了行业可持续发展和技术进步。

（二）研究机构与人才

工程研究中心下设菱镁矿选矿提纯研究所、新型窑炉研究所、镁质耐火材料研究所、镁建材研究所、镁化工研究所。现有教学科研人员 40 余人，其中

教授6人，副教授及高级工程师17人，博士生导师3人，硕士生导师17人，具有博士学位者12人，聘任国内外知名学者兼职教授12人。

（三）主要研究进展

工程研究中心是辽宁科技大学具有鲜明特色的教学、科研单位，其紧密结合辽宁省丰富的菱镁资源及其技术开发趋势，以及冶金、建材、化工、机械等领域的技术发展需求，从具有自主知识产权、具有重大科技成果，以及具有较高应用基础理论水平出发，在高温工业新技术用镁质耐火材料、菱镁矿提纯及镁资源高效利用、新型镁合金及其深加工三大方向建立研发创新团队，开展科学研究和科技开发工作。

工程研究中心拥有齐全的镁质耐火材料、镁质建筑材料等研究与检测设备。工程研究中心的物相检测设备XRD、微观结构检测SEM等研发设备具备国际先进水平。

近年来，工程研究中心围绕钢铁冶金、建材、有色金属等领域用高温材料进行广泛、深入、系统的研究与开发，尤其在新型碱性耐火材料领域成果显著，和全国几十家企业建立科技开发合作关系，为企业创造了可观的社会效益和经济效益。

（四）研究成果及关键技术

工程研究中心承担国家、省、市、企业各类科研项目百余项，其中国家"十二五"科技支撑项目6项，国家自然科学基金项目4项，国家级校企合作教改项目1项，辽宁省科技厅、经信委项目30余项，市级及企业项目60余项，总经费5000余万元，曾获国家级星火计划奖1项，省部级科学技术进步奖一等奖4项，二、三等奖5项及市级科技进步奖12项，专著及主编教材8部，获得国家发明专利20项，每年发表论文近百篇。与国内30余家耐火材料企业有紧密合作关系，每年有2~4项科研成果转化，取得了显著的社会效益和经济效益。

第四节　抚顺市

辽宁石油化工大学石油化工重点实验室

（一）简　介

辽宁石油化工大学石油化工重点实验室是辽宁省高等学校重点实验室，地处我国重要的石化工业基地抚顺市，现有建筑面积10000平方米，仪器设备总值超过3500万元。实验室与辽宁乃至全国的石化企业长期合作，充分发挥辽宁石油化工大学、抚顺石化研究院和抚顺石化公司的条件优势，以"立足辽宁、面向全国、服务石油石化"为宗旨，为我国石油化工产业发展、东北老工业基地振兴作出了重要贡献。

（二）研究机构与人才

实验室依托辽宁石油化工大学建设，拥有一支实力非常强的科研队伍。团队现有科研人员24人，其中教授16人、高级工程师1人、副教授4人、讲师3人。近年来先后培养博士后2人、博士研究生10人、硕士研究生200余人。

辽宁石油化工大学石油化工重点实验室主任为宋丽娟教授，博士研究生导师，辽宁省领军人才计划入选者，国务院政府特殊津贴获得者。多年来，一直从事以沸石分子筛等多孔材料为催化剂或吸附剂的反应及分离过程的应用及基础理论研究工作。自1995年起长期在英国爱丁堡大学L.V.C.Rees教授实验室学习与工作，参与了用于催化剂性能研究的频率响应仪的研制、开发和应用工作。作为负责人和主要责任人，先后主持和参加英国工程及理学研究基金（EPSRC）和皇家学会项目3项、国家重点基础研究发展计划（"973计划"）项目1项、国家自然科学基金项目8项、省部级项目16项，取得了许多处于世界领先水平的研究成果，所得成果10多次被国际会议选为大会特邀报告。先后获部级科学技术进步奖二等奖1项、三等奖2项，市级科学技术进步奖一等奖1项、二等奖2项，通过部级科技成果鉴定3项。申请专利5项。在国内外核心期刊发表论文70余篇，其中SCI收录25篇，所发表的论文被SCI文献引用100多次。

（三）主要研究进展

实验室的主要研究方向及研发内容涵盖石油化工的许多重要领域，包括新型催化材料及工艺开发、清洁燃料生产工艺与催化剂研发、重质油深度加工新技术、石油加工和石油化工助剂开发、精细有机化工合成中的均相和多相催化剂研发、多相催化过程的分子模拟计算、胶体稳定性等领域。在国内外首次将微波辐射技术应用于石油化工催化反应过程，同时首次将灰色系统理论应用于色谱理论研究，其部分技术处于国际领先水平，得到英国皇家学会、国家自然科学基金委及中国石油化工集团公司的重点资助。

实验室与美国 Osbert 公司在辽宁省科技厅的资助下共同建立了顺博石化工程技术中心，与英国 HIDEN 公司合作建立了国内首家智能重量分析仪培训中心，同时与俄罗斯乌法国立石油技术大学、美国阿拉巴马大学工学院、芬兰高高拉综合学院、匈牙利科学院化学所等科研机构建立了长期、密切的合作关系。实验室从中国石油化工集团公司、中国石油天然气股份有限公司及其下属企业抚顺石化公司、锦西石化公司、盘锦石化公司，以及锦西化工集团公司、辽宁盘锦兴达股份有限公司、辽宁倍达化学有限公司等企业获得了大量资金，进一步完善了科研设备，为实验室的发展提供了坚实的保证，使实验室的教学、科研及人才培养不断提高层次、提高水平。

（四）研究成果及关键技术

自创建以来，实验室承担、主持和参加各类科研项目共 100 余项，其中国际合作项目 3 项、国家级项目 10 项、省部级项目 60 余项；获国家级科学技术进步奖 1 项、省部级科学技术进步奖 10 项；共获专利 30 余项，与企业签订技术开发和转让合同 20 余项，在科研成果转化及服务地方经济建设等方面均取得了可喜的成效。先后有"膨胀床合成甲基叔丁基醚（MTBE）工艺及产品分离技术""催化裂化轻汽油临氢醚化催化剂生产技术""FS 法柴油非加氢精制成套技术工业应用""润滑油基础油络合脱氮精制剂技术""润滑油调合试验人工神经元网络系统""石化产品分析测试条件优化及数据处理系统"等科研成果在石化企业推广应用，国内外首套催化裂化轻汽油临氢醚化生产清洁汽油工业生产装置已经在抚顺石化公司实现工业化。

第五节 丹东市

一、辽宁省硼精细化工工程技术研究中心

（一）简 介

辽宁省硼精细化工工程技术研究中心以丹东市化工研究所有限责任公司为技术依托成立，以丹东地区丰富的硼砂、硼酸为基础原料，与相关国际友人密切合作，追踪国际先进技术，开展各种硼精细化工产品的研究与开发。中心以产业化为目标，以经营效益最大化为核心，采用现代企业的运作模式，严格实行管理委员会领导下的主任负责制，实行矩阵式的管理模式。中心下设职能部门，职能部门负责中心各项管理工作，以保证中心健康发展。中心加强研究与发展部门建设，保持中心在基础创新和技术开发上的领先地位。产业化基地负责技术成熟产品的产业化工作。各个部门各负其责、协调配合，增强管理的灵活性和市场适应性，建立高速高效的管理体制，逐步与国际市场接轨。

（二）研究机构与人才

辽宁省硼精细化工工程技术研究中心的主要负责人为倪坤。中心拥有多名科研人员，同时聘请了德国 RD Consulting 公司的 Ralf Damasch 先生，开展技术交流与合作。

倪坤，现任丹东市化工研究所有限责任公司董事长兼总经理，高级工程师。曾被丹东市政府授予有突出贡献的青年科技工作者称号，是中国化工学会无机酸碱盐专业委员会无机盐行业硼化物专家组组长、辽宁省非金属矿工业协会硼行业分会副会长、丹东市科技评审专家。完成的科研项目有：大单晶六方氮化硼、类球型多晶六方氮化硼颗粒、二硼化钛、二硼化锆粉末的碳热还原法制备，无定形硼粉制备等，多项成果获省、市科学技术进步奖，其中无定形硼粉的制备方法获得国家发明专利。多年来一直坚持在科研一线与其他研究人员一道开展工作，研发新技术，使产品提质上档，积极参与国际市场竞争，除原有的杜邦、巴斯夫等世界顶级客户外，又与世界第二大氮化硼生产商法国圣戈班先进陶瓷公司实现联合，进一步扩大了国际市场的销售能力。

(三)主要研究进展

① 硼精细化工产品从大类上可分为无机硼化物和有机硼化物,中心重点研究无机硼化物产品,在此基础上相继开发和研究市场急需且技术含量高的系列有机硼化物,以此作为储备项目。

② 对技术成熟的产品进行中试及产业化,为硼精细化工行业提供先进的合成工艺和优质的产品。

③ 借鉴国外著名企业的发展经验,以国内、国外对含硼化合物的需求为出发点,采用先进技术,系统开发各种实用的含硼新材料产品,形成一个完整的硼化物系列产品链条和技术体系。

(四)研究成果及关键技术

中心近三年开展的关键技术攻关研究项目有:低镁含量B90A中试研究;热压氮化硼制品研究;$BN@SiO_2$复合材料的制备及中试放大;纳米-亚微米类球形氮化硼的中试;BN特种工业陶瓷产品的研发、超细TiB_2粉末的研制、两步法制备90硼粉的研究、高振实密度球形BN开发、无定形硼粉表面处理技术的研发、真空镀铝蒸发舟用复合陶瓷的研发。通过小试、中试完善工艺条件,实现新产品的产业化,最终形成独具特色的硼精细化工产品研发和生产基地。目前实现了六方氮化硼(大单晶六方氮化硼、类球型多晶六方氮化硼、导热用六方氮化硼、化妆品级六方氮化硼)、无定形硼粉、二硼化钛、二硼化锆产业化。目前可年产高性能六方氮化硼350吨、无定形硼粉30吨、其他产品(如二硼化钛、二硼化锆等)合计50吨。

二、辽宁省硼铁资源开发专业技术创新中心

(一)简 介

辽宁省硼铁资源开发专业技术创新中心成立于2014年,始终致力于低品位硼镁铁矿的综合利用研究和硼精深产品研发。中心现拥有2216平方米的中试车间,多项研发成果成功转化,生产出偏硼酸钠、过硼酸钠、氮化硼、碱式碳酸镁、活性氧化镁等产品。多年来坚持"以硼为主,综合利用",自主创新成果获得授权发明专利7项,已授权实用新型专利10项;在审发明专利4项,

实用新型专利 2 项；注册商标 3 项。

（二）研究机构与人才

辽宁省硼铁资源开发专业技术创新中心负责人为代英秋，拥有夏中柱、鄂继涛等多名科研人员，主要研发硼镁精深产品、硼镁铁矿精准连续化开采技术、200 万吨/年含镁球团工艺、清洁煤气应用于硼化生产工艺等。

（三）主要研究进展

中心的主要研究方向为含硼镁铁资源综合利用、放射性固废多元组分综合回收和硼精深产品研究开发。

近 3 年发表代表性论文 3 篇，分别为《管状形貌 3.5 水硼酸锌的制备及工艺条件探讨》《复杂共伴生硼镁铁矿矿化联产综合利用工艺研究》《辽宁翁泉沟硼镁资源合理开发与应用》。

（四）研究成果及关键技术

近年来，中心多项成果获得奖项，"低品位硼镁铁矿硼镁联产与综合利用"获无机盐科技奖，"低品位硼镁铁矿镁资源回收与应用研究"获首钢总公司科技进步奖三等奖。

三、辽宁省超高功率石墨电极材料专业技术创新中心

（一）简　介

辽宁省超高功率石墨电极材料专业技术创新中心由辽宁丹炭科技集团有限公司和沈阳理工大学联合建立。其依托单位辽宁丹炭科技集团有限公司资产总额 3.5 亿元，主厂区占地面积 34 万平方米，建筑面积 1.4 万平方米；白旗厂区占地面积 1.7 万平方米，主要是石墨化生产工序。辽宁丹炭科技集团有限公司新建成辽宁省超高功率石墨电极材料专业技术创新中心的研发用房，共计 1121 平方米。

（二）研究机构与人才

中心负责人为刘洪波，拥有蒋莉、杨云川、袁志刚等多名科研人员。

刘洪波，主要从事炭石墨材料的基础理论研究与应用技术开发。近年来先后承担或参加国家"973计划"课题2项、国家自然科学基金项目4项、国家"十一五"支撑计划项目1项，教育部军工基础研究项目1项，省、市等地方政府项目及与企业合作的横向课题50余项。在国内外期刊发表论文170余篇，获得中国发明专利8项。

（三）主要研究进展

中心主要从事大规格（直径≥600 mm）超高功率石墨电极的原料精细化智能加工技术、成型与致密化关键技术和石墨化关键技术研究。

第六节　锦州市

一、锦州市金属材料研究所

（一）简　介

锦州市金属材料研究所成立于1998年，是一家专门从事冶金技术、冶金新材料研制和开发应用的高新科技型研究所，下设锦州市四海金属有限公司（专业生产各种铁合金粉剂）、锦州世通贸易有限公司（国际贸易）、WEL MINING P/L（铬矿、铬铁），集科、工、贸于一体，拥有10多年的研发和生产经验，具有自营产品进出口权。注册商标JZMM。主要产品有锆铁、氮化铬粉、铪粉、碳化铬粉、铜硼、氮化钛、超细锆粉、铜镁、氮化铬、碳化铬等。产品广泛用于军工火工品、电工触头、热等静压靶材、炼钢及高性能合金用添加剂、物理表面改性、硬面材料及药芯焊丝等领域。研究所在不断将科研产品推向国内市场，扩大市场占有率的同时，也加强国际贸易往来，产品已远销多个国家和地区。

（二）研究机构与人才

研究所现有职工105人，其中大专以上学历的科技人员21人，从事研发人员9人。研究所设有专门的研发部门，跟踪市场，自主研发新产品及工艺改进、科技攻关，具有较强的研发能力，同时与高校、科研院所建立密切联系，开展技术协助、研发合作。

（三）主要研究进展

研究所主要研究真空冶金、粉末冶金、自蔓燃高温合成材料、消气剂等，产品主要是以锆、铬、钒、钛、锰、钨元素为重点的各类金属、金属合金及化合物，特别是锆系产品，品种繁多，质量符合国家标准，并制定了相应的企业标准，在国内同行业中处于领先地位。研究所可根据市场及用户的需求采用不同的工艺方法生产多种标准或非标准的金属合金和粉末，产品广泛应用于电工触头、焊条、硬面材料、热喷涂、磨具、太阳能热水器、照明器材、炼钢、合金添加剂等民用及军工领域。

（四）研究成果及关键技术

1. 电点火具用超细金属锆粉的生产方法

一种电点火具用超细金属锆粉的生产方法，步骤如下：制得脆性氢化钙，将氢化钙料块再装入球磨罐中球磨制粉，制得氢化钙粉作为还原剂；将氧化锆粉、氢化钙粉、氧化钙与氧化镁粉末混合物混合球磨，混合料在氩气保护条件下加热还原，恒温，制得还原金属锆粉混合体；将还原金属锆粉混合体破碎，加入纯水中溶解，然后加入盐酸中形成可溶性氯盐，使还原金属锆粉与其他杂质分离；用纯水洗涤至pH值中性，进行超细化球磨制粉；球磨后通过500目筛网，分盘烘干，得到超细金属锆粉。有益效果是：增加还原产物出炉操作的安全性，有利于还原金属锆粉超细化制粉生产，实现可重复性生产，制得的超细金属锆粉的平均粒度为1.0~3.0 μm，活性锆质量分数大于80%。

2. 粗粒度碳化铬粉的制备方法

一种可简化工序，节约能耗，提高制粉工序合格品率，更好地满足硬面材料、药芯焊丝、高温合金等行业制备耐磨、耐腐蚀、抗高温氧化新材料需求的粗粒度碳化铬粉的制备方法，步骤如下：将三氧化二铬粉与碳配料，加入黏结剂混匀；混匀后用压力机压制成型；将成型料块置于高温真空感应加热炉石墨坩埚内，抽真空，送电加热升温，维持真空度在200~400 Pa；三氧化二铬粉与碳真空碳化反应生成碳化铬，碳化反应温度控制1350~1550 ℃，碳化反应时间8~15 h；真空度小于100 Pa，碳化反应完成，向炉内充入氩气，炉内压力控制在 40~80 kPa，然后提高加热功率熔化碳化铬烧结体，得到碳化铬熔锭；将碳化铬熔锭用机械方法破碎成粒度小于 10 mm 的颗粒，用冲击式破碎机制粉，通过 60 目筛，制成粗粒度碳化铬粉。

二、辽宁省汽车材料轻量化工程技术研究中心

（一）简　介

2010 年 10 月，辽宁省科技厅批准辽宁工业大学成立辽宁省汽车材料轻量化工程技术研究中心。中心立足于解决汽车轻量化发展过程中遇到的冶金与材料方面的基础问题，同时加强本领域新技术的自主创新与引进吸收，进而带动地方乃至全省、全国的轻量化汽车材料产业链。中心占地面积 2000 平方米，仪器设备总额 1450 万元。中心与省内外多家企业建立良好的合作关系，对 9 家企业开展技术咨询服务。

（二）研究机构与人才

中心现有人员 21 人，其中科研人员 18 人，平均年龄 47 岁，具有博士学位者 19 人，高级职称 19 人，中级职称 2 人。

（三）主要研究进展

中心主要研究方向：高硅铝合金组织控制新技术及其在汽车缸套中的应用、汽车高强度薄钢板的成分设计与轧制工艺过程控制、汽车重要零部件毛坯精化技术和激光焊接技术。

中心现承担国家和省部级项目 10 余项、横向课题 5 项，发表学术论文 100 余篇，获授权专利 20 余项。

三、光伏材料省级重点实验室

（一）简　介

2009 年 11 月，辽宁省科技厅批准辽宁工业大学成立光伏材料省级重点实验室，依托单位为辽宁工业大学材料科学与工程学院。实验室是在辽宁省政府

规划下锦州市着力打造中国北方光伏产业基地的背景条件下建立的，其目的是为地方产业增长提供科研技术与人力资源服务。

（二）研究机构与人才

实验室现有人员16人，其中科研人员15人，平均年龄48岁，具有博士学位者14人，高级职称14人，中级职称2人。

（三）主要研究进展

目前实验室主要研究方向为短流程多晶硅冶金技术与染料敏化电池光阳极制备技术。

四、汽车新材料省级重点实验室

（一）简　介

2007年7月，辽宁省科技厅批准成立汽车新材料省级重点实验室，依托单位为辽宁工业大学材料科学与工程学院。实验室是在原高校重点实验室基础上，通过进一步凝练科研方向、整合科研队伍，并在打造辽宁省汽车零部件产业基地的背景条件下建立的。经过近三年的发展，实验室已初具规模，占地面积2500平方米，拥有X射线衍射仪、激光扫描共焦显微镜、真空热处理炉、电子拉伸试验机、磁性测量仪、电化学工作站、真空管式炉与等离子发射光谱等重点实验设备21台。

（二）研究机构与人才

实验室研究人员总计22人，其中具有博士学位的21人；教授11人，副教授8人，讲师3人；博士生导师2人，硕士生导师20人；学术带头人5人，中青年专家8人；研究人员中50岁以上的有5人，40—50岁的6人，30—40岁的9人，30岁以下的2人。实验室形成了液态金属外场处理、计算材料学、先进陶瓷材料研究、金属凝固理论与控制技术、汽车零部件轻量化技术5个研究团队。实验室与北京科技大学、东北大学等高校联合培养已毕业博士研究生4名，自主培养已毕业硕士研究生80名、工程硕士研究生5名。

实验室主任是常国威教授，2004年入选辽宁省领军人才计划。主要从事金属凝固理论与控制技术、金属材料组织与性能、铸造过程原理与技术研究工作。先后承担国家自然科学基金面上项目4项、省部级项目8项。获辽宁省科学技术进步奖三等奖1项。获发明专利4项，发表SCI收录论文50余篇，出版《金属凝固过程中的晶体生长与控制》专著1部、《金属凝固原理与控制技术》教材1部。

（三）主要研究进展

近年来，实验室承担各类科研项目近40项，其中国家级8项、省部级7项、市厅级18项、横向协作项目4项。获省科学技术进步奖三等奖2项。出版专著2部；发表论文90篇，被SCI、EI等检索学术论文30余篇；获发明专利6项。实验室与澳大利亚伍伦贡大学、日本物质材料研究机构、新加坡南洋理工大学和香港理工大学等著名研究机构建立了良好的协作关系。实验室部分研究骨干多次出国开展访问进修及科研合作。

（四）研究成果及关键技术

实验室主要进行了用合金价电子结构参数探索结构钢淬火回火力学性能理论计算的研究，汽车用钛、铝、镁合金微结构与性能的价键理论研究，电脉冲改善铝铜合金宏观偏析的作用机理及其对组织性能影响的研究，铝硅合金熔体结构及电脉冲变质机理的研究，电脉冲处理对铝铜合金铸态结构及其耐蚀性影响的研究，包晶反应产物侧向生长速度的研究，汽车空调机配件用半固态高强耐热铝硅合金及制备技术的研究，新型高强高韧钛合金设计，镁合金板坯连铸工艺与轧制性能的研究，轿车外车身用6111铝合金板的织构演变，A390斜盘组织细化及近终成形工艺开发，对向剪切搅拌法制备铝合金半固态材料的研究。

第七节　阜新市

一、辽宁省矿物材料与矿用材料工程研究中心

（一）简　介

辽宁省矿物材料与矿用材料工程研究中心成立于2016年，依托辽宁工程

技术大学。中心以高性能、高性价比或高附加值的矿物材料和矿用材料为研究目标，主要任务是丰富和发展矿物材料和矿用材料学科的新理论、新方法和新工艺，推动矿业工程和材料工程的学科发展和技术进步。中心以矿物材料和矿用材料为研究方向。其中，矿物材料研究方向主要以天然采出矿物资源及其二次资源为研究对象，研究矿物材料的成分和结构设计、合成制备和改性相关的理论与技术，注重从采出矿物开始到制成材料产品整个过程中矿物的组成、结构与性质的演变规律及机制研究；矿用材料研究方向主要以采矿工程和安全工程使用的工程材料为研究对象，进行矿用材料的成分和结构设计、制备改性及应用相关的理论与技术研究，注重矿用材料与采矿复杂工程环境之间的相互作用研究，以提高矿用材料性能、延长矿用材料服役寿命。

（二）研究机构与人才

中心主任为杨绍斌教授，现任辽宁工程技术大学材料科学与工程学院院长，辽宁省化工学会煤化工专业委员会常务理事，阜新市环境科学与工程学会理事，辽宁工程技术大学材料学、应用化学与生物技术的学科带头人，辽宁工程技术大学优秀跨世纪人才培养人选。

作为矿物加工方向的博士生导师和材料学方向的硕士生导师，现指导博士研究生1人、硕士研究生14人。主持完成企业产品开发课题多项，其中高性能石墨负极材料制备项目申请相关的国家发明专利6项。主持和参加了各类纵向课题的研究工作。在 Carbon 等国内外期刊发表学术论文30余篇，有多篇被 SCI 和 EI 检索。学术兼职有：中国金属学会材料科学分会理事、中国硅酸盐学会矿物材料分会理事、辽宁省材料学会纳米材料专业委员会副理事长、辽宁省化工学会煤化工专业委员会常务理事、辽宁省地下工程特种材料工程中心主任、辽宁省材料类专业实验示范中心主任。

（三）主要研究进展

① 功能矿物材料方面主要以天然矿物及其二次资源为原料，开展纳米矿物材料、新能源矿物材料、吸波矿物材料、环境矿物材料及其他功能矿物材料制备、改性及应用相关的理论与技术研究。

② 复合矿物材料方面主要以天然矿物及其二次资源为原料，开展矿物/金属、矿物/高分子和矿物/矿物等复合矿物材料制备和改性相关的理论与技术研究。

③ 特种矿用材料方面主要开展采矿工程和安全工程特殊需求的加固材料、充填密闭材料、堵水材料、防灭火阻化材料、支护加固和矿山装备工程材料等特种矿用材料的制备、改性及应用相关的理论与技术研究。

中心研究人员先后承担"石墨层间距的可控调节及可逆储钠性能研究""沸石模板法制备介孔吸波材料研究""碳酸镁晶须的微观结构演变规律及晶形稳定化研究""三水碳酸镁晶体微观形貌调控及其形成机理研究""煤炭伴生资源 – 粉煤灰活性 TIG 焊活性剂研究""煤炭用阻化剂的阻化机理基础研究"等 6 项国家自然科学基金课题，主持教育部博士点基金项目、中国博士后基金项目和辽宁省科技厅项目等 5 项。中心研究人员的研究成果获得国家科学技术进步奖二等奖 1 项、省部级奖励 6 项。在国内外期刊发表学术论文 700 余篇。科研项目经费总额超过 3500 万元，获得自主知识产权成果 30 项，其中近 20 项成果成功实现产业化。

（四）研究成果及关键技术

中心主持"相变限温聚氨酯注浆加固材料研制及其破碎煤岩体注浆应用研究""聚氨酯复合充填材料的研制及其破碎煤岩体注浆应用研究""刮板机堆焊耐磨涂层及齿轨热处理研究""玄武岩纤维增强聚酯复合锚杆研究""松软煤层高强瓦斯抽采钻杆研制""采煤机高耐磨截齿研究""液压支架立柱化学镀防护体系研究""长沟峪煤矿急倾斜厚煤层锚杆支护技术研究及应用"等横向重大课题 8 项。

二、辽宁省地矿工程特种材料工程技术研究中心

（一）简　介

辽宁省地矿工程特种材料工程技术研究中心成立于 2012 年。中心针对地矿工程特种材料进行研究与开发，以构建地矿工程特种材料研发技术平台、进行地矿工程特种材料及其制备技术的研发和推动产业技术的改造与升级为目标，力争成为国内技术领先、国际上有一定影响力的行业研发机构。

（二）研究机构与人才

中心主任为杨绍斌教授，现任辽宁工程技术大学材料科学与工程学院院

长,辽宁省化工学会煤化工专业委员会常务理事,阜新市环境科学与工程学会理事,辽宁工程技术大学材料学、应用化学与生物技术的学科带头人,辽宁工程技术大学优秀跨世纪人才培养人选。

现指导博士研究生 1 人、硕士研究生 14 人。主持完成企业产品开发课题多项,其中高性能石墨负极材料制备项目申请相关的国家发明专利 6 项。主持和参加了各类纵向课题的研究工作。在 Carbon 等国内外期刊发表学术论文 30 余篇,有多篇被 SCI 和 EI 检索。

(三) 主要研究进展

经过多年的努力与积累,中心在封堵补强材料、支护加固材料和高耐磨材料等领域做了大量深入的研究工作,形成了自己的鲜明特色和优势,并取得突出成果。中心研究人员的研究成果获得国家科学技术进步奖二等奖 2 项("煤炭自燃理论及其防治技术研究与应用""煤矿冲击地压预测与防治成套技术")、辽宁省科学技术进步奖三等奖 2 项("镁合金热化学反应型纳米陶瓷涂层制备及性能研究""煤矿覆岩离层充填控制地表沉陷理论与技术体系研究")、中国煤炭工业协会科技进步奖一等奖 2 项、中国煤炭工业协会科学技术奖三等奖 3 项、山西省科学技术进步奖二等奖 1 项、阜新市科学技术进步奖一等奖 2 项,获批专利 13 项,发表高水平论文 180 余篇。

(四) 研究成果及关键技术

在封堵补强材料领域,研究的新型封堵补强材料已经成功应用于地矿封堵补强工程,性能达到国内同类产品的领先水准。中心人员主持参加了"煤炭自燃机理及预防技术基础"等国家自然科学基金重点项目和"固流热耦合作用下深部低渗透不可采煤层存储 CO_2 驱替回收煤层 CH_4 的应用基础研究"等国家自然科学基金项目,同时与企业合作完成 10 余项课题的研究。

在支护加固材料领域,研究的金属锚杆和纤维增强复合锚杆已经在矿山领域获得成功应用和推广。中心人员与平顶山煤业集团等单位合作,完成横向课题近 10 项。

在高耐磨材料领域,研制的刮板运输机耐磨衬板材料达到行业领先水平;利用堆焊技术制备的超耐磨复合材料达到国内领先水平;研制的特种耐磨陶瓷涂层材料在我国地矿工程应用领域处于领先水平;利用激光熔覆技术制备的耐磨复合材料被大量应用于矿山工程,取得巨大的经济效益。中心人员主持完成了"镁合金热化学反应型纳米陶瓷涂层制备及性能研究"等辽宁省自然科学基金项目,与企业合作完成横向课题20余项。

第八节 辽阳市

一、辽宁奥克化学股份有限公司技术中心

(一)简 介

辽宁奥克化学股份有限公司技术中心,是该公司技术管理和研究开发的专业机构。技术中心于1994年成立,2002年被批准为辽宁省省级企业技术中心,2004年被批准为辽宁省首批民营企业博士后科研基地,2005年被批准为辽宁省省级企业工程技术研究中心,2008年被批准为国家级企业博士后科研工作站,2012年通过国家级企业技术中心认定。

技术中心下设6个研究室、1个专家委员会和1个分析测试部等职能机构,有一支由专家、教授等拥有博士学位的高素质人才组成的创新团队,同时配备功能完备的现代化实验设施和先进的仪器设备。技术中心致力于开发具有国际先进水平和领先水平的环氧乙烷精深加工方面的新产品、新技术和新装备,为实现公司的持续、快速、健康发展提供源源不断的技术支撑。

(二)研究机构与人才

技术中心现有研发人员40多名。主要负责人为刘枫,现任辽宁奥克化学股份有限公司技术中心烷氧基化材料应用研究室主任。自2012年加入奥克以来,始终致力于环氧乙烷精深加工衍生产品的研究开发与创新,尤其是聚羧酸减水剂聚醚产品的开发与市场推广工作。负责公司新产品设计、开发、策划及管理工作,担任公司多个研发项目的负责人。参与的早强型聚羧酸减水剂专用聚醚及其应用技术开发项目于2016年通过了由中国建材联合会与辽宁省经信委联合组织的新产品鉴定,达到国际领先水平。参与的高性能聚羧酸减水剂聚醚产品的应用技术开发及推广工作也取得了丰硕成果,产品已累计销售数十万吨。同时,在高性能和功能化聚羧酸减水剂聚醚等环氧衍生精细化学品的创新产品技术开发方面,取得一系列成果。申请发明专利2项,发表行业学术论文2篇。

（三）主要研究进展

近年来，技术中心与中国科学院过程工程研究所深度融合创新开发的万吨级碳酸乙烯酯中试技术属世界首创、国际领先，并且不断开发国内领先、国际先进的绿色低碳的环氧衍生精细化工与新能源新材料，进一步研发环氧衍生绿色低碳新工艺、强化传质新技术、碳中和集成技术。

（四）研究成果及关键技术

1. 减水剂用高活性聚醚开发及产业化项目

这一项目通过了由中国石油和化学工业联合会组织的科技成果鉴定。技术中心创新开发了复合金属催化体系，提升了乙烯基乙二醇醚乙氧基化反应活性，合成的聚醚单体具有双键保留率高、合成过程无水产生、相对分子质量分布窄、颜色浅等特点。同时，该聚醚单体具有较高的聚合活性，显著缩短了聚羧酸减水剂的合成时间，提高了生产效率。所制备的聚羧酸减水剂与混凝土其他材料相容性好，具有较好的抗泥性能。此外，使用该聚醚单体合成减水剂不需要热源，可在常温条件下进行，由于其具有特殊结构，合成的聚羧酸减水剂具有更好的减水性能和地材适用性。

2. 发展环氧衍生新能源电池新材料绿色低碳系列产品

技术中心研发的"二氧化碳合成碳酸二甲酯联产乙二醇中试装置"陆续开发出工业级和电池级碳酸乙烯酯、碳酸二甲酯产品，该项目实现电解液溶剂产能达到 3 万吨 / 年以上，年消耗 CO_2 1.5 万吨，能耗折算 CO_2 消耗量 0.88 吨（1 万吨 EMC 消耗能耗折算成 CO_2 2944 吨），达到减排 CO_2 0.62 万吨。技术中心将继续开发绿色低碳的环保型产品，在日后的环保管理工作中筑牢绿色屏障，为生态环境保护事业作出应有的贡献。

二、辽宁华星日化产业技术研究院

（一）简 介

辽宁华星日化产业技术研究院成立于 2020 年 6 月，隶属于辽宁圣德华星化工有限公司。研究院规划建设面积 7000 平方米，其中专家楼 2000 平方米，研发楼（含中试车间及孵化器）5000平方米，现有临时实验室500平方米。研究院的目标定位是服务国家与辽宁省的重大发展战略与重大需求，深入开展表面活性剂应用基础理论研究，研发表面活性剂及下游产品的新应用技术，构筑表面活性剂及下游产品技术研发和下游创新型企业孵化的区域中心平台。

研究院主要开发以天然脂肪醇为主要原料的阴离子、阳离子、非离子和两性等表面活性剂和精细化工产品，研究开发新型表面活性剂新产品、工业清洗剂、洗涤剂、化妆品和其他专用化学品等。研究院主要开展新型表面活性剂及下游日化产品、脂肪醇产品及高附加值衍生品、化工新技术与新型过程强化技术等方面的研发及产业化。同时，承接省、市，以及社会企业等委托的科学技术研究项目，并对外提供技术咨询、技术服务、技术转让、科技合作、培育孵化科技型企业等服务。

（二）研究机构

研究院设有表面活性剂技术中心、日化产品研发中心、精细化学品研发中心、精细化工生产新技术研发中心、日化及精细化学品检测中心、信息中心、创新型企业孵化器、放大实验室和中试车间、研究生工作站、成果转化部等机构与部门。

（三）主要研究进展

1."甲基丙烯酸高碳醇酯"项目研发情况

该项目产品以辽宁圣德华星化工有限公司生产的十二、十四、十六和十八等天然脂肪醇为原料，在企业内部形成原料—副产品—原料的循环体系，可有效利用资源，延伸高碳醇产业链。产品主要用于油品降凝剂、减水剂等多行业领域。该项目已列入省科技厅2021"揭榜挂帅"项目。

2."氨基酸表面活性剂"项目研发情况

该项目产品是一种绿色可降解的新型表面活性剂，所用原料均为天然物质，产品刺激性小，主要用于高端洗面奶、高端化妆品，是未来日用化学品行业的发展趋势。该项目正与大连工业大学王大鹜教授团队合作进行前期小试研发工作。

3. "聚乳酸"项目研发情况

该项目产品是一种新型生物降解材料的原料，以企业现有副产品甘油为原料，可有效地利用企业副产品甘油，提高甘油高附加值。

（四）研究成果及关键技术

1. 一种 Cu/ 磷灰石纳米催化剂催化合成乳酸钙和氢气的方法

该项目提出了一种 Cu/ 磷灰石纳米催化剂催化合成乳酸钙和氢气的方法。应用 Cu/ 磷灰石纳米催化剂催化甘油合成乳酸钙和氢气，在最优条件下，甘油转化率为 100%，乳酸钙选择性为 95.2%，氢气收率为 98.0% 以上。乳酸钙反应液经浓缩结晶后，乳酸钙收率为 85.9%，乳酸钙纯度为 96.5%。

2. 一种脂肪醇聚氧乙烯醚羧酸盐的制备方法

该项目是一种脂肪醇聚氧乙烯醚羧酸盐的制备方法。工业生产中脂肪醇聚氧乙烯醚羧酸盐的制备方法中催化剂成本高，该项目针对现有技术提出以普通金属氧化物作为催化剂，与四苯基卟啉锌和次氯酸钠进行复配形成催化氧化体系的技术方案，达到降低脂肪醇聚氧乙烯醚羧酸盐生产成本，同时提高产品收率的目的。

3. 一种甲基丙烯酸高碳酯的提纯方法

该项目涉及一种甲基丙烯酸高碳酯的提纯方法，属于化工产品提纯技术领域。此方法提高了产品的纯度，使产品质量分数达到 99% 以上，且工艺过程耗时短，吸附剂易于去除，达到快速将杂质分离的目的。

第九节　铁岭市

铁岭橡胶工业研究设计院

（一）简　介

铁岭橡胶工业研究设计院始建于 1957 年，占地面积 2 万平方米，建筑面积1.2万平方米，是集混炼胶研发生产、橡胶制品研发设计生产、橡胶制品检测于一体的科研生产机构，是承担国家化学石油橡胶配件质量监督检验中心、辽宁省橡胶制品质量监督检验中心工作的专业科研单位。

（二）研究机构与人才

设计院现有职工187人，其中教授级高级工程师5人、副高级工程师3人、工程师20人；有全自动混炼胶生产线两条，年产混炼胶5000吨，有通用橡胶加工生产设备200余台（套），有各种橡胶检测设备125台（套）。铁岭橡胶工业研究设计院院长是陈国瑞。

（三）主要研究进展

设计院技术力量雄厚，设备先进，可承揽研发生产各种混炼胶及橡胶密封制品。混炼胶产品有：丁腈橡胶、氟橡胶、硅橡胶、乙丙橡胶、氟硅橡胶、氢化丁腈橡胶等。橡胶密封制品有：橡胶密封圈、VITON-AED密封圈、橡胶膜片、橡胶弹簧、胶管阀制品、骨架油封、多肢密封、水封，以及各种异型液压密封件和各种聚氨酯橡胶密封件。产品广泛应用于核电、真空泵、燃气、机车、航空航天、油田、冶金、钢铁冷热轧、机械矿山、汽车、石化等领域。目前累计获得国家、省、市科技成果奖励67项，有50余项科技成果已转化。

（四）研究成果及关键技术

"年产二万吨复极式离子膜烧碱橡胶垫片"获原化工部科学技术进步奖一等奖，"单极式离子膜配套橡胶件"获原化工部科学技术进步奖二等奖，"本钢一米七轧机-1100多肢密封"获辽宁省科学技术进步奖三等奖，"核泵O形圈""污水提升泵站用吸入室内衬"获市科技进步奖一等奖，"页岩气水平井多段压裂可钻桥塞胶筒"获市科技进步奖二等奖。这些项目的研制成功，实现了国产化的目标，替代进口产品，产品技术水平国内领先，并得到推广应用。

第十节　盘锦市

大连理工大学盘锦产业技术研究院

（一）简　介

2015年7月11日，盘锦市人民政府和大连理工大学共同组建大连理工大学盘锦产业技术研究院。研究院的定位是：围绕盘锦市企业和行业中的关键共性技术问题，为盘锦科技创新提供技术研发、工程设计、人才培训、高新技术成果转化等服务；为盘锦市调整产业结构、培植新的经济增长点提供技术支撑，打造国内一流的集高端人才培养、科技研发、成果转化于一体的应用科研机构。

研究院依托大连理工大学重点学科和重点实验室，密切联合大连理工大学盘锦校区，建设一批省级以上工程技术中心、重点实验室、产业技术创新联盟，形成构架稳健、梯度合理的技术创新体系，成为大连理工大学服务、促进盘锦区域经济发展的产业化基地。

（二）研究机构与人才

研究院现有7个研究室，分别为膜科学与技术研究室、高端装备研究室、能源环境研究室、石油化工产品分析检测研究室、精密感知与控制研究室、技术经济与政策研究室、营养与微生态研究室，现有人员40余人，具有博士研究生及以上学历的20余人，科研经验丰富。

研究院院长为贺高红，大连理工大学教授、博士生导师。国家杰出青年科学基金获得者，第八届国务院学科评议组成员，国家基金委"创新研究群体"负责人，中国石化联合会"创新群体"负责人，享受国务院政府特殊津贴，国家有突出贡献专家，国家级领军人才计划入选者，中国化工学会会士，辽宁省"兴辽英才计划"杰出人才，辽宁省优秀专家、杰出科技工作者，辽宁省教学名师。两次获得国家科学技术进步奖二等奖及中国石油和化学工业联合会科技进步奖一等奖，获得中国石油和化学工业联合会科技创新团队奖、侯德榜化工科学技术奖、第十五届中国专利优秀奖、2017年日内瓦国际发明展览会特别嘉许金奖等。多年来主要从事膜分离过程、环保和过程工业节能改造等方面的研究，负责完成（在研）国家自然科学基金重大项目、国家自然科学基金重大科研仪器研制项目、国家自然科学基金石油化工重点项目、国家攻关项目、国家"863计划"项目、国家自然科学基金及横向课题80余项，其中40余项在企业生产上得到实施，减排CO_2超20万吨/年，为国家创造经济效益超5亿元/年，将我国炼厂气及VOCs处理技术提升至国际先进水平，为我国VOCs膜分离技术从跟跑到全球领跑作出重要贡献。

（三）主要研究进展

研究院营养与微生态研究室近年来取得多项研究成果。营养与微生态研究室近些年研究利用黑水虻幼虫处理餐厨垃圾，研究发现这种处理方式可以得到蛋白质、脂肪酸、几丁质等多种生物资源，其中黑水虻脂肪酸可用于饲料油脂、生物柴油、肥皂洗涤剂等材料的制备。将餐厨垃圾转化为昆虫脂肪酸这一研究具有重要的经济价值和固废循环意义。

（四）研究成果及关键技术

1. 含铜的MFI型沸石纳米晶及其制备方法

研究院研发了一种一步法快速合成含铜的MFI型沸石纳米晶的制备方法，合成步骤简单，合成效率高，产率达到95%以上，合成时间短。同时，本制备方法的结构导向剂和水用量小，具有成本低、环境污染小、有利于工业化生产等优点。

2. 黑水虻抗菌肽应用于畜牧养殖方面

研究使用尿素将餐厨垃圾C/N调至10∶1~21∶1，用其饲喂黑水虻幼虫，研究餐厨垃圾碳氮元素的生物转化、黑水虻抗菌肽（AMP）抑菌活性和转录组数据分析。结果表明，不同C/N组之间幼虫碳转化率相似，而幼虫氮转化率不同，C/N 16∶1~21∶1组氮转化率高于C/N 10∶1~14∶1组。C/N不改变抗菌肽（AMP）的抗菌谱，但影响抑菌活性，其中C/N 18∶1组抑菌能力最强。抗菌肽基因家族中，lysozyme基因比attacin, defensin和cercropin基因的表达更高。在51个lysozyme基因中，与C/N 21∶1组相比，C/N 18∶1和C/N 16∶1组分别上调（$P<0.05$）14个和12个基因，对应抗菌肽的活性更高。这些结果表明，C/N值的改变可以促进黑水虻体内抗菌肽的产生，提高其抗菌活性，提高

C/N 元素生物转化效率和抗菌肽基因的表达，为黑水虻抗菌肽应用于畜牧养殖提供了一定的理论基础。

第十一节　朝阳市

朝阳东大矿冶研究院

（一）简介

朝阳东大矿冶研究院由东北大学、朝阳天马集团联合组建。研究院充分发挥东北大学在基础研究、小试探索方面的优势，结合研究院业已建成的多条半工业、准工业生产线（悬浮磁化焙烧、短流程熔炼、装备研发、高效分选、浮选药剂合成及矿物材料制备），实施"基础研究、小试突破、中试验证、工程示范"一体化，努力为复杂难选矿产资源的清洁高效利用及节能降耗提供创新解决方案。

（二）研究机构与人才

研究院主要负责人为韩跃新教授，现任东北大学资源与土木学院院长、矿物加工学科教授，博士生导师，第六届中国金属学会选矿分会副主任，中国矿业联合会选矿专业委员会副主任，沈阳市政协委员等。

韩跃新教授的主要研究方向包括复杂难选矿产资源的高效开发与利用、高性能矿物材料的制备。针对复杂难选铁矿创造性提出了"预富集－悬浮焙烧－磁选技术"和"深度还原－磁选技术"，研究开发的硫酸钙晶须和纳米碳酸钙均已实现工业化生产。主持完成了国家自然科学基金项目3项、科技部重点基础研究规划项目2项、科技部高新技术产业化项目2项、科技部科技攻关项目2项、横向科研课题100余项。目前负责国家自然科学基金重点项目1项、科技部科技支撑计划项目1项、科技部国际合作重大项目1项，以及横向课题多项。

韩跃新教授已发表学术论文300余篇，出版学术著作4部，主编教育部地矿学科矿物加工专业规划教材1部，获国家发明专利6项，获省部级科学技术进步奖6项。

(三) 主要研究进展

1. 悬浮磁化焙烧

悬浮磁化焙烧是指将矿石在悬浮态和一定温度下进行化学反应，使矿石中弱磁性铁矿物转变为强磁性的磁铁矿或磁赤铁矿，再利用矿物之间磁性的差异进行磁选分离的技术。悬浮磁化焙烧主要是针对微细粒赤铁矿、菱铁矿、褐铁矿、镜铁矿等复杂难选铁矿石开发的创新技术，经悬浮磁化焙烧处理的物料后续选别可获得优异选别指标。

悬浮磁化焙烧技术可实现贫杂赤铁矿、菱铁矿、褐铁矿等复杂难选铁矿资源的高效利用。该技术的推广应用仅在中国就可盘活难选铁矿资源100亿吨以上。该技术的问世，是中国铁矿选矿领域甚至世界铁矿选矿领域的一次重大技术革命。自2007年起，东北大学针对难选铁矿石矿物组成复杂、共生关系密切等特点，将矿物加工、冶金和流体力学等多学科有机结合，突破磁化焙烧的传统观念，创造性地提出了"预氧化－蓄热还原－再氧化"悬浮焙烧新技术。经过近十年的不懈努力，开展了大量基础理论、工艺及装备的研究工作，获发明专利多项，填补了国内外铁矿石悬浮磁化焙烧领域的技术空白。

2. 多功能熔炼炉

多功能熔炼炉是由朝阳东大矿冶研究院研发的现代高效熔炼设备，属于行业推广技术装备，主要应用于镍等有色金属的冶炼。多功能熔炼炉的最大特点是以煤作为燃料和第一能源，并以少量的电替代焦炭，可降低成本，以最小的投入、最低的成本获得最大的经济效益。

多功能熔炼炉具有结构简单、原料适应性强、环境友好、能耗低、产率高、自动化程度高等特点，以投资小、见效快、制造建设时间短为优势，可广泛应用于镍、铜、铅等有色金属综合回收及冶炼领域，取得良好的实施效果。

(四) 研究成果及关键技术

1. 深度还原短流程熔炼技术（RBS技术）

RBS技术首先对物料进行深度还原，使金属化率达到70%以上，然后在熔池中利用喷煤（天然气）枪产生的热量，把物料加热到熔化状态，再利用电极加热熔体使渣铁分离，得到合格铁水。熔池产生富含一氧化碳的高温烟气，在回转窑燃烧室充分燃烧，加热矿石和煤并实施深度还原。回转窑和熔池炉体采用一体化配置，减少了热损失。

RBS 技术投资成本低，不需要焦炉制氧厂、烧结厂或球团厂，因此建设成本低；工艺中的回转窑、喷煤系统、电极加热、余热发电等都是传统工艺常用的设施，工厂建设相对简单；技术所使用的原料适应性广，可以处理高低品位氧化镍矿、钒钛磁铁矿、品位大于 45% 的难选铁矿。RBS 技术操作成本低，直接使用矿石和褐煤作为原燃料炼铁，不用焦炭、球团和烧结。RBS 技术将不可选含铁物料经深度还原、熔池熔炼转化为可深加工的液态金属，充分利用一次能源，生产流程短、热量集中，热损失环节少。RBS 工艺吸收了有色金属冶炼和 RKEF 工艺的生产经验，对原有工艺进行了优化。新的工艺提高了生产的稳定性，可有效节能降耗，便于生产操作，提高系统作业率。该技术的特点是：利用一次能源做燃料和还原剂，用少量的电能辅助完成冶炼的过程。适用于大型矿山且电能短缺而有煤炭的地区。可以改善红土矿直接还原工艺产品不成型、回收率低、不达产等缺陷。熔池的高温烟气干燥焙烧物料后再用烟气余热发电，可满足部分设备用电需求。

2. 塔磨陶瓷球

朝阳东大矿冶研究院针对磨矿能耗高、介质消耗大的问题创造性地研究开发了非铁介质（纳米陶瓷球）与新型专用搅拌磨机的优化组合技术。该新型绿色磨矿技术具有以下优点：大幅度节能，磨机电耗比普通塔磨机（研磨介质为钢球）降低 30% 以上；球耗大幅降低，可节约成本 50% 以上；延长磨机使用寿命，提高磨机的作业率；磨机轴瓦等部件的使用寿命可提高 50% 以上；避免铁离子对选矿的影响；等等。如东鞍山烧结厂二段磨机功率 9000 kW，三段磨机功率 4800 kW。采用新型搅拌磨机和非铁介质（纳米陶瓷球）组合，每年节电 4700 万 kW·h，每年节省钢球介质消耗 3300 吨，直接经济效益 4000 万元。

第五章 相关资料

表1 2022年度辽宁省新材料领域专精特新产品（技术）

序号	地区	企业名称	产品（技术）名称
1	沈阳市	新船化工（沈阳）股份有限公司	高强度重防腐高耐候特种涂料
2		沈阳中北通磁科技股份有限公司	低重稀土永磁材料
3		福耀集团（沈阳）汽车玻璃有限公司	汽车功能性安全玻璃
4		沈阳双骥橡塑科技有限公司	PVC封边条
5		沈阳天峰生物制药有限公司	药用高端磷脂
6		沈阳有色金属加工有限公司	大尺寸高纯铜旋转靶材
7		沈阳瑞镒立得科技有限公司	高效保温系列材料
8		沈阳金纳新材料股份有限公司	高性能镍基软磁合金
9		沈阳长信新材料有限公司	氮化硅结合碳化硅制品用微粉
10		沈阳市中色测温仪表材料研究所有限公司	变径式铠装热电偶
11		沈阳新橡树磁性材料有限公司	快淬钕铁硼永磁粉
12		沈阳宏晨工程材料有限公司	高性能防渗复合土工膜
13		沈阳瑞得塑料制造有限公司	新型聚三元乙丙橡胶密封条
14		沈阳有色金属研究所有限公司	B5Fe新型弹带材料
15		沈阳新歌特塑胶有限公司	汽车用改性高分子复合材料
16		沈阳东海包装材料有限公司	强韧型透气防水复合薄膜
17		辽宁富莱碳纤维有限公司	改性碳纤维石墨毡
18		沈阳爱克浩博化工有限公司	聚醋酸乙烯乳液胶黏剂
19		沈阳永晟伟业建材科技有限公司	热固复合苯乙烯泡沫保温板
20		沈阳芯贝伊尔半导体材料科技有限公司	半导体石英配件
21		沈阳慧通远达冶金技术研发有限公司	高氮钒比型氮钒合金
22		沈阳伟达玻璃加工有限公司	Low-E中空钢化玻璃
23		沈阳君茂保温材料有限公司	复合硅酸盐绝热制品

表1（续）

序号	地区	企业名称	产品（技术）名称
24	大连市	大连海外华昇电子科技有限公司	电子元器件用导电浆料
25		埃克诺新材料（大连）有限公司	高端轴承用氮化硅陶瓷球
26		正大能源材料（大连）有限公司	高性能甲醇制低烯烃催化剂
27		爱瑞德科技（大连）有限公司	高红外反射隔热膜
28		大连科利德光电子材料有限公司	高纯三氮化硼
29		大连高佳化工有限公司	高氯酸铵
30		逸盛大化石化有限公司	新型混合芳香二甲酸（Y-PTA）
31		大连奇凯医药科技有限公司	2，3，5，6-四氯苯酚
32		大连奥晟隆新材料有限公司	负极包覆材料
33		大连中海达科技有限公司	TPU 热塑性聚氨酯弹性体
34		大连来客精化有限公司	5，6-癸烯酸
35		大连源盛新材料有限公司	航空钛合金精密铸造用中温蜡
36		大连凯飞化学股份有限公司	苯酰菌胺
37		大连瑞克科技股份有限公司	丁炔二醇合成催化剂
38		大连双硼医药化工有限公司	叔丁基亚磺酰胺
39		大连九信作物科学有限公司	2-羟基-2-（4-苯氧苯基）丙酸乙酯
40		大连路阳科技开发有限公司	PEEK 改性材料及制品制备技术
41		大连九信精细化工有限公司	2-氟-6-三氟甲基吡啶（FTF）
42		大连隆星新材料有限公司	费托蜡 LS1105H
43		大连瑞源动力股份有限公司	镍钴锰氢氧化物 811
44		思成新材料（大连）有限公司	聚丙烯着色树脂
45	鞍山市	鞍山科顺建筑材料有限公司	弹性体改性沥青防水卷材
46		辽宁海华科技股份有限公司	抗碱水润滑脂及其制备方法
47		辽宁精华新材料股份有限公司	可降解塑料绿色环保专用填充料
48		辽宁艾海滑石有限公司	用于防火阻燃涂料的改性滑石及其制造方法
49		鞍山市奥鞍耐火材料有限公司	RH 精炼炉浸渍管

表1（续）

序号	地区	企业名称	产品（技术）名称
50		鞍山市德康磁性材料有限责任公司	高性能永磁铁氧体磁体
51		鞍山市正大炉料有限公司	新型绿色钢包耐材
52		海城市大德广消防门业材料有限公司	碳纤维硫氧镁水泥发泡防火门芯板
53		辽宁东和新材料股份有限公司	电熔镁砂
54		辽宁衡业高科新材股份有限公司	连续热处理高强度钢
55		后英集团海城市建筑材料有限公司	高掺量工业废渣硅酸盐复合水泥
56		鞍山市激埃特光电有限公司	红外硫系玻璃
57		抚顺东科新能源科技有限公司	碳酸乙烯酯
58		抚顺东联安信化学有限公司	二甲基丙烯酸乙二醇酯
59		抚顺东科精细化工有限公司	碳酸甲乙酯
60		抚顺罕王傲牛矿业股份有限公司	高品位纯净铁精粉
61	抚顺市	辽宁大化国瑞新材料有限公司	核纯级石墨粉
62		抚顺顺特化工有限公司	3，3-二甲基丙烯酸
63		哥俩好新材料有限公司	白乳胶
64		抚顺市清原助剂厂有限公司	新型环保有机过氧化物
65		辽宁润裕精细化工有限公司	聚羧酸改性聚醚单体
66	本溪市	辽宁爱尔创生物材料有限公司	口腔修复用氧化锆瓷块
67		本溪市陆博化工有限责任公司	水-乙二醇
68		丹东明珠特种树脂有限公司	D005-Ⅱs醚化树脂催化剂
69		丹东天皓净化材料有限公司	新型复合冲压式漆雾过滤棉
70	丹东市	忠世高新材料股份有限公司	钛合金油管
71		优纤科技（丹东）有限公司	尼龙56切片
72		辽宁鑫阳新材料科技有限公司	电缆料阻燃填充专用氢氧化镁
73		辽宁首钢硼铁有限责任公司	硼铁镁精粉
74		锦州东方雨虹建筑材料有限责任公司	耐老化改性沥青防水卷材
75	锦州市	锦州长城耐火材料有限公司	SA长城系列定型和不定型耐火材料
76		锦州市金属材料研究所	碳化铬
77		辽宁博芯科半导体材料有限公司	重掺半导体单晶棒

表1（续）

序号	地区	企业名称	产品（技术）名称
78	营口市	辽宁新洪源环保材料有限公司	高硅氧改性纤维过滤材料
79		辽宁三特石油化工有限公司	长效超级发动机润滑油
80		优尼克（营口）石油化工有限公司	工程机械用润滑油
81		营口风光新材料股份有限公司	高纯抗氧剂 YFK-1010
82		营口康如科技有限公司	碱式硫酸镁晶须
83		辽宁万鑫科技材料有限公司	新型环保增碳剂
84		辽宁新艺汉麻新材料科技发展有限公司	工业大麻纤维
85		营口四通高温新材料科技有限公司	冶金用耐火材料
86		营口营新化工科技有限公司	原甲酸三乙酯
87		营口高路宝润滑油有限公司	润滑油
88		特浦朗克化工（营口）股份有限公司	铝加工轧制油添加剂
89		辽宁圣诺美科技实业有限公司	煤制增碳剂
90	阜新市	阜新睿光氟化学有限公司	1，2，4，5-环己烷四羧酸二酐
91		阜新孚隆宝医药科技有限公司	四唑虫酰胺中间体
92		辽宁氟托新能源材料有限公司	联苯醇
93		阜新峰成化工科技发展有限公司	邻氰基溴苄
94		阜新市细河区源平实业有限责任公司	铁精粉
95		阜新清稷升科技有限公司	氟苯甲基氟苯邻氟溴苯2-氨基-4-氟苯甲酸
96		辽宁胜达环境资源集团有限公司	高性能再生涤纶短纤维
97		辽阳辽东精细化工有限公司	环丁砜
98		辽宁金谷炭材料股份有限公司	液流电池用电极石墨毡
99		辽阳恒业化工有限公司	精品戊二酸
100		辽阳康达塑胶树脂有限公司	钢制管道防腐保温用环保高性能改性聚烯烃专用料
101		辽宁裕丰化工有限公司	高纯度正己烷
102		辽宁意邦新型材料科技集团有限公司	水性防锈防腐工业涂料
103		辽宁晟钰新材料科技有限公司	水雾化铁粉生产技术
104		辽阳胜达再生资源利用有限公司	化纤用再生聚酯专用料
105		辽宁科隆精细化工股份有限公司	抗泥剂

表1（续）

序号	地区	企业名称	产品（技术）名称
106	盘锦市	辽宁女娲防水建材科技集团有限公司	TNW绿芯高分子膜基分子粘防水卷材
107		盘锦研峰科技有限公司	双（三甲基硅基）氨基锂
108		盘锦科隆精细化工有限公司	碳酸乙烯酯
109		盘锦三力中科新材料有限公司	耐高温尼龙
110		辽宁兴胜防水材料科技发展有限公司	改性沥青防水卷材
111		辽宁万鑫富利新材料有限公司	FFS重包装膜
112		巨奇塑胶（辽宁）有限公司	抗UV防老化母粒
113		盘锦洪鼎化工有限公司	三甘醇二异辛酸酯
114	铁岭市	铁岭贵鑫环保科技股份有限公司	从废催化剂中提取有色金属及贵金属
115		辽宁永达有色铸造有限公司	高铅青铜
116	朝阳市	朝阳明宇化工有限公司	专业生产不溶性硫磺、硫磺粉、母胶粒、增塑剂、塑解剂、分散剂、树脂等
117		辽宁省亿联盛新材料有限公司	高速钢轧辊
118		辽宁江丰保温材料有限公司	高密度聚乙烯、聚氨酯硬质泡沫预制直埋保温管
119		朝阳金美镓业有限公司	磷化铟多晶
120		朝阳金达钼业有限责任公司	精细化钼铁
121		建平盛德日新矿业有限公司	铁精粉
122		朝阳市征和化工有限公司	钴盐型黏合增进剂
123		朝阳通美晶体科技有限公司	砷化镓晶体
124		朝阳华兴万达新材料有限公司	丁基再生胶
125	葫芦岛市	葫芦岛市铭浩新能源材料有限公司	负极材料的原材料制备
126	沈抚示范区	抚顺天宇铝材有限公司	玻璃窑炉超净排放用超精细PTFE复合滤料
127		辽宁三环树脂有限公司	丙烯酸树脂

表2 2022年度辽宁省新材料领域专精特新中小企业

序号	地区	企业名称	主营业务	是否为2022年新增
1	沈阳市	沈阳中北通磁科技股份有限公司	30AH，38EH，44UH，48SH，50H，50M和N53等各系列烧结钕铁硼磁体	是
2		沈阳拓普新材料有限公司	钴基合金、钨基合金、镍基合金和金属陶瓷	是
3		沈阳有色金属研究院有限公司	高活性低氮量氯金酸开发，镍红土矿回转窑直接还原–选矿富集技术研发。烯丙基硫氨酯、乙氧羰基硫氨酯、丁氧羰基硫氨酯等新型高效选矿药剂	是
4		沈阳新橡树磁性材料有限公司	快淬钕铁硼合金磁粉和注射成型永磁体	是
5		沈阳宏晨工程材料有限公司	土工布、土工膜、无纺布、排水板、土工格栅、复合土工膜、工程纤维、软式透水管、盲沟、防水毯、复合排水网、格宾网、铅石笼等	是
6		沈阳新歌特塑胶有限公司	PP相容剂、PA增韧剂、PC/ABS合金相容剂、PBT增韧剂、复合材料等	是
7		沈阳科通塑胶有限公司	PP相容剂、POE相容剂、PBT增韧剂、POM增韧剂、改性PP塑料等	是
8		沈阳市新利兴有色合金有限公司	铅银、铅银钙锶、铅锡钙、铅锑等阳极板（二元及多元合金阳极板），铝制及316L阴极板；用于防腐、防辐射的铅及铅合金板；用于化工的铅及铅合金管；用于蓄电池行业的铅钙及铅锑合金；用于机械行业的铅基及锡基巴氏合金；各种异形管、棒、线等型材	是
9		沈阳汉科半导体材料有限公司	应用于半导体、FPD（第四代）和太阳能产业的石英产品	是
10		沈阳汇亚通铸造材料有限责任公司	酯硬化水玻璃及固化剂、碱性酚醛树脂及固化剂、温芯盒无机黏结剂及增强剂、冷芯盒用无机黏结剂及增强剂、CO_2硬化双组分树脂，以及偶联剂、铸造涂料等	是

表2（续）

序号	地区	企业名称	主营业务	是否为2022年新增
11		沈阳瑞得塑胶制造有限公司	三元乙丙橡胶（EPDM）、阻燃密封胶条、防火膨胀密封件、硅橡胶（MVQ）、热塑性弹性体（TPV）、改性聚氯乙烯（PVC）等橡塑制品	是
12		沈阳金纳新材料股份有限公司	耐蚀合金、高温合金、超高强度钢、软磁合金、电热合金、膨胀合金、高寿命模具钢、长寿命高速钢、镍铜合金等类型的合金产品	是
13		沈阳科金特种材料有限公司	不锈钢、碳钢、合金钢、镍基合金、钛合金，以及各种高温合金、特种合金锻件材料等	是
14		沈阳金安铸造材料股份有限公司	铸造用涂料（醇基、水基、粉状、膏状）、覆膜砂（铸钢覆膜砂、铸铁覆膜砂、有色金属覆膜砂、特种覆膜砂）、高性能不定形耐火材料（浇注料、可塑料、修补料、耐火涂料、火泥）、黑色金属、有色金属用定型预制件、石墨坩埚、南非铬铁砂、炉衬料（酸性、中性、碱性）、铸造用过滤网、造型砂粉系列、发热/保温覆盖剂、除渣剂、脱模剂、增碳剂、脱硫剂、黏芯胶、封箱膏、型芯修补膏、封箱泥条等	是
15	大连市	大连宏光锂业有限责任公司	动力型石墨、容量型石墨、倍率型石墨和普通型石墨四大系列锂离子电池负极材料	是
16		大连双硼医药化工有限公司	有机硼酸、硼酸酯、手性化合物等	是
17		辽宁利尔镁质合成材料股份有限公司	镁质系列合成耐火原料等	是
18	鞍山市	鞍山市和丰耐火材料有限公司	耐火定型制品、不定形耐火材料、大型耐火预制件、各类熔剂材料、连铸三大件功能材料及合金等	是

表2（续）

序号	地区	企业名称	主营业务	是否为2022年新增
19		海城新广源粉体材料有限公司	超细碳酸钙、活性碳酸钙、滑石粉、硅灰石、硫酸钡、白云石粉、碳酸钙、水镁石粉、氢氧化镁、阻燃剂、方解石粉	是
20		鞍山市德康磁性材料有限责任公司	高性能永磁铁氧体磁体等	是
21		鞍山炭素有限公司	普通功率电极、高体密电极、高功率电极、超高功率电极为主的炭素制品	是
22	抚顺市	辽宁大化国瑞新材料有限公司	等静压特种石墨和第四代核电站高温气冷堆用石墨材料	是
23		辽宁拜斯特复合材料有限公司	不饱和聚酯树脂、胶衣和色浆等	是
24	本溪市	本溪鹤腾科技发展有限公司	半导体材料、光学玻璃等	是
25	丹东市	丹东天光反光材料有限公司	反光材料	是
26		辽宁天桥新材料科技股份有限公司	二钼酸铵、四钼酸铵、七钼酸铵、高纯三氧化钼、钼粉、钼制品等钼化工及钼深加工产品	是
27	锦州市	锦州大业炭素制品有限公司	石墨制品、耐火材料、冶金炉料等	是
28		辽宁博芯科半导体材料有限公司	电子半导体材料	是
29		辽宁新艺汉麻新材料科技发展有限公司	工业大麻（汉麻）纤维	是
30	营口市	辽宁同新新材料科技有限公司	纳米晶带材、非晶纳米晶铁芯、非晶纳米晶线圈、互感器、变压器、非晶电机及器件、高温合金等	是
31	阜新市	阜新峰成化工科技发展有限公司	原料药中间体及含氟苯、吡啶衍生物等	是

表2（续）

序号	地区	企业名称	主营业务	是否为2022年新增
32	辽阳市	辽宁意邦新型材料科技集团有限公司	水性醇酸系列、水性丙烯酸系列、水性环氧系列产品等	是
33		辽宁金谷炭材料股份有限公司	PAN基氧化丝系列碳毡、石墨毡，黏胶基系列碳毡、石墨毡产品	是
34		辽宁科隆精细化工股份有限公司	聚羧酸减水剂系列、苯醚系列、羟基酯系列、UV光固化系列、涂料助剂、纺织印染助剂、建材助剂、新能源锂电新材料、SCR脱硝催化剂、臭氧氧化催化剂、抗菌剂、纳米氧化铈抛光液等精细化工产品	是
35		辽宁晟钰新材料科技有限公司	水雾化纯铁粉、预合金化铁粉、扩散合金化铁粉、电焊条用铁粉等系列产品	是
36	盘锦市	盘锦大奔金蚁橡胶制品有限公司	矿用钢丝输送带、铀井套管、油田封隔器胶筒、密封件	是
37	铁岭市	铁岭贵鑫环保科技股份有限公司	金属铼、钨、钴、钼、镍、铂、铱、钯、铈，催化剂等	是
38	朝阳市	金美镓业有限公司	金属镓及其化合物、氧化硼、磷化铟等产品	是
39		朝阳百盛钛业股份有限公司	海绵锆、海绵钛、精四氯化锆、精四氯化钛	是
40	葫芦岛市	葫芦岛市华能工业陶瓷有限公司	碳化硅陶瓷/钢复合制品和氧化铝陶瓷/钢复合制品为主的系列耐磨产品	是
41		葫芦岛市铭浩新能源材料有限公司	石墨化增碳剂、石墨负极材料、煅烧焦	是
42	沈抚示范区	辽宁三环树脂有限公司	丙烯酸树脂	是

表3 2022年度辽宁省新材料领域专精特新"小巨人"企业

序号	地区	企业名称	主营业务	是否为2022年新增
1	沈阳市	沈阳化工研究院有限公司	功能染颜料、着色材料、黏合材料、光学材料、弹性体材料	是
2		沈阳市辽河特种玻璃厂	机车玻璃、工业电子玻璃和超薄太阳能光伏玻璃等	是
3	大连市	大连华阳新材料科技股份有限公司	聚酯等高分子聚合物纺黏法非织造材料	是
4		大连联合高分子材料有限公司	热收缩护套产品、编织护套产品及其他功能高分子材料	是
5		大连奥晟隆新材料有限公司	锂电池负极包覆材料及碳纤维可纺沥青产品等	是
6		正大能源材料(大连)有限公司	MTO催化剂、分子筛等	是
7		埃克诺新材料(大连)有限公司	氮化硅阀座、氮化硅磁环、氮化硅陶瓷球、陶瓷粉、氮化硅导热基板、氮化硅发热体保护管、氮化硅防弹片、氮化硅磨盘、氮化硅线圈支架、氮化硅导辊等产品	是
8		大连隆星新材料有限公司	精制蜡及各种配方蜡	是
9	鞍山市	海城利奇碳材有限公司	苯乙酮、α-苯乙胺、金刚烷胺、1-金刚烷甲酸、盐酸金刚乙胺、1-金刚烷醇、苯甲酸、苯甲酸甲酯、苯乙胺、金刚烷甲酸等	是
10		辽宁奥亿达新材料有限公司	包覆沥青、沥青基碳纤维、热场材料、碳纤维材料	是
11	抚顺市	哥俩好新材料股份有限公司	胶黏剂、涂料、合成树脂、汽车用化学品等四大系列产品	是
12	本溪市	辽宁爱尔创科技有限公司	生物材料及相关产品等	否
13	丹东市	优纤科技(丹东)有限公司	生物基锦纶56纤维、锦纶66短纤等	是
14		辽宁丹炭科技集团有限公司	石墨电极、特种石墨、等静压石墨等产品	是

表3（续）

序号	地区	企业名称	主营业务	是否为2022年新增
15	锦州市	宝钛华神钛业有限公司	海绵钛、海绵锆等	是
16	营口市	辽宁融达新材料科技有限公司	泡沫铝及其复合制品、泡沫铝声屏障、汽车吸能盒和泡沫铝防撞梁、新能源汽车电池盒、泡沫铝装饰材料和家居用品等	是
17		营口圣泉高科材料有限公司	酚醛树脂、酚醛树脂泡沫系列板材及相关产品、聚氨酯泡沫材料及相关产品	是
18		辽宁新洪源环保材料有限公司	高硅氧纤维及制品、玄武岩纤维及制品、玻璃纤维及制品等	是
19	阜新市	阜新睿光氟化学有限公司	2,3,4-氯三氟甲苯、邻三氟甲氧基苯磺酰胺异氰酸酯、4-甲基-5-甲氧基-1,2,4-三唑啉-3-酮、1,3-二氨基异丙醇、三氟甲氧基苯胺、4-三氟甲氧基苯酚等	是
20	辽阳市	辽阳辽东精细化工有限公司	环丁砜、十六烷值改进剂等产品	是
21		辽阳宏图碳化物有限公司	碳化硅、二硅化钼、碳素制品等	是
22	盘锦市	盘锦研峰科技有限公司	为半导体行业提供掺杂用硼类新材料和原子层积用高K有机金属等新材料产品，为石化领域提供专业高端催化产品及助剂，为医药行业提供专用催化剂、还原剂和关键医药中间体及API等	是
23		辽宁科安隆科技有限公司	碳材料和石油焦基还原剂、石油焦粉、改性石油焦粉和其他石油焦燃料	是
24	铁岭市	辽宁博联过滤有限公司	水平带式过滤布、立式过滤布、电解隔膜布、电厂脱硫网带、板框过滤布、硫化滤布、双层单丝滤布	是
25	朝阳市	朝阳市金麟铁精粉有限公司	铁精粉	是
26	葫芦岛市	孚迪斯石油化工（葫芦岛）有限公司	航空润滑材料	是
27	沈抚示范区	辽宁拓邦鸿基半导体材料有限公司	8寸、12寸半导体石英制品和光伏石英制品	是

表4　2022年辽宁省新材料领域典型实质性产学研联盟名单

序号	联盟名称	联盟成员		所在地区
		高校院所	关联企业	
1	辽宁金锋刀具高能束材料加工制备产学研联盟	（1）中国科学院沈阳自动化研究所 （2）沈阳工业大学 （3）东北大学 （4）中国科学院金属研究所 （5）沈阳航空航天大学 （6）沈阳理工大学	（1）沈阳金锋特种刀具有限公司 （2）沈阳度维科技开发有限公司 （3）辽宁增材制造产业技术研究院有限公司 （4）沈阳增材智造技术研究院有限公司 （5）辽宁巨子实业股份有限公司 （6）沈阳盖恩科技有限公司 （7）抚顺东工冶金材料技术有限公司 （8）沈阳智瓷三维打印科技有限公司 （9）西安智熔金属打印系统有限公司	沈阳市
2	辽宁凯特利催化气体净化产学研联盟	（1）大连理工大学 （2）大连大学 （3）中国科学院大连化学物理研究所	（1）大连凯特利催化工程技术有限公司 （2）大连圣迈化学有限公司	大连市
3	辽宁路生菲悦高分子材料清洁制备产学研联盟	（1）沈阳航空航天大学 （2）大连理工大学	（1）大连路生菲悦科技有限公司 （2）沈阳光大环保科技股份有限公司 （3）大连久德工业有限公司	大连市
4	辽宁金泰正新DLC薄膜产学研联盟	（1）辽宁科技大学 （2）大连民族大学 （3）大连交通大学	（1）大连金泰正新科技有限公司 （2）纳诺精机（大连）有限公司 （3）大连金泰协力科技有限公司 （4）大连派立特电子科技发展有限公司 （5）大连纳晶科技有限公司	大连市

表4（续）

序号	联盟名称	联盟成员		所在地区
		高校院所	关联企业	
5	辽宁中钢热能院储能材料产学研联盟	辽宁科技大学	（1）中钢集团鞍山热能研究院有限公司 （2）鞍钢股份有限公司 （3）辽宁星空钠电电池有限公司 （4）辽宁星空新能源发展有限公司 （5）鞍山开炭热能新材料有限公司 （6）湖州金灿新能源科技有限公司	鞍山市
6	辽宁抚顺特钢冶金新材料产学研联盟	东北大学	（1）抚顺特殊钢股份有限公司 （2）钢铁研究总院	抚顺市
7	辽宁伊科思碳五综合利用产学研联盟	辽宁石油化工大学	（1）抚顺伊科思新材料有限公司 （2）怡维怡橡胶研究院有限公司	抚顺市
8	辽宁丹炭科技石墨电极产学研联盟	沈阳理工大学	（1）辽宁丹炭科技集团有限公司 （2）抚顺东方碳素有限公司 （3）辽宁烯源石墨科技有限公司	丹东市
9	辽宁风光新材料聚烯烃助剂产学研联盟	中国科学院大连化学物理研究所	（1）营口风光新材料股份有限公司 （2）佰特沃德（大连）石油化工有限公司	营口市
10	辽宁天元新材精细化工新材料产学研联盟	（1）中国科学院上海有机化学研究所 （2）营口理工学院	（1）天元航材（营口）科技股份有限公司 （2）青海国源化工科技有限公司	营口市
11	辽宁万达铸业轻合金铸件产学研联盟	（1）辽宁工业大学 （2）西南交通大学	（1）阜新市万达铸业有限公司 （2）长春客车车辆股份公司 （3）青岛四方车辆股份公司	阜新市

表4（续）

序号	联盟名称	联盟成员		所在地区
		高校院所	关联企业	
12	辽宁中孚轻金属汽车零部件轻量化产学研联盟	辽宁工程技术大学	（1）阜新中孚轻金属科技有限公司 （2）阜新德尔汽车部件股份有限公司	阜新市
13	辽宁康达塑胶新型工程塑料产学研联盟	（1）中国科学院长春应用化学研究所 （2）沈阳工业大学 （3）辽宁石油化工大学 （4）沈阳工业大学辽阳校区兴科中小企业服务中心	（1）辽阳康达塑胶树脂有限公司 （2）中国石油天然气股份有限公司辽阳石化分公司	辽阳市
14	辽宁新华阳伟业层状金属复合材料产学研联盟	（1）中国科学院金属研究所 （2）乌克兰国家科学院巴顿焊接研究所 （3）沈阳工业大学 （4）沈阳化工大学 （5）辽宁农业职业技术学院 （6）辽宁工业大学	（1）辽宁新华阳伟业装备制造有限公司 （2）辽宁克莱德金属复合材料有限公司 （3）沈阳航新金属复合科技有限公司 （4）辽宁东觉科技有限公司 （5）沈阳裕钛石化设备有限公司 （6）铁岭中联封头锻压有限公司 （7）辽宁银捷装备科技股份有限公司	铁岭市
15	辽宁华兴万达橡胶加工产学研联盟	（1）中国科学院沈阳自动化研究所 （2）沈阳化工大学 （3）青岛科技大学	（1）朝阳华兴万达轮胎有限公司 （2）荣成市化工总厂有限公司 （3）浙江信汇新材料股份有限公司 （4）黑猫炭黑股份有限公司 （5）仙桃市聚兴橡胶有限公司	朝阳市
16	辽宁盘锦信汇丁基橡胶产学研联盟	（1）大连理工大学 （2）大连理工大学盘锦产业技术研究院	（1）盘锦信汇新材料有限公司 （2）北京诺维新材科技有限公司	盘锦市

表5 2022年新材料领域辽宁省科技奖获奖情况

序号	项目名称	完成人	完成单位	提名单位	奖项类别
1	微纳光电材料共振能量转移及调控研究	董斌,张振翼,曹保胜,黄金斗,刘奎朝	大连民族大学	大连民族大学	自然科学奖一等奖
2	微型电化学能源材料与器件	吴忠帅,郑双好,师晓宇,周锋	中国科学院大连化学物理研究所	中国科学院沈阳分院	自然科学奖一等奖
3	铝基复合材料塑性加工技术及应用	马宗义,肖伯律,王东,王全兆,倪丁瑞,张峻凡	中国科学院金属研究所	中国科学院沈阳分院	技术发明奖一等奖
4	铝中氢的感知机理及电化学测氢技术研发及应用	厉英,倪培远,丁玉石,徐亚军,祝哮,李洪林,马小红,陈长科,李敏,黄文龙,卢佳垚	东北大学,新疆众和股份有限公司,辽宁忠旺集团有限公司	东北大学	科技进步奖一等奖
5	高品质带钢冷轧智能化核心技术创新与产业化应用	孙杰,王军生,张殿华,陈树宗,彭文,计江,张勃洋,刘军友,刘佳伟,孙建亮,闫成琨	东北大学,鞍钢股份有限公司,燕山大学,中国重型机械研究院股份公司,北京科技大学,鞍钢集团信息产业有限公司	东北大学	科技进步奖一等奖
6	极寒环境用高强韧易焊接海洋装备用钢关键技术创新及工程应用	严玲,尚成嘉,李激光,张鹏,王寿军,陈华,李广龙,王勇,黄松,肖青松,李秀程	鞍钢股份有限公司,北京科技大学,辽宁科技大学,烟台中集来福士海洋工程有限公司	鞍山市科技局	科技进步奖一等奖

表5（续）

序号	项目名称	完成人	完成单位	提名单位	奖项类别
7	基于预氧化技术的集约型超高强钢镀锌双相钢系列产品开发	刘宏亮，刘仁东，路洪洲，王科强，杨达朋，郭金宇，付东贺，关琳，刘元博，马峰，张晶晶	本钢集团有限公司，鞍钢科技发展有限公司，中信金属股份有限公司，东北大学	本溪市科技局	科技进步奖一等奖
8	能源开发用钛合金石油管材料、配套技术研发及推广应用	于晓玲，刘强，郭淑君，唐宇祥，周朗，董波，范宇，祝国川，杨丰恺，姜英斌，丛培涛	忠世高新材料股份有限公司，中国石油集团工程材料研究院有限公司，中国石油化工股份有限公司西南油气分公司，中国石油天然气股份有限公司西南油气田分公司	丹东市科技局	科技进步奖一等奖
9	碳基二维材料用于能源存储与转换的计算设计	赵纪军，周思，蒋雪，李芬，高海丽	大连理工大学	大连理工大学	自然科学奖二等奖
10	金属材料低周疲劳寿命预测理论与延寿方法	张哲峰，邵琛玮，田艳中，刘睿，张鹏	中国科学院金属研究所	中国科学院沈阳分院	自然科学奖二等奖
11	新型光伏器件电荷传输层的低温制备及界面调控	史彦涛，马廷丽，董庆顺，王开，王立铎	大连理工大学，清华大学	大连理工大学	自然科学奖二等奖

表5（续）

序号	项目名称	完成人	完成单位	提名单位	奖项类别
12	含铜不锈钢的耐微生物腐蚀功能及其机制研究	徐大可,杨春光,杨柯,南黎,任玲	东北大学,中国科学院金属研究所	东北大学	自然科学奖二等奖
13	高服役安全桥隧结构用钢板关键制造技术及重大工程应用	杨颖,傅博,王超,韩鹏,王若钢,刘博,乔馨,龙汉新,徐向军	鞍钢股份有限公司,东北大学,广船国际有限公司,中铁山桥集团有限公司	鞍山市科技局	科技进步奖二等奖
14	低温用高性能球墨铸铁关键制备技术及应用	曲迎东,李广龙,张伟,赵宇,姜珂,尤俊华,张新宁,孙伟	沈阳工业大学,沈阳亚特重型装备制造有限公司	沈阳工业大学	科技进步奖二等奖
15	CS-2-G型聚丙烯催化剂的研发与工业化应用	王立才,戴立起,李邦,吴世奇,李伟,郑国彤,沙丽佳,杨学铎,田群	营口市向阳催化剂有限责任公司,中沙（天津）石化有限公司	营口市科技局	科技进步奖二等奖
16	多功能碳纳米复合材料设计制造一体化与工程应用	卢少微,曾尤,李伟,马克明,张璐,王晓强,农智升,马承坤,张永福	沈阳航空航天大学,中国科学院金属研究所,沈阳富莱碳纤维有限公司	沈阳航空航天大学	科技进步奖二等奖
17	中欧班列集装箱用耐蚀钢系列产品的研发	韩宇,文小明,崔宏涛,王全洲,杨野,王伟光,刘克云,司荣刚,唐亮	本钢集团有限公司	本溪市科技局	科技进步奖二等奖
18	超高分子量聚乙烯专用催化剂的开发与应用	苏长志,王大明,王永年,黄荣福,刘川,刘冬,熊国荣,孙伟刚,郭洪元	中国石油天然气股份有限公司辽阳石化分公司	辽阳市科技局	科技进步奖二等奖
19	高性能聚四氟乙烯（PTFE）纤维单丝研制及应用	徐兴国,李同生,邵春明,徐曼,隋心,徐文南,吴晗	阜新晟氟利高分子材料有限公司,国家氟材料工程技术研究中心	阜新市科技局	科技进步奖二等奖

表5（续）

序号	项目名称	完成人	完成单位	提名单位	奖项类别
20	面向燃料电池用新型功能材料的优化制备及改性机制研究	王吉林，车全通，李其明，李芳，王璐璐	辽宁石油化工大学，东北大学	辽宁石油化工大学	自然科学奖三等奖
21	氢气分离膜材料的设计及制备方法研究	郭宇，张雄福，吴红梅	辽宁工业大学，大连理工大学	辽宁工业大学	自然科学奖三等奖
22	含硼富燃料推进剂用高纯、低成本硼粉产业化关键技术	齐永新，梁海，吕德斌，李洪刚，蔡东，祝凯乾，刘连茹	天元航材（营口）科技股份有限公司，营口理工学院	营口市科技局	科技进步奖三等奖
23	高效过滤用无机纤维复合材料研发应用	宋朋泽，李刚，白常正，宋晓峰，崔云峰，张志立，申立新	辽宁新洪源环保材料有限公司	营口市科技局	科技进步奖三等奖
24	先进合金材料性能微观组织控制技术	国书元，邹浩，李洪锡，孔庆飞	沈阳金纳新材料股份有限公司	沈阳市科技局	科技进步奖三等奖
25	转炉用环保型水系大面修补料	赵现华，金钊，张义先，颜浩，赵现堂，田亮，袁光新	海城利尔麦格西塔材料有限公司	鞍山市科技局	科技进步奖三等奖
26	洁净钢冶炼用绿色节能耐火材料的研发与规模化生产	王鹏，李涛，李勇，李瑞鹏，张川，张程，王忠明	鞍山市和丰耐火材料有限公司	鞍山市科技局	科技进步奖三等奖
27	高效电机用含锑冷轧无取向硅钢的研制开发	李德君，乔浩浩，宋博，姜艳菲，张立宇，周亮	本钢集团有限公司	本溪市科技局	科技进步奖三等奖
28	汽车用热镀锌590MPa级相变诱导塑性钢研制及其应用	闵铜，于帅，刘明辉，苏崇涛，姜乐朋，张扬，李帮伟	本钢集团有限公司	本溪市科技局	科技进步奖三等奖

表5（续）

序号	项目名称	完成人	完成单位	提名单位	奖项类别
29	低成本高品质780 MPa级冷轧双相钢关键制备技术与应用	李春诚，王亚东，王鲲鹏，胡小强，刘建，宋赞奎，郭晓静	本钢集团有限公司	本溪市科技局	科技进步奖三等奖
30	航空发动机用高纯金属铬开发及应用	李杰，张玉驰，滕晓慧，田凯，张鑫，朱成鹤，刘飞	中信锦州金属股份有限公司	锦州市科技局	科技进步奖三等奖
31	人造金刚石单晶体制备关键技术研究及应用	孙飞，郑世江，王月，马广慧，吴俊铭	辽宁新瑞碳材料科技有限公司	营口市科技局	科技进步奖三等奖
32	一步法无水合成硫化异丁烯工艺及应用	王宪法，傅志强，所超，赵磊，刘子玉，周扬，师晓帆	沈阳广达化工有限公司	沈阳市科技局	科技进步奖三等奖
33	高纯度异丙基乙基硫氨酯合成方法的研制与应用	王咏梅，张海龙，郭靖宇，牟松	沈阳有研矿物化工有限公司	沈阳市科技局	科技进步奖三等奖
34	黏胶纤维助剂国产化研制与应用开发	刘洋，梁聪，徐莫临，邢一鸣，谢赟，蔡政，牟宗玉	沈阳浩博实业有限公司	沈阳市科技局	科技进步奖三等奖
35	酯交换技术生产甲基丙烯酸特种酯	里光，孙宏斌，黄建朋，贾治，张鹏飞	抚顺东联安信化学有限公司	抚顺市科技局	科技进步奖三等奖
36	高纯超细三聚氯氰合成及尾气无害化处理的综合利用技术	刘至寻，栾浩，齐长亮，李洪刚，孙颖，陈英会，华亮	营创三征(营口)精细化工有限公司	营口市科技局	科技进步奖三等奖
37	大型炼钢转炉用高品质镁碳砖及绿色高效修补料的开发与应用	聂波华，戴晨晨，郭玉香，付金永，陶春兰，姚焯，郝春来	辽宁富城耐火材料(集团)有限公司，营口理工学院，辽宁科技大学	营口市科技局	科技进步奖三等奖

表5（续）

序号	项目名称	完成人	完成单位	提名单位	奖项类别
38	基于三氯甲氧基苯的含氟衍生物的合成研究及应用	贾铁成，付立民，尹丽华，苏禄平，惠成刚，胡珍珠，孙杰	金凯（辽宁）生命科技股份有限公司	阜新市科技局	科技进步奖三等奖
39	抗微生物聚酯的开发	张野，陈颖，林妍妍，马城华，刘晶元，王文娟，张晓刚	中国石油天然气股份有限公司辽阳石化分公司	辽阳市科技局	科技进步奖三等奖
40	复合型钠基膨润土及其制备方法	刘天会，刘长会，田月云，贾兴斌	建平慧营化工有限公司	朝阳市科技局	科技进步奖三等奖
41	炔二醇表面活性剂、水性分散剂、消泡剂的研究与应用	张舜	辽宁赛菲化学有限公司	盘锦市科技局	科技进步奖三等奖
42	预铺防水卷材与聚乙烯材料的结合	杭淑华，韩春风，吴迪，王晨，金岩，张思华	辽宁大禹防水科技发展有限公司	盘锦市科技局	科技进步奖三等奖

编写后记

《辽宁省新材料产业发展年度报告》（以下称年度报告）已编写四年并连续出版两年，受到政府相关部门和业界的持续关注。

年度报告 2021 年版，简述了国内外新材料发展动态，详细介绍了辽宁省新材料产业重点企业、重点产业园区、产业政策等，包括鞍钢集团、本钢集团、东北特钢、沈阳化工集团、辽宁爱尔创科技、辽宁世之源碳科技等 70 多家新材料重点企业，以及沈阳雪松经济开发区、沈阳化学工业园、沈阳法库陶瓷工业产业园、大连长兴岛石化产业基地、盘锦石墨烯产业园等近 30 个产业园区的情况。

年度报告 2022 年版，介绍了国内外新材料的发展情况，包括高品质特殊钢、高性能轻合金、多孔金属、锂材料等金属新材料，聚氨酯、高性能氟材料、防腐涂料等化工新材料，先进陶瓷、半导体硅片、玄武岩纤维等无机非金属新材料，超导材料、高纯溅射靶材、高导热石墨膜等前沿新材料；基于 2021 年的数据，对辽宁省各地区新材料产业发展情况进行简述，增加了部分上市新材料企业及新材料领域科研成果等内容。

为突出特色、有所侧重、避免重复性，2023 年年度报告编写，在内容设计上结合以前年度的重点和 2022 年辽宁新材料产业发展的实际，做了相应的调整。本年度报告对国内新材料的现状和发展趋势进行了概述，对我国武汉、长沙、北京、上海、苏州、东莞、成都、西安等 8 个地区产业集群、研发机构进行了相关介绍；整理汇总了我国重点支持新材料领域；补充了辽宁省 2022 年度新材料产业整体的产业化情况、研发领域，以及问题和思考；基于前两年数据，对各地市产业化内容进行了更新。在研发机构方面，基于 2021 年报告，分地区增加了部分辽宁科研机构，并对原有部分科研机构信息进行了更新。最后，收录了 2022 年辽宁省产学研联盟、专精特新企业、科技奖等方面的资料。

本报告为公益性报告，内容仅供参考。不能作为营利性研究决策和法律政策的依据。

特此后记，作为说明，供读者参考。